빌립보서 주석

A Commentary on the Epistle to the Philippians
by Jonggil Byun, published by The Word Press, Daegu, Korea
© The Word Press 2017

All rights reserved. No part of this publication may be reproduced, stored in a retrieval system, or transmitted, in any form or by any means, electronic, mechanical, photocopying, recording, or otherwise, without the prior written permission of the publisher.

빌립보서 주석

지은이 변종길
발행일 2017년 11월 4일

펴낸이 박재일
펴낸곳 말씀사
출판등록 110-92-16217
주   소 대구 광역시 동구 송라로 10길 29

디자인 조희영 010.4477.3820
인   쇄 성광인쇄

구입문의 말씀사 Tel. 053-759-9779, 070 - 7706 - 1200 Fax. 053-745-7997
판매처 인터넷 서점 및 전국 주요 서점

책 내용에 대한 문의는 저자의 다음 카페 말씀나라에 해 주시기 바랍니다.
말씀사 홈페이지는 www.thewordpress.kr 입니다.

© 말씀사 2017
본 출판물의 저작권은 말씀사에 있습니다.
이 출판물은 저작권법에 의해 보호를 받는 저작물이므로 이 출판물의 일부 또는 전부를 출판사의 사전 서면 허락 없이 복사하거나 전재하는 것을 금합니다.

파본은 바꾸어 드립니다. 책값은 뒷 표지에 있습니다.
ISBN 978-89-967063-5-9

빌립보서 주석

변종길

말씀사

머리말

　이번에 말씀사에서 새롭게 출판하는 『빌립보서 주석』은 개혁주의출판사(개혁주의신행협회)로부터 출판권을 양도받아 필자의 2010년 판 『빌립보서 주석』을 대폭 보완한 것이다. 특별히 적용을 많이 보강하였다. 각 장의 끝에 <교훈과 적용>을 넣어서 그 본문이 오늘날 우리에게 주는 교훈이 무엇인지, 오늘날 우리의 삶에 어떻게 적용할지에 대해 정리해 놓았다. 주해 도중에도 실생활에 적용이 될 만한 내용들을 작은 글자로 군데군데 넣었다. 그래서 딱딱하지 않고 삶에 적용이 되는 살아 있는 주석이 되기를 기대한다.

　본 주석은 학적인 측면도 소홀히 하지 않았다. 주요한 단어와 표현의 의미를 설명하는 데 많은 노력을 기울였으며, 좀 복잡한 것이나 학적인 내용은 각주에서 다루거나 작은 글자로 따로 논하였다. 하지만 불필요한 논의는 자제하고 본문의 뜻을 밝히는 데 필요한 범위 내에서만 논하려고 노력하였다. 그래서 최대한 간결성을 유지하려고 노력하였다. 성경 본문은 필자가 오래 전부터 원고를 준비해 오던 관계로 이전의 개역한글판을 사용하였다. 개역한글판은 간결하고 위엄 있는 문체로 인하여 여전히 사랑받고 있으며 장점이 많은 번역이다.

　아무쪼록 이 주석이 하나님의 말씀을 바로 알고 이해하는 데 도움이 되기를 바라며, 이 책을 읽고 사용하는 독자들에게 은혜와 진리가 충만하기를 기원한다.

2017년 10월 변 종 길

차례

머리말

서론

서 론

Ⅰ. 빌립보 시 11
  1. 빌립보의 위치 12
  2. 빌립보의 역사 13
Ⅱ. 빌립보 교회의 설립과 형편 15
  1. 바울의 빌립보 전도 15
  2. 빌립보의 회심자들 16
  3. 빌립보 교회의 구성원 18
Ⅲ. 저자 19
Ⅳ. 기록 계기 20
Ⅴ. 기록 장소 20
Ⅵ. 기록 시기 24
Ⅶ. 특징과 주요 내용 24
  1. 기쁨과 감사 24
  2. 바울의 개인적 신앙 고백 26
  3. 그리스도 중심 사상 27
  4. 하나됨과 겸손 29
Ⅷ. 내용 분해 30

제 1 장

[1] 인사말(1:1-2) 31
Ⅰ. 발신자와 수신자(1절) 31
Ⅱ. 기원(2절) 35
[2] 바울의 감사와 기도(1:3-11) 38
Ⅰ. 바울의 감사 39
  1. 바울의 감사 39
  2. 그 이유 42
  3. 바울의 확신 43
Ⅱ. 바울과 빌립보 교회의 관계 44
  1. 너희가 내 마음에 있음 44
  2. 은혜에 참여한 자가 됨 46
  3. 바울의 사모함 48
Ⅲ. 바울의 기도 49
  1. 지식과 총명이 풍성하도록 49
  2. 순전하여 허물이 없도록 51
  3. 의의 열매가 가득하도록 52
[3] 복음의 진보(1:12-21) 54
Ⅰ. 복음의 진보 55

1. 바울이 처한 형편 55
  2. 복음의 진보 55
  3. 바울의 매임이 나타남 58
  4. 형제들의 태도 60
Ⅱ. 그리스도 전파의 동기 62
  1. 두 동기 62
  2. 사랑으로 전파하는 자들 63
  3. 다툼으로 전파하는 자들 64
Ⅲ. 바울의 태도 65
  1. 기뻐하고 또한 기뻐하리라 65
  2. 바울이 기뻐하는 이유 69
  3. 바울의 간절한 기대와 소망 70
  4. 사는 것이 그리스도니 죽는 것도 유익 72

[4] 복음에 합당한 생활(1:22-30) 75
Ⅰ. 바울의 고민 76
  1. 육신으로 사는 것 76
  2. 무엇을 가릴는지 알지 못함 80

  3. 두 사이에 낀 바울 80
Ⅱ. 바울의 확신 81
  1. 확실히 앎 81
  2. 너희와 함께 거할 것 82
  3. 목적 82
Ⅲ. 너희의 할 일 84
  1. 그리스도의 복음에 합당한 생활 84
  2. 바울이 듣기 원하는 것 85
Ⅳ. 은혜를 주신 목적 87

제 2 장
[1] 그리스도 예수의 마음(2:1-11) 90
Ⅰ. 우리가 품어야 할 마음 91
  1. 한마음이 되라 91
  2. 겸손한 마음 95
Ⅱ. 그리스도의 마음 97
  1. 우리가 품어야 할 마음 98
  2. 하나님의 형태로 계심 99

3. 자기 권리를 주장하지 아니함 101
　　4. 자기를 비어 종의 형체를 가짐 105
　　5. 자기를 낮추심 106
　Ⅲ. 하나님의 높이심 107
　　1. 모든 이름 위에 뛰어난 이름을 주심 108
　　2. 예수님을 높이신 목적 108
[2] 두렵고 떨림으로 구원을 이룸 (2:12-18) 112
　Ⅰ. 너희 구원을 이루라 112
　　1. 너희 구원을 이루라 113
　　2. 나 없을 때에도 116
　　3. 두렵고 떨림으로 117
　　4. 너희 안에 행하시는 이 117
　Ⅱ. 모든 일을 원망과 시비가 없이 하라 119
　　1. 원망과 시비가 없이하라 119
　　2. 그 목적 120
　Ⅲ. 바울의 태도 122
[3] 디모데와 에바브로디도의 헌신 (2:19-30) 130
　Ⅰ. 디모데의 연단 130
　　1. 바울의 바람 130
　　2. 보내고자 한 목적 130
　　3. 디모데의 연단 132
　　4. 바울의 계획과 확신 134

　Ⅱ. 에바브로디도의 헌신 135
　　1. 에바브로디도와 에바브라 135
　　2. 에바브로디도를 먼저 보냄 136
　　3. 에바브로디도의 병듦 138
　　4. 하나님이 긍휼히 여기심 139
　　5. 에바브로디도를 보냄 140
　Ⅲ. 빌립보 교회가 취할 태도 142

제 3 장

[1] 가장 고상한 지식(3:1-11) 146
　Ⅰ. 바울의 권면 147
　　1. 주 안에서 기뻐하라 147
　　2. 삼가야 할 것들 148
　　3. 참 할례당 149
　Ⅱ. 바울의 자랑할 만한 것들 151
　　1. 바울의 육체 신뢰 151
　　2. 바울의 출신 151
　　3. 바울의 열심과 의 152
　Ⅲ. 모든 것을 해로 여김 153
　　1. 다 해로 여김 153
　　2. 그 이유 155
　　3. 그 목적 156
　　4. 바울의 가진 의 156
　Ⅳ. 바울의 목적 158
　　1. 그리스도의 고난에 참여함 158
　　2. 죽은 자 가운데서 부활에 이르

려 함 160
[2] 푯대를 행하여 좇아감(3:12-16) 163
Ⅰ. 바울의 인생관 163
　1. 자만하지 않음 164
　2. 잡으려 쫓아감 166
　3. 뒤에 있는 것은 잊어버림 168
　4. 앞에 있는 것을 잡으려고 쫓아감 168
Ⅱ. 온전히 이룬 자들의 생각할 것 170
[3] 십자가의 원수들(3:17-21) 175
Ⅰ. 나를 본받으라 176
Ⅱ. 십자가의 원수들 177
　1. 십자가의 원수들 178
　2. 그들의 마침은 멸망 179
　3. 그들의 신은 배 180
　4. 그 영광은 저희의 부끄러움에 있음 182
　5. 땅의 일을 생각하는 자 186
Ⅲ. 우리의 시민권 186
　1. 우리의 시민권 186
　2. 우리의 기다림 191
　3. 우리 몸의 변화 192

제 4 장

[1] 하나님의 평강(4:1-9) 195
Ⅰ. 바울의 권면 196
　1. 주 안에 서라 196
　2. 유오디아와 순두게에 대한 권면 197
　3. 멍에를 같이 한 자 198
Ⅱ. 기쁨과 관용 202
　1. 주 안에서 기뻐하라 202
　2. 너희 관용을 알게 하라 204
Ⅲ. 염려하지 말라 206
　1. 아무것도 염려하지 말라 206
　2. 하나님께 아뢰라 207
　3. 하나님의 평강 208
Ⅳ. 생각과 행함 209
　1. 생각하라 210
　2. 행하라 211
　3. 평강의 하나님 211
[2] 풍성한 하나님(4:10-20) 215
Ⅰ. 주 안에서 크게 기뻐함 215
Ⅱ. 자족하기를 배움 216
　1. 이렇게 말하는 이유 218 216
　2. 자족하기를 배움 217
　3. 일체의 비결을 배움 218
　4. 모든 것을 할 수 있음 219
Ⅲ. 빌립보 교회에 대한 칭찬 221
　1. 바울의 칭찬 221
　2. 빌립보 사람들의 선행 222
　3. 바울의 의도 223

 Ⅳ. 풍족한 바울 223
  1. 향기로운 제물 224
  2. 풍성한 하나님 224
  3. 하나님께 영광 226
[3] 결어(4:21-23) 229
 Ⅰ. 문안 229
 Ⅱ. 축원 230

참고문헌 233

서론

I. 빌립보 시

1. 빌립보의 위치

빌립보는 원래 트라키아(Thracia)에 속한 마을이었다. 이 도시의 원래 이름은 크레니데스(Krenides)였는데 '우물들' 또는 '샘들'이라는 뜻을 가지고 있었다. 고원 지대에 건설된 빌립보는 스트뤼몬(Strymon) 강과 네스투스(Nestus) 강 사이에 위치하고 있어서 그 비옥함을 자랑하고 있었다. 빌립보는 유럽과 아시아를 연결하는 '에그나티아 도로'(via Egnatia)를 지배하고 있어서 지정학적으로 중요한 위치에 있었다. 동쪽으로 약 16km쯤 떨어진 곳에 에게해로 진출하는 항구인 네아폴리스(Neapolis)[1]가 있었다. 서쪽으로 약 1km 떨어진 곳에는 스트뤼몬 강의 지류인 아그니테스(Agnites) 강, 다르게는 강기테스(Gangites) 또는 강가스(Gangas)라 불리는 강이 흐르고 있었다. 인근의 팡가이우스(Pangaeus) 산맥에는 금과 은 광산들이 있었는데, 오래 전부터 페니키아인들과 타시아인들에 의해 개발되었다.[2]

---

1 '신도시'라는 뜻으로, 오늘날에는 Kavalla라고 불린다.

2 빌립보의 지정학적 위치에 대해서는 S. Greijdanus, *De brief van den apostel Paulus aan de gemeente te Philippi* (약어: *Philippensen*), 1-3; J. B. Lightfoot, *Saint Paul's Epistle to the Philippians*, 47f.; W. Hendriksen, *Philippians*, 4-7; P. T. O'Brien, *The Epistle to the*

누가는 사도행전에서 빌립보를 '마게도냐 지경 첫 성'이라고 말한다(행 16:12). 여기서 '첫 성'(πρώτη ... πόλις)³이란 '수도'를 뜻한다고 볼 수는 없다. 왜냐하면 당시 마게도냐 주(州)의 수도는 데살로니가였고, 마게도냐 지역의 수도는 암비볼리였기 때문이다.⁴ 그래서 많은 주석가들은 이 '첫 성'의 의미를 '주요한 도시'로 본다.⁵ 곧 빌립보는 마게도냐 지역에서 '주요한, 주도적인 도시'였다는 것이다.⁶ 신약에서 '프로테'(πρώτη)가 그러한 의미로 사용된 예가 있다고 한다(엡 6:2; 행 17:4; 막 10:31).⁷ 그러나 라이트푸트는 이런 견해를 반대하고 '프로테'는 빌립보의 '지리적 위치'(geographical position)를 나타낸다고 본다. 곧 사도 바울이 네아폴리스에 상륙하여 에그나티아 도로(via Egnatia)를 따라 산악 지대를 오르면 마게도냐의 도시인 빌립보 평원이 나타난다고 한다.⁸ 그래서 빌립보를 마게도냐의 '첫 성'이라고

Philippians, 3-4 등을 보라.

3 여기에 사본상 변이 독법들(variant readings)이 있다. 그러나 πρώτη τῆς μερίδος τῆς Μακεδονίας πόλις(마게도냐 지역의 첫 성)를 지지하는 후대 사본들이 많다(*Byz* L P it vg 등). B는 첫 번째 τῆς를 생략하고 있을 뿐 그 외는 똑같다. 두 번째 τῆς를 생략하고 있는 사본들도 있는데(𝔓⁷⁴ ℵ A C 등), 비교적 이른 초기 사본들 몇 개의 지지를 받고 있다. 그러나 의미상 차이는 없다. 그 외의 독법들은 사본상 지지가 별로 없어서 큰 의미가 없다.

4 당시의 마게도냐 주(province)는 네 개의 구역(district)으로 나뉘어 있었다. 그 중의 한 구역 이름이 또한 마게도냐이었다.

5 Alexander, Greijdanus, Fitzmyer 등.

6 예를 들면, J. A. Alexander는 인구나 부 등에 있어서 '매우 중요한 도시'(a city of the highest rank)로 보며(*The Acts of the Apostles*, II, 110), J. A. Fitzmyer는 "a leading city of the district of Macedonia"로 번역한다(*The Acts of the Apostles*, 584). Greijdanus도 여기의 πρώτη를 '주요한'(voornaam)으로 이해한다(*Philippensen*, 3).

7 Greijdanus, *Philippensen*, 3. 행 17:4과 막 10:31에서는 πρώτη가 '주요한, 중요한'이란 의미로 사용되었다는 것은 분명하지만, 엡 6:2의 πρώτη가 그러한 의미로 사용되었는지는 의문스럽다. 이것은 그냥 '약속을 가진 첫 번째' 계명, 곧 '첫 번째 나오는' 계명으로 볼 수도 있다.

8 Lightfoot, *Philippians*, 49f. Lightfoot에 의하면, 빌립보가 마게도냐에 속한 도시라는 것은 거의 보편적으로 받아들여진 사실이었던 반면에, 네아폴리스는 일반적으로 트라키아

불렀다는 것이다. 흐로쉐이드도 이런 의미로 본다. 곧 '이 구역에서 처음 도달하는, 여행자들이 도착한 첫 번째 도시'라고 한다. 이것은 πρώτη 앞에 관사가 없다는 사실에도 잘 맞다고 한다. 그래서 누가가 말하고자 한 것은, 빌립보는 바울과 실라에게 있어서 그들이 사역했던 마게도냐 지역의 첫 번째 도시라는 사실이라고 한다.[9]

2. 빌립보의 역사

주전 361년에 아테네에서 추방된 칼리스트라투스(Calistratus)가 타소스(Thasos) 섬에서 온 여러 헬라인 정착자들과 함께 이 마을을 접수하였다. 그 후 주전 356년에 알렉산더 대왕의 아버지인 필립 2세(Philip II)가 이 주위에 있는 금, 은 광산들에 관심을 가지고 이 지역을 점령하여 마게도냐에 편입시키고, 그의 이름을 따라 필립푸스(Philippus)라고 명명하였다.[10] 그는 이곳을 요새화하고 마게도냐 군대를 주둔시켰다.

그 후 주전 168년에 로마의 장군 아이밀리우스 파울루스(Aemilius Paulus)가 퓌드나(Pydna)에서 마게도냐 왕 페르세우스(Perseus)를 패배시킴으로써 빌립보는 로마의 지배하에 들어가게 되었다. 그는 마게도냐를 네 지역(district)으로 나누었다. 하지만 주전 148년에야 비로소 공식적으로, 로마의 관리들에 의해 통치되는 로마의 속주가 되었다.

주전 42년에 안토니우스(Antonius)와 옥타비아누스(Octavianus)가 이곳에서 브루투스(Brutus)와 카시우스(Cassius)의 연합군을 물리쳤다. 승리자

에 속한 마을로 알려졌다고 한다(50 n.1). 그러나 Greijdanus는, Plinius에 의하면 빌립보도 네아폴리스와 마찬가지로 트라키아에 속한 것으로 여겨졌다고 보는 사람도 있다고 한다 (*Philippensen*, 2; cf. J. M. S. Baljon, *Novum Testamentum Graece*, 378 n.12).

9 F. W. Grosheide, *De handelingen der apostelen*, II, 89.

10 오늘날에는 필립피(Philippi)로 불리고 있다.

들은 상당수의 퇴역 군인들을 이곳에 정착시켰으며, 빌립보를 로마의 식민지로 건설했다. 그 후 주전 31년의 악티움(Actium) 해전에서 승리한 옥타비아누스는 그의 대적이었던 안토니우스의 추종 군인들을 퇴역시켜 이곳에 정착하게 함으로써 로마인 식민자들의 수가 크게 증가하였다. 그리하여 이 도시는 "Colonia Augusta Julia Philippensis"라 불리게 되었다. 누가는 사도행전에서 빌립보를 '로마의 식민지'라고 말하고 있으며(행 16:12), 빌립보 사람들도 자기 자신에 대해 '로마 사람들'이라고 불렀다(행 16:21).

이런 연유로 로마의 식민지인 빌립보는 로마시의 축소판이었다고 할 수 있다. 그들은 라틴어를 사용하였으며 로마인 의복을 입고 다녔다. 정치적으로는 로마의 정치 제도를 본떠서 '두 집정관'(praetores duumviri)을 두었는데, 누가는 이들을 '상관들'(στρατηγοί, 행 16:20, 22, 35)이라고 부르고 있다. 로마의 식민지로서 빌립보는 '로마인의 특권'(ius Italicum)을 가지고 있었다(빌 3:20). 구체적으로 그들은 채찍 형벌의 면제, 극단적인 범죄를 제외하고는 불체포 특권, 황제 직상소권, 세금 면제, 자치권 등이 있었다.

빌립보에는 유대인들이 많지 않았던 것으로 생각된다. 왜냐하면 그곳에 유대인들의 회당(synagogue)이 없었기 때문이다. 그래서 바울과 그 일행은 안식일에 '기도처'(προσευχή)가 있는가 하여 성문 밖의 강가에 나갔다(행 16:13).[11] 거기서 그들은 거기에 모인 어떤 여인들을 만나 복음을 전하였는데, 그 중에 두아디라 성의 자주장사로서 하나님을 공경하는 루디아가 듣고 예수를 믿었다(행 16:13-15).

---

11 바울 일행이 나갔던 강은 아마도 Gangas 또는 Gangites였을 것이다(Lightfoot, *Philippians*, 52 n.4). 그들이 강가로 간 이유는, 유대인들은 기도하기 전에 손을 씻는 관습이 있었기 때문이라고 한다(Greijdanus, *Philippensen*, 4). Cf. H. L. Strack-P. Billerbeck, *Kommentar zum Neuen Testament aus Talmud und Midrasch*, II, 742. E. Schürer에 의하면, 유대인들은 대개 성 밖에 강 가까이나 호숫가에 회당을 지었는데, 그것은 예배드리기 전에 각 사람에게 필요한 레위적 결례를 행하기에 적합한 기회를 주기 위해서였다고 한다. Cf. E. Schürer, *Geschichte des jüdischen Volkes im Zeitalter Jesu Christi*, II, 519.

II. 빌립보 교회의 설립과 형편

1. 바울의 빌립보 전도

바울이 2차 전도 여행 중 무시아를 지나 드로아에 이르렀을 때에 그는 밤에 환상을 보았다. 환상 중에 어떤 마게도냐 사람이 바울에게 "마게도냐로 건너와서 우리를 도우라"는 청을 하였다. 바울은 이것이 하나님의 부르심인 줄을 알고, 드로아에서 배를 타고 사모드라게로 직행하여 이튿날 네압볼리(네아폴리스)를 거쳐 빌립보에 이르게 되었다(행 16:9-12). 이것은 복음이 아시아를 지나 유럽 대륙에 이르게 된 역사적인 사건이었다.

바울이 빌립보에 도착하게 된 때는 주후 49년경으로 생각된다. 이것은 바울이 고린도에 도착한 연대로부터 추정할 수 있다. 바울은 고린도에서 아굴라와 브리스길라 부부를 만났는데, 이들은 로마에서 추방되어 이탈리아로부터 새로 온 자들이었다(행 18:1-2). 그런데 클라우디우스(Claudius)가 유대인들에게 로마를 떠나라는 칙령을 내린 때는 49년 1월에서 50년 1월 사이였다.[12] 그렇다면 바울이 고린도에 도착한 연도는 49년 이후가 되며, 늦으면 51년 또는 52년쯤 될 것이다.[13] 그렇다면 바울이 빌립보를 방문한 때

---

12 유대인 추방령은 Claudius 제9년에 있었는데, 제9년은 주후 49년 1월 25일부터 50년 1월 24일 사이이다. Cf. J. van Bruggen, *"Na veertien jaren"*, 53f.

13 Van Bruggen 교수에 의하면, 아굴라와 브리스길라 그리고 바울이 고린도에 도착한 시점은 주후 49년 (8월)10월-11월일 가능성이 높다고 한다. 왜냐하면 주후 50년에 들어와서, 그리고 선박 항해 계절이 지난 후에야 비로소 전년도에 일어난 추방령을 바울이 뉴스인 양 듣는다는 것은 맞지 않기 때문이라고 한다(*"Na veertien jaren"*, 54). 그러나 행 18:2에 보면, 바울이 이들 부부로부터 Claudius의 추방령을 들었다고 되어 있지 않고, 그냥 기록자 누가 자신의 설명으로 그들이 고린도에 온 이유를 기록하고 있을 따름이다. 그렇긴 하지만 행 18:12의 사건(갈리오가 아가야 총독 되었을 때 일어난 사건)의 시점이 주후 51년 4-5월(7월)인 점을 고려해 볼 때, 1년 6개월을 거슬러 올라간(cf. 행 18:11) 주후 49년으로 보는 Van Bruggen 교수의 견해는 타당해 보인다.

는 그보다 조금 빠른 49년 또는 50년경이 될 것이다.[14]

2. 빌립보의 회심자들

1) 루디아

빌립보에서 바울의 복음을 듣고 가장 먼저 회심한 사람은 두아디라 성의 자주장사 '루디아'였다(행 16:14). 두아디라는 아시아 주에 있는 도시로서 전에는 마게도냐의 식민지였다. W. M. 램지(Ramsay)는 두아디라에 대해 이렇게 말한다. "두아디라의 원래 성격은 군사적인 것이었다. 그것은 헤르무스 계곡과 카이쿠스 계곡 사이에, 그리고 사르디스(사데)와 페르가뭄(버가모) 사이에 있는, 북쪽과 남쪽으로 통하는 긴 도로를 경호하기 위하여 세운 마게도냐 군인들의 식민지였다."[15] 따라서 루디아가 두아디라에서 마게도냐의 빌립보로 이사한 것은 충분히 이해될 수 있다.[16]

당시의 두아디라는 자주옷감으로 유명하였다. 테오도르 찬(Zahn)은 이렇게 말한다. "두아디라는 마게도냐의 식민지였는데(Strabo XIII, 625) 자주옷감 염색업자 조합을 가지고 있었다. ..."[17] 루디아는 아마도 이익이 적지 않게 나는 자주옷감 매매를 위해 고향을 떠나 빌립보로 왔을 것이다.[18] 그는 빌립보에 자기 집이 있었으며, 바울 일행 네 명(바울, 실라, 디모데, 누가)을

---

14 Cf. O'Brien, *Philippians*, 5 (49-52년 사이). 바울의 고린도 방문 시점에 관한 Van Bruggen 교수의 견해를 따르자면, 그의 빌립보 방문은 49년이 되어야 할 것이다.

15 W. M. Ramsay, *The Letters to the seven Churches of Asia*, 330f. (Greijdanus, *Philippensen*, 4에서 인용).

16 Greijdanus, *Philippensen*, 4.

17 Th. Zahn, *Einleitung in das Neue Testament*, I, 3. Aufl., 379.

18 Greijdanus, *Philippensen*, 5.

자기 집으로 초청하여 여러 날 동안 머물게 한 것으로 보아(행 16:15, 40) 제법 부유했거나, 적어도 가난하지는 않았던 것으로 보인다.

루디아는 '하나님을 공경하는 여자'(σεβομένη τὸν θεόν)이었다(행 16:14). '하나님을 공경하는 자'란 이방인으로서 유대인들의 하나님을 믿는 사람을 말한다. 곧 "유대교로 개종한 자들(proselytes)이든 아니든 관계없이, 유대인의 예배에 참석함으로써 성경에 대한 지식을 어느 정도 갖게 된 이방인"을 가리킨다.[19] 따라서 루디아는 이방인으로서 구약 성경에 대한 지식을 어느 정도 가지고 있었으며, 유대인들과 마찬가지로 여호와 하나님을 믿고 있었다.

바울이 루디아를 만난 것은 강가에서였다. 바울과 그 일행은 안식일을 맞이하여 '기도처'가 있는가 하여 성문 밖 강가로 나갔다. 바울은 거기에 모여 있는 어떤 여자들을 만나서 그들에게 복음을 전하였다(행 16:13). 그 중에 루디아가 있었는데, 주께서 그의 마음을 열어 바울의 말을 청종하게 하셨다(행 16:14). 그 결과, 루디아와 그 집이 다 예수를 믿고 세례 받았다.

2) 간수와 그의 가족들

다음으로 빌립보에서 회심한 자들은 빌립보 감옥의 간수와 그의 가족들이었다(행 16:16-34). 바울과 실라는 빌립보에서 한 여종을 만났는데, 그는 점을 쳐서 주인을 이롭게 하였다. 바울과 실라는 그에게서 귀신을 쫓아내었는데, 이 때문에 그의 주인들이 바울과 실라를 잡아서 관원들에게 끌고 갔다가 다시 상관들(집정관들)에게 데리고 가서 고소하였다. 그리하여 바

---

19 Alexander, *Acts,* 112. "Gentiles who obtained some knowledge of Scriptures by attendance of the Jewish worship, whether proselytes, i. e. professed converts to Judaism, or not."

울과 실라는 매를 많이 맞고 감옥에 갇히게 되었다.

그러나 바울과 실라는 감옥에 갇혔어도 실망치 아니하고 밤중에 하나님께 기도하며 찬미하였다. 그 때 갑자기 큰 지진이 일어나 옥 터가 움직이며 옥문들이 열리고 쇠사슬이 풀어졌다. 자다가 깨어 일어난 간수가 이것을 보고는 죄수들이 도망한 줄로 생각하고 검을 빼어 자결하려 하였다. 당시 로마법에 의하면 죄수가 도망치면 간수가 자기 목숨을 대신 내놓아야 했기 때문이다. 그러나 바울은 이 때 큰 소리로 외쳐 그의 자결을 막았으며, 무서워 떠는 그 간수에게 복음을 전하였다. 그 결과 그와 그의 온 가족이 예수를 믿고 구원받게 되었다.

3. 빌립보 교회의 구성원

당시 빌립보 교회의 주된 구성원은 이방인들이었다. 이 중에는 로마의 퇴역 군인들이 상당수 포함되어 있었을 것이다. 어쩌면 성도들의 다수가 퇴역 군인과 그 가족들로 구성되어 있었을 수도 있다. 이 사실이 빌립보 교회의 성격을 결정짓는 중요한 것들 중 하나였다고 생각된다.

당시의 빌립보 교회는 경제적으로 넉넉지 않았던 것으로 보인다(빌 4:10; 고후 8:1-2). 퇴역 군인들은 국가에서 연금을 받아 생활하는 자들인데, 그들의 생활은 빠듯하였다고 생각할 수 있다. 그럼에도 불구하고 빌립보 교회는 여러 차례 사도 바울을 도와주었으며(빌 4:15-16; 고후 11:9), 예루살렘의 가난한 자들을 위해 연보하기도 하였다(고후 8:1-5).

이처럼 빌립보 교회는 의리가 있었으며, 한번 충성한 사람에게는 끝까지 충성하였다(빌 1:5-6; 4:10, 14-16). 이것은 그 교회의 주된 구성원이었던 퇴역 군인들의 군인정신과도 부합하는 것이었다. 그래서 빌립보 교회는 사도 바울과 개인적으로 따뜻한 관계를 유지하고 있었으며, 바울이 크게 기뻐하고 감사한 교회였다.

III. 저자

빌립보서의 저자는 우리가 알고 있는 대로 사도 바울이다. 빌립보서 1:1에 보면, 이 편지의 발신인은 '바울과 디모데'라고 말하고 있다. 이것은 바울이 이 편지를 쓸 때에 디모데가 같이 있었음을 말해 준다.

'바울'(Παῦλος)이란 이름은 라틴어 paulus에서 온 단어로서 '작다'는 것을 뜻한다.[20] 바울의 원래 이름은 '사울'(Sha'ul)이었다. 사울은 히브리어로 '구한 바 되었다'(asked for)는 뜻이다.[21] 많은 사람들은 사울이 다메섹 도상의 회개를 통해 바울이 되었다고 생각하지만, 실은 사울은 어려서부터 바울이란 이름을 가지고 있었던 것으로 보인다. 왜냐하면 사도행전 13:9에 보면 '바울이라고 하는 사울'(Σαῦλος δέ, ὁ καὶ Παῦλος)이라는 표현이 나오는데('바울이라고도 하는 사울'이라고 번역하는 게 원어에 더 맞다), 이것은 사울이 전부터 '바울'이라는 또 다른 이름을 가지고 있었음을 말해 준다.[22] 당시의 유대인들은 원래의 히브리어 이름 외에 헬라어 이름을 가지고 있는 경우가 많았는데, 길리기아 다소에서 태어난 바울도 집에서 부르는 원래의 히브리어 이름 '사울' 외에 집 밖에서 이방인들이 부르기 쉽도록 '사울'과 발음이 유사한 '바울'(헬라식 발음은 '빠울로스')이라는 이름을 하나 더 가지고 있었다고 생각된다.

---

20 Cf. F. Muller-E. H. Renkema, *Beknopt Latijns-Nederlands Woordenboek*, 12e dr., s.v. "paulus".

21 W. Gesenius, *Hebrew and Chaldee Lexicon*, s.v.

22 S. Greijdanus, "Het leven van den apostel Paulus," *Bijbelsch Handboek*, II, 241.

IV. 기록 계기

본서를 기록하게 된 계기는 몇 가지로 생각해 볼 수 있다. 바울이 복음을 전하다가 옥에 갇혔다는 소식을 듣고서 빌립보 교회는 물품과 함께 에바브로디도를 바울에게 보내었다(2:25). 그런데 에바브로디도가 바울에게 와서 그를 섬기다가 병에 걸려 죽을 뻔하였으나 하나님이 그를 살리셨다(2:26-27). 그래서 바울은 빌립보 교회의 염려를 덜어 주기 위해 에바브로디도를 빌립보 교회로 급히 돌려보내었다. 그 때 바울은 이 편지를 써서 그의 손에 쥐어 함께 보내었을 것이다(2:28-30).

뿐만 아니라 바울은 빌립보 교회가 자기에게 보내 준 선물에 대해 감사의 표시를 할 필요가 있었다(4:14-18).[23] 또한 바울 자신의 옥중 형편에 대해 소식을 전함으로써 빌립보 교회의 염려를 덜어 주고 위로하고자 하였을 것이다(1:12-26). 이와 함께 빌립보 교회에 대한 권면과 이단에 대한 경계를 줄 필요를 느꼈을 것이다.

V. 기록 장소

바울이 본 서신을 기록한 장소에 대해서는 크게 로마 저작설과 가이사랴

---

23 W. Schenk는 빌립보서가 다음과 같은 세 개의 편지들로 이루어졌다고 본다. 1) Brief A (감사 편지와 편지 결말: 4:10-23); 2) Brief B (서문, 감사와 기도, 교회 활동에 대한 원칙적 행동 노선을 담고 있는 편지: 1:1-3:1; 4:4-7); 3) Brief C (경계 편지의 파편). Cf. W. Schenk, *Die Philipperbriefe des Paulus*, 5-11. 한편 J. Gnilka는 빌립보서가 두 개의 편지로 되어 있었다고 본다. 1) Brief A (옥중 편지: 1:1-3:1상; 4:2-7, 10-23); 2) Brief B (투쟁 편지: 3:1하-4:1, 8-9). Cf. J. Gnilka, *Der Philipperbrief*, 4. Aufl., 5-11. 이렇게 빌립보서를 나누는 근본 이유는 3장 1절에서 2절 사이에 갑작스런 기조의 변화가 있다고 보기 때문이다. 빌립보서를 이렇게 나누는 것의 부당성에 대해서는 L. Floor, *Filippenzen*, 2e dr., 19-23을 참조하라.

저작설, 그리고 에베소 저작설이 있다.[24]

첫째 견해는, 로마에서 기록되었다고 보는 것인데 전통적으로 기독교회가 취해 온 견해이다.[25] 여기에는 몇 가지 근거가 있다. 우선 1:13의 '시위대'(πραιτώριον)라는 표현은, 물론 여러 가지 해석이 가능하지만,[26] 로마에 있는 가이사의 시위대(친위대)를 가리킨다고 보는 것이 가장 무난할 것이다.[27] 그리고 4:22의 '가이사 집 사람들'(οἱ ἐκ τῆς Καίσαρος οἰκίας)이라는 표현도 로마의 상황에 잘 부합된다고 생각된다.[28] 그 밖에 바울이 비교적 자유로운 옥중 생활을 했다는 사실도 로마의 상황에 잘 어울린다(행 28:16-31). 물론 바울은 가이사랴에서도 구금 중에 자유롭게 친구들을 만날 수 있도록 허용되었으나(행 24:23), 빌립보서 1:13-18에서와 같이 큰 규모의 복음 전파 활동이 있었다고 보기는 어려웠을 것이다.[29]

두 번째 견해는, 가이사랴에서 기록되었다고 보는 것인데, 소수의 학자들이 취하고 있다.[30] 그 주요 근거는 사도 바울이 가이사랴에 2년간 구금되어

---

24 빌립보서의 저작 장소에 대한 여러 견해들에 대해서는 O'Brien, *Phillipians*, 19-26; G. F. Hawthorne, *Philippians*, xxxvi-xliv; W. G. Kümmel, *Einleitung in das Neue Testament*, 20. Aufl., 284-91; Greijdanus, *Philippensen*, 23-41 등을 보라.

25 Lightfoot, Greijdanus, Hendriksen, O'Brien, Fee, Floor 등.

26 가이사랴에도 '헤롯의 궁전'(τὸ πραιτώριον τοῦ Ἡρῴδου)이 있었다(행 23:35).

27 O'Brien, *Philippians*, 20; Greijdanus, *Philippensen*, 39; Hendriksen, *Philippians*, 24 등.

28 Greijdanus, *Philippensen*, 39. Lightfoot는 '가이사의 집'(οἰκία Καίσαρος)에 대해 로마에 있는 황제의 궁전에 부속된 노예들과 자유인들(해방 노예들)이라고 본다(*Philippians*, 167, 171).

29 Cf. O'Brien, *Philippians*, 24.

30 예를 들면 H. E. G. Paulus, E. Lohmeyer, L. Johnson, J. J. Gunther, J. A. T. Robinson, J. van Bruggen 등. Van Bruggen 교수는, 바울이 로마 감옥에서 석방된 후 스페인을 방문했다는 전승은 믿을 만하고 편파성이 없는 반면, 바울이 석방 후 다시 아시아로 여행했을 가능성은(cf. 빌 2:24) 어쨌든 배제된다고 주장한다(*Geschichtliche Einordnung der Pastoralbriefe*, 46f.).

있었다는 사실이다(행 23:35; 24:27). 바울은 그 때 비교적 자유로운 생활을 누릴 수 있었다(행 24:23). 이것은 빌립보서에 나타난 바와 같이 바울이 복음을 비교적 자유롭게 전했다는 사실에 부합된다고 볼 수 있다. 그러나 다른 한편으로 바울이 가이사랴에서 과연 생명의 위협(cf. 빌 1:20-26)을 얼마나 심각하게 느꼈을지는 의문이다. 왜냐하면 그는 로마 시민으로서 언제든지 가이사에게 호소할 수 있었기 때문이다.[31]

세 번째 견해로는 에베소 저작설이 있다. 이 견해는 다이스만(A. Deissmann), 파이네-벰(Feine-Behm), 미카엘리스(Michaelis), 덩컨(Duncan), 그닐카(Gnilka) 등 현대 신학자들이 많이 주장하는 견해이다.[32] 이들이 주장하는 주된 근거는 '거리'에 관한 문제인데, 다이스만에 의하면 빌립보서에는 모두 5번의 여행이 있었고 또한 네 번의 여행이 계획되어 있다고 한다.[33] 이런 빈번한 여행과 거기에 걸리는 시간을 생각한다면 로마는 너무 멀다는 것이다.[34]

그러나 로마와 빌립보 사이의 여행 시간에 대한 이들의 주장은 상당히 과장되었다. 옛날 사람들의 빠른 걸음을 생각하면(하루 약 40-50 km) 로마에서 빌립보까지 (옛 여행 루트로 약 1,250 km 정도) 약 한 달 정도 소요되었을 것이다.[35] 뿐만 아니라 사도 바울과 빌립보 교회 사이의 많은 접촉도 과장되었다.[36] 무엇보다도 결정적인 문제점은 바울이 에베소에 갇혔었다는

---

31 O'Brien, *Philippians*, 24. 따라서 O'Brien 자신은, 에베소 저작설이나 가이사랴 저작설의 근거는 결정적이지 않다고 본다(25).
32 Cf. Kümmel, *Einleitung*, 289.
33 Cf. O'Brien, *Philippians*, 21.
34 예를 들면 H. Appel은 로마에서 빌립보까지 55일, J. Schmid는 약 5주 또는 1개월 소요된다고 보았다. Cf. Greijdanus, *Philippensen*, 29.
35 J. B. Lightfoot는 많은 옛 문헌에 근거하여 로마에서 빌립보까지 여행하는 데에는 약 한 달 정도면 족했을 것이라고 본다(*Philippians*, 38 n.1).
36 우리가 볼 때 바울이 빌립보서를 쓸 때에 두 번의 소식 교환이 있었다. 1) 빌립보 교회

기록이 전혀 없다는 것이다. 에베소설 주장자들은 고린도전서 15:32에서 그 가능성을 본다. 그러나 "에베소에서 맹수와 더불어 싸웠다면"이라는 표현은 바울이 에베소에서 옥에 갇혔다는 의미로 볼 수 없다. 이 표현은 아마도 비유적 의미로 사용되었을 것이다. 사도행전에 사도 바울이 그렇게 맹수로 더불어 싸웠다는 기록이 없을 뿐만 아니라, 로마 시민권을 가진 사람에게는 그런 형벌이 허용되지 않았다.[37] 또한 '시위대'(praetorium)라는 표현도 에베소에는 맞지 않다. 에베소는 원로원 관할의 속주인 아시아에 위치한 도시였다. 따라서 그곳에는 '프라이토리움'이라고 하는 총독 관저가 없었으며 군대를 주둔시키지도 않았다.[38]

이런 여러 사정들을 종합해 볼 때, 에베소 저작설은 비록 현대 주석가들이 많이 주장하고 있기는 하지만 근거가 부족하다.[39] 가이사랴 저작설도, 사도 바울이 그곳에 2년 동안 구금되어 있었다는 것과 바울이 비교적 자유를 누릴 수 있었다는 것, 그리고 그곳에 '프라이토리움'이 있었다는 점에서 어느 정도 가능성은 있지만, 로마 저작설보다 우세한 것은 아니라고 생각된다. 우리는 전통적으로 교회가 가져왔던 로마 저작설이 가장 그럴 듯하다고 생각한다.[40]

는 바울이 로마에 감금된 것을 듣고 에바브로디도를 그에게 보내었다. 2) 빌립보 교회는 에바브로디도의 병든 것을 들었으며, 이로 인하여 교회가 염려한다는 소식이 그에게 전달되었다. 첫 번째 소식은 바울이 로마에 감금된 직후에 빌립보에 도달되었을 것이다. 따라서 에바브로디도가 로마에 도착한 것은 바울의 감금 후 약 석 달이 지났을 때였을 것이다. 두 번째 소식을 주고받는 데에도 마찬가지로 약 두세 달 정도 걸렸을 것이다. 따라서 두 번의 소식이 오고가는 데에는 총 5-6개월 정도 걸렸다고 볼 수 있다.

37 Cf. F. W. Grosheide, *De eerste brief van den apostel Paulus aan de kerk te Korinte*, 526 n.1. 더 자세한 논의를 위해서는 Greijdanus, *Philippensen*, 36-38을 보라.

38 Cf. O'Brien, *Philippians*, 22.

39 에베소 저작설에 대한 자세한 소개와 비판에 대해서는 Greijdanus, *Philippensen*, 26-41을 보라.

40 캄펀의 Jager 교수는 전통적으로 종교개혁 후 시대까지 '로마'를 기록 장소로 여겨 왔다

VI. 기록 시기

본 서신의 기록 시기는 기록 장소와 밀접한 관련이 있다. 만일 가이사랴 저작설의 경우라면 주후 57-59년 사이가 될 것이고, 에베소 저작설의 경우라면 대략 주후 54-55년경이 될 것이다. 그러나 전통적인 견해를 따라 로마 저작설을 취한다면 로마의 옥중 기간(약 60-62년)[41] 중에 기록했을 것이다. 아무리 늦어도 주후 64년 7월 이전이 될 것이다.

VII. 특징과 주요 내용

빌립보서는 바울의 다른 서신들과 뚜렷이 구별되는 특징들을 가지고 있다. 주요한 특징 몇 가지를 살펴보면 다음과 같다.

1. 기쁨과 감사

빌립보서 전체를 통해 기쁨이 지배하고 있다. 바울은 변함없이 신실하게 자기를 생각하고 도와준 빌립보 교회에 대해 감사와 기쁨의 마음을 표현하고 있다(4:10, 14-18). 그래서 그는 빌립보 교회에 대해 생각할 때마다 하나님께 감사하며 기쁨으로 항상 간구하였다(1:3-4). 이러한 기쁨은 전부터 늘 있었지만, 특히 에바브로디도가 빌립보 교회의 파송을 받아 바울에게 와서

고 하면서, 가이사랴 설이나 에베소 설은 순전히 가설들에 기초해 있다고 한다. 그러나 그는 꼭 로마 설을 지지하는 것은 아니지만, 이런 가설들에 대해 많은 주장과 반박을 하는 것은 불필요하다고 본다. Cf. H. J. Jager, *Filippenzen en Filemon*, 5-7.

41 O'Brien은 로마의 옥중 기간을 60-62년으로 본다(*Philippians*, 19). Lightfoot는 바울이 61년 이른 봄에 로마에 도착했을 것으로 본다. 그리고 늦어도 64년 7월 이전에 석방되었다고 본다(*Philippians*, 2f.).

그를 위로하고 또 사랑의 선물을 가지고 와서 전달하였기 때문에 더욱 증폭되었다(4:18). 이것은 꼭 선물을 받아서 그런 것이 아니라, 무엇보다도 빌립보 교회가 바울을 잊지 않고 잘 기억하고 있으며 또한 복음 사역을 위해 선한 일에 동참하는 그들의 믿음이 귀하게 생각되었기 때문이다(1:5; 4:10, 17-18).

빌립보 교회에 대해서는 특별히 책망할 만한 심각한 문제는 없었다. 물론 "주 안에서 같은 마음을 품으라."고 권면하고 있지만(2:1-4; 4:2), 고린도 교회에서처럼 아주 심각한 문제는 아니었다. 오히려 바울은 사랑으로 그들을 권면하고 있다. 그리고 3장에서 '손(損)할례당'을 삼가라고 경계하고 있지만(2-19절), 이들은 교회 내부의 문제가 아니라 교회 외부에서 들어오는 위험을 경계하는 것이었다.

바울이 당하고 있는 옥중의 상황이 그의 기쁨을 빼앗아 갈 수는 없었다. 바울의 옥중 상태에 괴로움을 더하려고 투기와 분쟁으로 그리스도를 전파하는 자들도 있었지만, 바울은 그런 것을 개의치 않고 오히려 "기뻐하고 또 기뻐하리라"고 말한다(1:18). 왜냐하면 참으로 하든 거짓으로 하든, 어떻게 하든 그리스도가 전파되고 있었기 때문이다. 복음을 위하여 고난 받는 것을 바울은 당연하게 여기며(1:29), 오히려 기뻐하고 있다(2:27).

기쁨은 바울 혼자만 누릴 성격의 것이 아니라 빌립보 교회도 함께 누려야 할 상호적인 성격의 것이다. 그래서 바울은 그들에게 "이와 같이 나와 함께 기뻐하라"고 말한다(2:18). 그리고 다시금 "종말로 나의 형제들아, 주 안에서 기뻐하라"고 말한다(3:1). 이것은 기뻐하는 것이 아주 중요한 것임을 말해 준다. 그런데 '세상적으로' 기뻐할 것이 아니라 '주 안에서' 기뻐해야 함을 말한다. 주님을 믿는 가운데, 주님이 인정하시는 범위 안에서, 주님이 주시는 능력으로 기뻐해야 한다는 것이다. 바울은 편지의 마지막 부분에서 다시 한 번 기뻐하라고 말한다. "주 안에서 항상 기뻐하라. 내가 다시 말하노니 기뻐하라."(4:4) 이것은 바울이 빌립보 교회를 몹시도 기뻐하고 흡족히 여기는 마음에서 사랑으로 권면하는 말이다. 마치 착한 자녀를 보고서 기뻐하는 아버지의 흡족한 마음에서 우러나오는 사랑의 권면이라고 생각할 수 있다. "진리 안에서 행한다 함을 듣는 것보다 더 즐거움이 없도다."(요삼 4절)고 한 요한의 말처럼, 복음을 위하여 선한 일에 힘쓰는 빌립보 교회를 대하여 사도 바울이 기쁨으로 쓴 편지가 바로 빌립보서이다.

2. 바울의 개인적 신앙고백

빌립보서에는 바울의 개인적인 신앙고백이 많이 나온다. 물론 고린도후서에도 개인적인 내용이 많이 나오지만, 그 성격이 좀 다르다. 고린도후서에서는 문제 많은 고린도 교회에 대한 깊은 근심에서 해방된 안도감에서 바울의 개인적인 언급이 많이 나오며, 또한 바울을 반대하는 자들의 비방에 대한 반박 문맥에서 개인적인 고백이 많이 나온다. 그러나 빌립보서에서는 빌립보 교회에 대한 감사와 기쁨에서 자연스럽게 흘러나오는 개인적인 신앙고백이 많다.

먼저 바울은 자신의 옥중 형편에 대해 이야기한다(1:12-18). 자기가 당한 일이 오히려 복음의 진보가 되었다는 것을 말하면서, 자신은 어떻게 되든 그리스도가 전파된다면 기뻐하고 기뻐하겠다고 말한다. 그리고 나서 바울은 자신은 자기를 통해 오직 그리스도가 존귀하게 되기를 바란다고 말한다(1:19-26). 살든지 죽든지 그리스도가 존귀하게 되는 것, 그것이 그가 간절히 바라는 것이다. 자신의 형편과 운명은 차후 문제로 여기고, 그리스도와 그의 복음이 전파되고 성도들의 믿음이 자라는 것을 가장 중요하게 여기고 있는 바울의 신앙이 잘 나타나 있다.

그리고 나서 바울은 유대주의자들의 공격에 대항하여 말하는 가운데 개인적인 내용을 말한다(3:4-14). 유대주의자들이 육체적인 것을 자랑하고 외적인 것을 중요시 여기므로, 이에 대응하여 바울은 자기도 육체를 신뢰할 만한 것이 있다고 말하면서 자기 자신에 대해 말한다. 하지만 바울은 곧 이어서 자기는 이런 것을 그리스도를 위하여 다 해로 여기고 배설물로 여긴다고 말한다. 왜냐하면 그리스도 예수를 아는 지식이 가장 고상하기 때문이다(7-8절). 그러면서 바울은 뒤에 있는 것은 잊어버리고 오직 앞에 있는 것을 잡으려고 푯대를 향하여 달려간다고 말한다(12-14절). 여기서 우리는 바울의 미래지향적이고 진취적인 인생관을 배울 수 있다.

마지막으로 바울은 옥중 생활의 어려움 가운데서도 스스로 만족하기를 배웠다고 말한다(4:11-13). 배부르고 풍족할 때만 만족하는 것이 아니라 배고프고 궁핍할 때에도 자족하기를 배웠다고 말한다. 어떠한 형편에서든지 자족할 수 있도록 일체의 비결을 배웠다고 한다. 이런 바울의 고백을 통해 우리는, 인간의 만족이란 외적인 환경에 달린 것이 아니라 마음의 자세에 달린 것임을 배우게 된다. 이런 맥락에서 바울은 "내게 능력 주시는 자 안에서 내가 모든 것을 할 수 있느니라."고 말한다(4:13).

3. 그리스도 중심 사상

이러한 바울의 개인적인 신앙고백을 통해 그에게 아주 특징적인 그리스도 중심 사상을 볼 수 있다. 그리스도 중심 사상은 바울의 모든 서신에 나타나는 일관된 사상이지만, 빌립보서에서 더욱 두드러지게 나타난다. 이것은, 앞에서 살펴본 바와 같이, 그가 어떤 형편에 처해 있든지 간에 복음이 진보하고 그리스도가 전파되는 것으로 기뻐하고 기뻐하겠다는 그의 태도에서 잘 드러난다(1:12-18). 자기의 처지보다 복음과 그리스도를 앞세우는 태도이다. 나아가서 "살든지 죽든지 자기 몸에서 그리스도가 존귀히 되기를 바란다."는 그의 고백에서 그리스도 중심적 사상은 절정을 이룬다 (1:20). 바울은 이것을 "내게 사는 것이 그리스도니 죽는 것도 유익함이라." 고 고백한다(1:21). 죽음을 두려워하지 않고 생사를 초월한 바울의 신앙 앞에 우리가 무슨 말을 더 할 수 있으랴? 그러나 이것은 단지 말뿐이 아니라 바울의 실제 신앙이었고 인생관이었다.

    이러한 그리스도 중심적 인생관에서 바울은 조심스럽게 그가 옥에서 풀려 나올 것을 확신한다. 왜냐하면 그에게는 아직 주님의 교회를 위해 해야 할 일이 남아 있으며, 그 일을 하는 것이 하나님의 뜻에 합당하다고 믿었기 때문이다. 자기 자신만 생각한다면 바로 죽어서 천국에 가서 그리스도와 함께 지내는 것이 더 유익하겠지만, 주님의 교회를 위해서는 바울이 아직 세상에 더 머물러 있어야 하는 것이다. 여기서 우리는 자신의 이익보다는 다른 사람의 이익을 우선시하는, 순수히 이타적인 태도를 볼 수 있다. 그리스도 중심 사상은 필연적으로 이타적인 태도로 나타나고, 이것이 바울의 생존 여부를 결정하는 핵심 요소였다. 이것을 바울은 "육신으로 사는 이것이 내 일의 열매"라고 표현하였다(1:22). 곧, 바울은 자신의 삶은 자신의 복음 사역의 결과로 인식한 것이다. 사역(使役)이 먼저이고, 생존(生存)은 나중이었다. 이것을 우리는 '사역 중심적 사고'라고 말할 수도 있을 것이다.

    이러한 맥락에서 바울은 또한 '그리스도 예수를 아는 지식'이 가장 고상하다고 말한다(3:8). 이 세상의 어떤 지식도 우리를 하나님 앞에 의롭게 세울 수 없다. 율법을 지키는 것으로도 의롭게 될 수 없다. 오직 그리스도를 믿음으로 말미암아 하나님의 의를 얻을 수 있다. 그래서 바울은 이 그리스도를 얻기 위하여 모든 것을 잃어버리고 배설물로 여긴다고 말한다(3:9). 바울은 그리스도를 위해서라면 고난 받는 것도 두려워하지 않았다(1:29).

4. 하나됨과 겸손

빌립보서에는 특별한 교리 문제나 윤리 문제가 대두되지는 않는다. 기본적으로 빌립보 교회는 모범적인 교회였고, 바울이 기뻐하고 감사하는 교회였다. 십자가의 원수로 행하는 유대주의자들의 위협이 있기는 했지만, 그것은 어디까지나 교회 밖으로부터의 도전이었으며 교회 내부의 문제는 아니었다.

하지만 이런 모범적인 빌립보 교회에도 문제가 전혀 없는 것은 아니었다. 제일 중요한 문제는 '하나됨'의 문제였다. 이것도 고린도 교회에서처럼 체계적인 파당의 문제라기보다는 선한 일을 함에 있어서 흔히 일어날 수 있는 인간적인 시기와 다툼의 문제였다. 그래서 바울은 빌립보 교회에 대한 구체적인 권면을 함에 있어서 무엇보다도 먼저 "마음을 같이 하여 같은 사랑을 가지고 뜻을 합하며 한 마음을 품으라."고 말한다(2:2). 4장에 와서는 두 사람의 이름(유오디아, 순두게)을 들면서 "주 안에서 같은 마음을 품으라."고 말한다(4:2). 이것을 보면 빌립보 교회의 불화의 주된 원인은 이 두 여성에게 있었음을 알 수 있다.

이런 맥락에서 바울은 "아무 일에든지 다툼이나 허영으로 하지 말고 오직 겸손한 마음으로 각각 자기보다 남을 낫게 여기라."고 말한다(2:3). 자기를 낮추고 남을 낮게 여기는 겸손한 마음이 하나됨의 토대임을 알 수 있다. 그러면서 바울은 우리가 품어야 할 겸손함의 표본으로서 예수 그리스도의 마음을 제시한다(2:5-11). 그리스도는 하늘 영광을 버리고 비천한 이 세상에 오셨으며, 우리를 위해 자기를 비우고 낮아지셨으며, 십자가에 죽기까지 하나님께 복종하셨다. 이처럼 자기를 비우고 낮아질 때 참된 하나됨이 가능하며 진정한 화평이 찾아올 것이다.

VIII. 내용 분해

1. 인사말(1:1-2)
2. 바울의 감사와 기도(1:3-11)
3. 복음의 진보(1:12-21)
4. 복음에 합당한 생활(1:22-30)
5. 그리스도 예수의 마음(2:1-11)
6. 두렵고 떨림으로 구원을 이룸(2:12-18)
7. 디모데와 에바브로디도의 헌신(2:19-30)
8. 가장 고상한 지식(3:1-11)
9. 푯대를 행하여 좇아감(3:12-16)
10. 십자가의 원수들(3:17-21)
11. 하나님의 평강(4:1-9)
12. 풍성한 하나님(4:10-20)
13. 결어(4:21-23)

제 1 장

[1] 인사말(1:1-2)

사도 바울은 그의 편지에서 먼저 발신자와 수신자를 말한다. 발신자는 '바울과 디모데'임을 밝힌다. 수신자는 '빌립보에 있는 모든 성도들과 감독들과 집사들'이라고 말한다. 여기서 '감독들'과 '집사들'의 직분을 따로 밝힌 이유는 그들이 바울을 돕는 일에 주도적 역할을 하였기 때문일 것이다. 그리고 당시의 일반적인 인사말을 약간 변형하여 그들에게 '은혜'와 '평강'이 있기를 기원한다.

[1] 인사말(1:1-2)
  I. 발신자와 수신자(1절)
    1. 발신자(1상)
    2. 수신자(1하)
  II. 기원(2절)

I. 발신자와 수신자(1절)

¹ 그리스도 예수의 종 바울과 디모데는 그리스도 예수 안에서 빌립보에 사는 모든 성도와 또는 감독들과 집사들에게 편지하노니

사도 바울은 그의 편지에서 먼저 발신자와 수신자를 말한 다음에 기원

(祈願)의 인사말을 한다(롬 1:1-7; 고전 1:1-3; 고후 1:1-2; 엡 1:1-2 등). 이것은 당시 로마 제국 안에서 통용되던 일반적인 편지 형태를 따른 것으로서, 단지 인사말 부분을 약간 변형한 것이다. 헬라 로마 시대의 편지는 발신자와 수신자를 말한 다음에 '문안하노라'(χαίρειν)라는 의례적인 말을 붙이는 것이 보통이었다(cf. 행 15:23; 23:26).[1] 그러나 바울은 형식적인 '문안하노라'는 문구를 기독교적 기원으로 변형시켰다. 곧 "하나님 우리 아버지와 주 예수 그리스도에게로서 은혜와 평강이 너희에게 있을지어다."로 바꾸어 말하였다. 이처럼 바울은 인사말에서 복음의 핵심인 '은혜'(χάρις)와 '평강'(εἰρήνη)이라는 단어를 사용한다. 물론 일반적인 문안 형태(χαίρειν)를 사용한다고 해서 비기독교적인 것은 아니며, 그런 것도 교회 안에서 사용되기도 했다(행 15:23; 약 1:1).

1. 발신자(1상)

이 편지의 발신자는 '바울과 디모데'라고 밝히고 있다(1절). '바울'(Παῦλος)이란 이름은 라틴어 paulus에서 온 것으로 '작은 자'라는 의미를 가진다. 그의 원래 이름은 '사울'이었는데 히브리어로 '구한 바'(asked for) 되었다는 뜻이다(cf. 삼상 8:4-9). '디모데'(Τιμόθεος)라는 이름은 '하나님을 공경하는 자'란 뜻을 가지고 있다. 그는 바울이 루스드라에서 얻은 제자인데, 그 어머니는 유대인이었으며 아버지는 헬라인이었다. 그는 주위 사람들에게서 칭찬받는 사람이었다(행 16:1-2).

바울과 디모데는 자기 자신을 '예수 그리스도의 종들'이라고 소개하고 있

---

1 헬라어 χαίρειν은 동사 χαίρω의 부정사(不定詞)로서 '기뻐하는 것'(to rejoice)이라는 의미를 가진 의례적인 헬라식 인사말이다. Cf. F. W. Grosheide, *De brief aan de Hebreeën en de brief van Jakobus*, 2e dr., 352f.

다. '종'(δοῦλος)은 '주인'(κύριος)에 대비되는 개념으로서 주인의 뜻에 전적으로 순종하는 자를 가리킨다. 성경에서 '종'의 개념은 주인을 '섬기는 자'(servant)라는 것이다(cf. 레 25:39-55). 종은 주인에게 매인 자로서 자기 의지대로 행하는 자가 아니라 주인의 의지대로 행하는 자이다. 바울과 디모데는 '예수 그리스도'의 종으로서 오직 주되신 예수 그리스도의 뜻대로 행하는 자들이었다.

2. 수신자(1하)

이 편지의 수신자는 '그리스도 예수 안에서 빌립보에 사는 모든 성도와 또는 감독들과 집사들'이다(1절). 여기서 '또는'이라는 연결이 이상한데 헬라어 원문에는 '함께'(σύν)라는 전치사가 사용되어 있다. 여기서는 '그 중에서도 특히'라는 의미로 이해할 수 있다. 곧 '빌립보에 있는 그리스도 예수 안의 모든 성도들, 그 중에서도 특히 감독들과 집사들'이란 뜻이다. 여기서 '감독들'과 '집사들'을 특별히 언급하고 있는 이유는 그들이 바울을 위해 염려하고 돕는 일에 주도적인 역할을 하였기 때문일 것이다.

'성도들'(οἱ ἅγιοι)은 예수 그리스도의 피로 깨끗케 된 자를 뜻한다. 이것은 실제로 완전히 깨끗해졌다는 의미가 아니고, 법적인 선언 곧 법적으로 그렇게 여기는 것, 간주하는 것을 의미한다.[2] 실제로는 죄가 있고 허물이 많지만 하나님께서 예수 그리스도의 피를 보시고 깨끗하다고, 죄 없다고 여겨 주셨다는 의미이다. 따라서 우리는 법적인 의미 곧 칭의의 의미에서 깨끗

---

[2] 박윤선 박사는 '성도'(ἅγιος)에 대해 "(1) 하나님의 택하심을 받아 그에게 속하였고, (2) 성령님으로 말미암아 거룩하게 되어가는 기독신자들을 말한다."고 설명한다. Cf. 박윤선, 『성경주석 바울서신』, 3판(1989), 223. 이 설명은 좋다. 그러나 이것은 '성도'가 어떤 존재인가를 설명한 것이다. '성도'가 실제로 거룩한가, 어떻게 거룩한가 하는 질문에 대해서는 예수님의 피로 죄 사함 받아 거룩하다고 간주되었다(롬 3:25; 4:4-8)고 답하게 된다.

한 자들, 거룩한 자들이다.

'감독'이란 단어(에피스코포스, ἐπίσκοπος)는 원래 '돌아보다'는 뜻을 가진 동사 '에피스코페오'(ἐπισκοπέω)에서 온 명사로서 '돌아보는 자, 돌보는 자'란 의미를 가지고 있다. 따라서 '감독'은 교회의 '장로'(πρεσβύτερος)와 다른 직분이 아니라 '장로'에 대한 또 다른 명칭이다. 이것은 사도행전 20장에서 바울이 에베소 교회의 '장로들'(17절)을 '감독자들'(28절)이라고 부르고 있는 데서 분명히 알 수 있다(cf. 딛 1:5-7). 따라서 '감독'은 '장로'에 대한 또 다른 명칭으로서 교회 성도들을 돌아보는 자, 돌보는 자를 의미한다. 그러므로 '감독'은 오늘날 사람들이 생각하듯이 위에서 감찰하고 군림하는 사람이 아니라 교회의 양들을 돌보고 보살피는 목자적인 이미지를 가지고 있는 칭호이다.[3]

그러면 왜 신약 성경에서 '장로'란 말과 '감독'이란 말이 함께 사용된 것일까? 그것은 이 단어들이 가진 배경 때문이라고 생각된다. 곧 유대 지역에서 '장로'란 칭호는 오래 전 구약 시대 때부터 존재하던 직분이다(출 3:16, 18; 4:19 등).[4] 이에 비해 이방 지역에서는 '장로'라는 말보다 '감독'이란 말이 더 익숙했었다. 곧, 유대 외의 지역에서는 어떤 단체의 지도자를 가리킬 때 '에피스코포스'(감독, 감찰관, 사절)를 많이 사용하였다. 따라서 사도 바울은 이방 지역의 교회들에서는 그들에게 친숙한 '감독'이란 칭호를 '장로'라는 용어와 함께 사용하였다.[5] 그러나 유대 지역의 교회에서는 '장로'라는 칭호

---

3 장로의 개념에 대해서는 변종길, "복음의 눈으로 본 장로직",『목회와 신학』149(2001. 11), 82-95를 참조하라.

4 구약 성경에서의 장로와 유대 회당의 장로에 대해서는 A. van Ginkel, *De ouderling*, 15-17을 보라. 그리고 변종길, "장로직 제도에 대한 성경적 조명",『개혁신학과 교회』 21(2008), 156-58을 보라.

5 이에 대해서는 Lightfoot, *Philippians*, 95-99를 보라. Lightfoot에 의하면, πρεσβύτερος는 유대적 용어로서 '나이 든 자', '원로' 혹은 '지도자'를 가리키는 말로 유대 회당의 장로를 뜻하는 것이라고 한다. 반면 ἐπίσκοπος는 헬라적 용어로서 어떤 도시를 다스리도록 왕에

만 사용되었으며, '감독'이란 칭호는 전혀 사용되지 않았다.

'집사'란 단어의 헬라어 '디아코노스'(διάκονος)는 원래 '섬기는 자, 수종 드는 자'라는 의미를 가지고 있다.[6] 신약 성경에서 때로는 식사 때 '시중드는 자'라는 의미로(요 2:5, 9), 때로는 일반적인 의미에서의 '섬기는 자' 또는 '일꾼'이라는 의미로(마 20:26; 23:11; 막 9:35; 10:43; 고전 3:5; 딤전 4:6 등), 때로는 교회 직분으로서의 '집사'를 가리키는 의미로(빌 1:1; 딤전 3:8, 12, 13) 사용되었다.[7] 여기 빌립보서에서는 '감독'이란 단어와 같이 사용되었으므로 교회 직분으로서의 '집사'를 가리키는 것이 분명하다.

II. 기원(2절)

²하나님 우리 아버지와 주 예수 그리스도에게로서 은혜와 평강이 너희에게 있을지어다.

2절은 기독교적 기원이다. '은혜'(χάρις)는 하나님이 피조물에게 값없이 베푸시는 모든 좋은 것을 말한다.[8] 그 중에서도 특히 예수 그리스도 안에서 성도들에게 주시는 구원과 그로 말미암는 복들을 의미한다(엡 1:3-6). 이것은 인간의 공로와 관계없이 하나님의 호의로 값없이 베풀어주시는 선물이다(롬 3:24; 4:4; 11:6; 엡 2:8).

'은혜'라는 말 속에는 다음 세 가지 개념이 들어 있다. 첫째는 '값없이' 준다는 것을 말한다. 이것은 우리의 노력이나 대가 없이 하나님께서 거저, 공

의해 파송된 자, 혹은 사명을 띠고 파송된 감독(overseer)의 의미라고 한다.

6 Cf. W. Bauer, *A Greek-English Lexicon of the New Testament*, 3rd ed., s.v.

7 Cf. H. W. Beyer, "διάκονος," *TWNT*, II, 88-93.

8 바울은 이 단어로써 '값없이, 즉각적으로, 공로 없이 주시는 하나님의 호의'(the free, spontaneous, unmerited favor of God)를 강조한다. Cf. Hawthorne, *Philippians*, 11.

짜로 주시는 것을 의미한다. 둘째로, 은혜에는 '좋은 것'이라는 의미가 담겨 있다. 아무리 거저 준다고 해도 나쁜 것을 줄 때에는 은혜라고 할 수 없다. 예를 들어, 어떤 사람이 우리에게 쓰레기 한 상자를 공짜로 준다고 해도 그것을 은혜라고 할 수는 없는 것이다. 하나님께서 우리에게 주시는 은혜는 다 우리에게 좋은 것이고 유익된 것이다. 셋째로, 은혜란 말에는 주시는 이의 '호의'(好意, favor)가 담겨 있다. 우리가 선물을 받으면 기분이 좋은 이유는 선물 그 자체가 좋아서 그런 것도 있지만, 그 안에는 주는 이의 호의가 담겨 있기 때문이다. 그 사람이 나를 좋아하고 기뻐한다는 마음이 들어 있기 때문이다.

이어서 나오는 '평강'(εἰρήνη)은 다르게는 '평안', '평화', '화평'으로 번역되기도 한다. 이스라엘 사람들은 옛날부터 서로 만날 때 '샬롬'(shalom)이라고 인사했다(창 43:23; 삼상 25:6; 삼하 18:28; 대상 12:18 등).[9] 대제사장의 축복에도 '평강(샬롬)'을 비는 것이 나타난다(민 6:26). 예수님께서 제자들을 보실 때에도, 그들이 어느 집에 들어가든지 먼저 그 집에 '평안'을 빌라고 하셨다(눅 10:5). 예수님께서 부활하신 후에도 제자들에게 "너희에게 평강이 있을지어다."고 말씀하셨다(눅 24:36; 요 20:19, 21, 26).

'평강'은 하나님 앞에서 의롭다 함을 받은 자가 누리는 복이다(롬 5:1; cf. 사 32:17; 53:5). 하나님과의 원수 관계가 청산됨으로 말미암아 주어지는 하나님과의 화목이 일차적이고 근본적인 평강이며(롬 5:10), 또한 이런 평강을 얻은 사람이 사람들 사이에 평화를 가지는 것도 중요하다(롬 12:18).

---

9 히브리어 '샬롬'(shalom)은 i) 안녕, 건강, 형통(safety, health, welfare); ii) 평화(peace); iii) 화평(friendship) 등의 의미로 사용되었다. Cf. Gesenius, *Lexicon*, s.v.

교훈과 적용

1. 사도 바울은 자신을 그리스도 예수의 종으로 인식하고 살았다. 전적으로 예수 그리스도에게 매인 사람, 그의 뜻대로 행하는 자로 살았다. 그의 모든 삶과 활동의 목적은 오직 예수 그리스도를 기쁘게 해 드리는 것이었다(갈 1:10). 그리스도가 존귀하게 되는 것이었다(빌 1:20). 그러면 오늘날 우리는 누구를 위해 사는가? 누구의 종으로 살아가는가? 누구에게 매여 사는가? 우리의 삶은 목적은 무엇인가?

2. 바울은 빌립보 교회의 성도들 가운데 특별히 '감독들'과 '집사들'을 기억하고 거명(擧名)하였다. 왜냐하면 이들이 복음 전파를 위해, 바울을 돕는 일에 주도적으로 나섰기 때문이다. 이처럼 바울은 복음을 위해 애쓴 사람들을 귀하게 여기고 인정해 주었다. 오늘날 우리도 복음을 위해 애쓰고 수고한 자들을 알아주고 인정해 줄 필요가 있다. 그런데 우리는 하나님이 다 아신다는 이유로 무관심하지 않은가? 하나님이 갚아주시더라도 우리는 우리로서 해야 할 의무와 도리가 있다. 우리는 주의 일에 수고하는 자들을 귀하게 여기고 격려하고 칭찬하여야 한다.

3. 바울은 빌립보의 모든 성도들에게 '은혜'와 '평강'이 있기를 기원하였다. 왜냐하면 하나님이 주시는 '은혜'와 '평강'이 무엇보다 중요하기 때문이었다. 그러면 오늘날 우리는 무엇을 중요하게 여기는가? 하나님이 주시는 은혜와 평강을 중요하게 여기는가? 아니면 세상이 주는 부귀와 권세를 중요하게 여기는가? 나는 하나님의 은혜와 평강을 얻기 위해 구체적으로 무엇을 하고 있는가? 하나님의 말씀을 귀하게 여기고 기도를 힘쓰고 있는가? 예배를 소중히 여기고 은혜 받기를 사모하고 있는가?

[2] 바울의 감사와 기도(1:3-11)

바울은 기원의 인사말 후에 편지 본문에서 먼저 하나님께 감사를 드린다(3-6절). 그러고 나서 바울과 빌립보 교회의 좋은 관계에 대해 말한다(7-8절). 빌립보 교회는 바울의 복음 전하는 일을 위해 기도와 물질로 동참하였다. 그래서 바울은 빌립보 교회를 심히 사모한다고 말한다. 바울의 이런 사모하는 마음은 기도로 변한다(9-11절).

[2] 바울의 감사와 기도(1:3-11)
  I. 바울의 감사(3-6절)
    1. 바울의 감사(3-4절)
    2. 그 이유(5절)
    3. 바울의 확신(6절)
  II. 바울과 빌립보 교회의 관계(7-8절)
    1. 너희가 내 마음에 있음(7상)
    2. 은혜에 참여한 자가 됨(7하)
    3. 바울의 사모함(8절)
  III. 바울의 기도(9-11절)
    1. 지식과 총명이 풍성하도록(9절, 10상)
    2. 순전하여 허물이 없도록(10하)
    3. 의의 열매가 가득하도록(11절)

I. 바울의 감사(3-6절)

³내가 너희를 생각할 때마다 나의 하나님께 감사하며 ⁴간구할 때마다 너희 무리를 위하여 기쁨으로 항상 간구함은 ⁵첫 날부터 이제까지 복음에서 너희가 교제함을 인함이라. ⁶너희 속에 착한 일을 시작하신 이가 그리스도 예수의 날까지 이루실 줄을 우리가 확신하노라.

1. 바울의 감사(3-4절)

바울은 빌립보서의 본문을 원문에 의하면 '내가 감사하노라'(εὐχαριστῶ)라는 단어로 시작한다. 그의 다른 서신들도 대개는 이렇게 시작한다(롬 1:8; 고전 1:4; 고후 1:3; 골 1:3; 살전 1:2; 살후 1:3; 딤후 1:3 등). 이것을 보면 바울의 신앙은 '감사 신앙'이었음을 알 수 있다. 힘들고 어려운 상황, 절망적인 상황에서도 그는 하나님을 바라보면서 감사드렸다. 말썽 많고 문제 많은 고린도 교회를 향해서도 그는 항상 하나님께 감사하였다. 오늘날 우리에게도 이런 자세가 필요하다. 아무리 힘들고 어려운 상황에 처해 있을지라도 우리는 감사해야 한다. 문제를 일으키고 말썽 피우는 사람들에 대해서도 우리는 하나님을 바라봄으로 항상 감사해야 한다. 감사는 침체된 신앙을 불러일으키는 원동력이다(시 42:5, 11).

그러면 우리는 '누구에게' 감사해야 하는가? 바울은 '나의 하나님께'(τῷ θεῷ μου) 감사한다고 말한다. 이처럼 우리는 '하나님께' 감사하여야 한다. 비록 현실은 답답하고 실망스러울지라도, 하나님을 향하여서는 감사의 마음을 가질 수 있다. 시편 기자는 "내가 산을 향하여 눈을 들리라. 나의 도움이 어디서 올꼬? 나의 도움이 천지를 지으신 여호와에게서로다."(시 121:1-2)고 하였다. 하지만 과거의 우리 조상들은 죽은 조상들에게 감사하였다.

감사의 마음을 가진 것은 좋았으나, 감사의 대상이 잘못되었다. 감사를 하기는 하였으나 번지수가 틀린 것이다.

그러면 바울은 '언제' 감사하였는가? 3-4절에서 바울은 '너희를 생각할 때마다'(ἐπὶ[1] πάσῃ τῇ μνείᾳ ὑμῶν), '항상'(πάντοτε), '간구할 때마다'(ἐν πάσῃ δεήσει μου) 감사한다고 말한다. 바울은 막연히 감사의 마음을 가지고 있는 것으로 끝난 것이 아니라 감사의 마음을 구체적으로 '기도' 가운데 표현하였다. 즉 성도들을 위해 기도하는 가운데 하나님께 감사드리고 그들을 위해 간구하였던 것이다. 이처럼 오늘날 우리의 감사도 기도 가운데 표현되어야 한다.

4절에 나오는 '간구'(δέησις)라는 단어는 원래 '결핍하다'는 뜻을 가진 '데오마이'(δέομαι)에서 왔다.[2] 따라서 간구(懇求)는 우리에게 부족함, 결핍함이 있음을 깨닫고 하나님께 도움과 은혜를 청하는 것이다. 그러나 현대인들은 이러한 간구를 우습게 여기고 비하하는 경향이 있다. 마치 이기적이고 성숙하지 못한 태도인 것처럼 보는 경향이 있다. 예를 들면, 칼 바르트(Karl Barth)는 기도의 중심은 '간구'(petition)라고 말하였지만, 실제로는 '개인 기도'(private prayer)를 무시하고 '즉석 기도'(extemporary prayer)를 거부함으로써 '간구'의 측면을 많이 약화시켰다.[3] 이런 배후에는 현대 서구인들의 '자만(自慢)'이 전제되어 있다고 생각된다. 즉, 우리는 성숙한 인간이요 자족하는 인간이기 때문에 무엇이 부족한 것처럼 하나님께 간구할 필요가 없다는 것이다.

그러나 우리 인간은 연약하고 부족하고 결핍된 존재이다. 따라서 우리는 날

---

1 여기서 전치사 ἐπί는 시간을 나타낸다(on).

2 Greijdanus, *Philippensen*, 74.

3 이에 대해서는 한철하, "칼빈과 칼 바르트에 있어서의 기도론의 비교", 『신학정론』 1/2(1983년 9월), 260-72을 보라.

마다 하나님의 도우심을 필요로 한다. 특히 환난을 당할 때에는 하나님의 도우심을 절실히 필요로 한다(시 6:4; 7:1; 18:6; 51:15 등). 뿐만 아니라 복음을 전하며 주의 일을 할 때에도 하나님의 도우심을 필요로 한다(엡 6:19; 행 4:19; 13:3 등). 따라서 우리는 믿음이 성숙할수록 더욱 하나님의 도우심을 필요로 하며 하나님을 의지하게 된다.

그러면 바울은 누구를 위해 기도하였는가? 본문은 '너희 모두를 위해'(ὑπὲρ πάντων ὑμῶν)라고 말한다. 바울은 어느 누구도 기도 대상에서 제외하지 않았다. 문제를 일으키는 사람, 귀찮은 사람이라고 해서 기도 대상에서 빼지 않았다.

또 하나 여기서 알 수 있는 것은 바울의 기도는 '중보기도'[4] 중심이라는 사실이다. 바울의 기도 중 대부분을 차지하는 것은 다른 성도들을 위해 기도하는 것 곧 중보 기도였다. 만일 그가 자기 자신만을 위해 기도했다면 그렇게 항상, 밤낮으로 기도할 필요가 없었을 것이다. 그러나 바울은 자기가 설립한 교회를 위해, 자기가 알고 있는 성도 개개인을 위해 구체적으로 중보기도를 하였기 때문에 기도할 내용이 많았던 것이다. 이처럼 신앙이 자랄수록, 기도를 많이 할수록 자기 자신보다 다른 사람을 위한 중보기도가 많아지게 된다.

바울은 기도할 때에 '기쁨으로'(μετὰ χαρᾶς) 기도하였다고 한다. 짜증이나 불만이 아니라 기쁨과 감사함으로 기도하였다(cf. 빌 4:6). 이것은 빌립보 교회가 바울을 생각하고 위해 주는 것이 고마웠기 때문이다. 이처럼 우리는 다른 사람에게 탄식의 대상이 아니라 기쁨의 대상이 되어야 한다.

---

4 '중보기도'에 대해서는 고려신학대학원 교수회가 대한예수교장로회(고신) 제55회(2005년) 총회에 제출한 "중보기도에 대한 연구보고서"를 참조하라.

2. 그 이유(5절)

바울이 감사하는 이유 또는 근거는 그들이 "복음을 위한 일에 참여함을 인함"(ἐπὶ[5] τῇ κοινωνίᾳ ὑμῶν εἰς[6] τὸ εὐαγγέλιον)이라고 한다. 여기서 '참여함' 또는 '교제'로 번역된 헬라어 '코이노니아'(κοινωνία)는 '함께 하는 것, 참여, 동참'을 의미한다. 즉, 그들이 복음을 위한 일에 동참하였다는 의미이다. 이것은 빌립보 교회가 바울의 복음 전파 사업을 위해 기도하고 물질로 후원하였다는 것을 의미한다. 바울은 이 사실에 대해 특별히 하나님께 감사하고 있다(빌 4:15-16).

'코이노니아(교제)'라고 하면 한국 교회 성도들은 대개 친목회나 운동회를 생각한다. 그래서 중고등부나 청년회 회원들이 모여 노래 부르면서 게임하는 것을 교제라고 생각한다. 목사나 장로들의 교제 모임도 운동회나 등산 같은 행사가 주를 이룬다. 그러나 그런 것들은 대개 교제를 위한 교제, 친목을 위한 친목에 불과한 경우가 많다. 그저 외적인 친교, 인간적인 사귐밖에 안 된다. 참된 교제는 성령 안에서 한 마음, 한 뜻을 가질 때 가능하다. 그러기 위해 우리는 상위의 선한 목적을 가지고 선한 사업을 하는 가운데 모여야 한다. 선교나 구제 사업과 같이 하나님 앞에서 의미 있고 보람된 일을 위해 모이고 같이 일을 하다 보면 주 안에서 참된 교제가 이루어지고 마음속에서 뿌듯한 기쁨을 느끼게 된다.

빌립보 교회는 '첫날부터 지금까지' 복음을 위해 참여하였다고 말한다. 이

---

[5] 여기서 ἐπί는 근거 곧 감사의 근거를 나타낸다.
[6] 개역한글판의 '복음에서'는 좀 부정확한 번역이다. 여기의 εἰς τὸ εὐαγγέλιον은 '복음을 위하여'라는 뜻으로 보아야 한다.

처럼 빌립보 교회는 신실한 교회였다. 한번 시작한 일은 변치 않고 꾸준하게 시행하였다. 이것은 아마도 그 교회 구성원 다수가 퇴역 군인들이었다는 사실과 관계있다고 생각된다. 군인의 특징은 '충성'이다. 군인은 한 번 충성하면 끝까지 충성한다. 이처럼 빌립보 교회는 그들이 한번 믿고 따른 바울에 대해 끝까지 충성하였다.

3. 바울의 확신(6절)

바울은 "너희 속에 착한 일을 시작하신 이가 그리스도 예수의 날까지 이루실 줄을 우리가 확신하노라."고 말한다. 이렇게 확신하는 이유는 빌립보 교회 성도들이 신실하기 때문이 아니라 하나님이 신실하시기 때문이다. 물론 빌립보 교회 성도들이 인간적으로 신실한 것은 사실이지만, 그들이 복음에 동참하는 이 사업이 끝까지 계속될 것이라고 확신하게 된 것은 '너희 속에 착한 일을 시작하신 이' 곧 하나님이 그렇게 하실 것이기 때문이다. 하나님께서 그들 속에 선한 일을 하고자 하는 마음을 주시고 또 그렇게 행하도록 해 주셨다. 그 하나님께서 또한 끝까지 이루실 것이라고 바울이 확신한 것이다.

여기서 '착한 일'이란 복음을 위한 일 곧 복음 전하는 자들을 돕고 지원하는 일을 의미한다. 그리고 '그리스도 예수의 날'이란 그리스도께서 영광중에 오실 날 곧 세상 끝 날을 의미한다(마 16:27; 24:30; 요 5:27-28; 마 25:31-46; 고후 5:10; 요 3:17; 엡 1:10 등).[7]

---

7 Greijdanus, *Philippensen*, 85.

II. 바울과 빌립보 교회의 관계(7-8절)

⁷내가 너희 무리를 위하여 이와 같이 생각하는 것이 마땅하니 이는 너희가 내 마음에 있음이며 나의 매임과 복음을 변명함과 확정함에 너희가 다 나와 함께 은혜에 참여한 자가 됨이라. ⁸내가 예수 그리스도의 심장으로 너희 무리를 어떻게 사모하는지 하나님이 내 증인이시니라.

1. 너희가 내 마음에 있음(7상)

바울은 자기가 빌립보 교회에 이렇게 생각하는 것이 마땅한 이유로 "너희가 내 마음에 있기 때문"(διὰ τὸ ἔχειν με ἐν τῇ καρδίᾳ ὑμᾶς)이라고 말한다. 곧, 바울이 그들을 늘 마음에 품고 있기 때문이라고 말한다. 이것은 기도 가운데 늘 생각하고 있음을 말한다. 그런데 이 문장은 또한 "내가 너희 마음에 있기 때문"으로 이해할 수도 있다. 곧 "너희가 나를 늘 마음에 품고 있다"는 의미로 볼 수도 있다.[8] 이 번역도 문법적으로 가능할 뿐만 아니라 내용상으로도 더욱 그럴 듯하다. 그 근거는 다음과 같다.

   1) 7절에서 바울은 자기가 "무엇을 했느냐"에 대해 말하는 것이 아니라 그가 빌립보 교회에 대해 그렇게 확신하는 것(6절)이 "왜 합당한가"에 대해 말하고 있다. 그렇다면 자기가 무엇을 한다는 것을 말하기보다 빌립보 교회가 어떻게 하느냐에 대해 말하는 것이 더 합당할 것이다. 즉, 바울이 그

---

8 곧, 부정사구에서 με를 목적어로 보고 ὑμᾶς를 주어로 보는 것이다. New Geneva Study Bible의 각주에서 이렇게 번역할 수도 있다고 말하고 있다. 또 NEB가 이렇게 번역하고 있다: "because you hold me in such affection." 주석가들 중에는 Hawthorne이 이 견해를 지지한다(*Philippians*, 23). 문법적으로는 둘 다 가능하지만 이렇게 보는 주된 이유는 7절의 내용 때문이라고 한다.

렇게 생각하는 것이 합당한 이유 또는 근거가 나와야만 한다.

2) 7하의 "너희 모두가 나와 함께 은혜에 참여한 자이다"는 것의 다른 표현이 곧 7절 중반의 "너희가 나를 마음에 가지고 있다"는 것으로 볼 수 있다. 빌립보 교회가 바울을 마음에 가지고 있는 것의 구체적 표현이 곧 바울과 함께 이 은혜(복음 전파 사업)에 참여하는 것으로 나타났다.

3) 7하에서 분사구문의 주어는 '너희 모두'(πάντας ὑμᾶς)이다. 그렇다면 7절 중반의 부정사 구문에서의 주어도 '너희'(ὑμᾶς)로 보는 것이 문법적으로 자연스럽지 않겠는가?

4) 7하의 "내가 매였을 때에나 복음을 변증하고 견고케 할 때에도"는 말은 '내'가 너희를 마음에 가지고 있다는 사실보다도 '너희'가 나를 마음에 가지고 있다는 사실에 더 잘 조화된다. 즉 바울이 매였을 때에나 복음을 변증하고 견고케 할 때에도 빌립보 교회 성도들이 그를 잊지 않고 마음에 지니고 있었다는 의미로 보는 것이 내용상 잘 어울린다고 할 수 있다.

이렇게 볼 때 하나의 문법적 문제는 '마음에'(ἐν τῇ καρδίᾳ)라는 표현에서 '마음'(καρδία)이란 단어가 단수라는 사실이다. 왜 '마음들'이 아니라 단수인 '마음'이 왔을까? 내용상으로 '너희 마음'이라고 본다면 '마음'이란 단어가 복수로 와야 되는 게 아닐까? 그러나 이것은 그렇지 않다. '카르디아'(καρδία)란 단어가 신약에서 사용된 용례를 살펴보면, 그 '카르디아'의 주인(주체)은 복수인데 '카르디아'가 단수로 오는 경우가 많다(마 15:8; 막 3:5; 6:52; 7:6, 21; 8:17; 눅 8:12; 9:47; 12:34; 24:32 등). '너희 마음', '우리 마음', '그들의 마음'이라고 할 때 '마음'에 대해 복수를 쓰는 경우도 있지만, 단수를 쓰는 경우가 더 많다.[9] 따라서 여기의 '마음(카르디아)'이란 단어가 단수

---

9 Institute for New Testament Textual Research (ed.), *Concordance to the Novum Testamentum Graece*, 3rd ed. (Berlin/New York: W. de Gruyter, 1987), s.v. καρδία.

로 왔다는 사실은 이것을 빌립보 교회 성도들의 마음을 가리키는 것으로 보는 데 아무런 장애가 되지 않음을 알 수 있다.

어쨌든 두 견해 다 중요하고 의미가 있다. 바울은 빌립보 교회를 기도 중에 항상 마음에 품고 있었으며, 또한 빌립보 교회는 바울을 항상 생각하고 기회 있을 때마다 도왔다. 이처럼 사랑과 기도는 상호적이어야 쌍방향적이어야 한다(살전 2:6).

주일학교 교사들은 자기 반 아이들을 늘 마음에 품고 있어야 한다. 한 주간 내내 잊어버리고 있다가 주일 아침에 부랴부랴 공과 책을 꺼내 준비하고 교회에 오면 아이들 이름도 잘 생각나지 않고 아이들도 떠들고 말썽을 부린다. 잠 27:23에 "네 양떼의 형편을 부지런히 살피며 네 소떼에 마음을 두라."고 했다. 이처럼 교사는 자기 반 아이들을 부지런히 살피고 늘 마음에 두고 있어야 한다. 그래야 아이들의 믿음이 자라며 그 반이 부흥하게 된다.

그러면 어떻게 하면 이렇게 될 수 있을까? 그 답은 기도이다. 곧 중보 기도이다. 날마다 한 사람 한 사람 이름을 부르며 기도하는 것이 해답이다. 이렇게 중보기도 가운데 한 주간을 보내고 주일 날 아이들을 만나면 반갑고 사랑스러우며 반이 부흥된다. 따라서 아무리 바빠도, 무슨 일이 있더라도 자기 반 아이들을 위한 중보기도는 빠뜨리지 않도록 하자.

2. 은혜에 참여한 자가 됨(7하)

빌립보 교회는 바울의 '매임'과 복음을 '변명함'과 '확정함'에 있어서 바울과 함께 은혜에 참여하였다. 우선 여기의 '매임'(ἐν τοῖς δεσμοῖς)은 쇠사슬에 매여 있는 것 곧 옥에 갇힌 것을 뜻한다.[10] 물론 바울은 오늘날 감옥과 같은

---

10 δεσμός는 원래 '결박, 족쇄'(bond, fetter)를 뜻하며, 대개는 복수(δεσμοί)로 사용되어 '옥

곳에 갇힌 것은 아니고, 자기가 세주고 얻은 집에 있으면서 비교적 자유롭게 활동할 수 있었다(행 28:30). 하지만 바울은 사슬에 매여 있었고 군사 한 명이 그를 지키고 있었다(행 28:16). 극소수의 학자들은 여기의 '사슬'이란 단어는 복음을 위해 고난 받는다는 것을 가리키는 비유적인 표현에 불과하다고 보면서, 빌립보서는 옥중서신이라는 사실을 부인한다.[11] 그러나 '사슬들'(δεσμοί) 또는 '사슬에 묶인 자'(δέσμιος)란 단어는 사도행전(행 16:25; 20:23; 22:30; 23:18; 25:14, 27; 28:17)과 바울 서신(엡 3:1; 4:1; 딤후 1:8; 몬 9절)에서 문자적 의미에서의 '결박', '결박된 상태', 그리고 '결박된 자'를 의미한다. 따라서 바울은 실제로 사슬에 매여 갇혀 있었다고 보아야 한다.[12]

그리고 '복음을 변명함과 확정함'(ἐν τῇ ἀπολογίᾳ καὶ βεβαιώσει τοῦ εὐαγγελίου)이란 표현은 하나의 관사로 연결되고 있어서 이 둘은 밀접히 연결되어 있음을 알 수 있다. 바울의 복음 전파 활동이 곧 복음을 '변명함과 확정함'이었다고 할 수 있다. 개역한글판에 '변명(辨明)'이라고 번역된 단어는 헬라어로 '아폴로기아'(ἀπολογία)인데, 이것은 오늘날 '변명'이라기보다 '변증(辨證)' 또는 '증명(證明)'이라고 번역할 수 있다. 바울은 소극적으로 복음을 변명한 것이 아니라 적극적으로 복음을 변호하고 그것의 정당성을 논증하였다. 그리고 '확정함'(βεβαίωσις)이란 단어는 '든든히 세움, 견고케 함'이란 뜻을 가지고 있다.[13]

빌립보 교회 성도들은 이처럼 바울이 복음을 변증하고 견고케 하는 일에 있어서 은혜에 동참하는 자가 되었다. 여기서 '은혜'(χάριτος)란 단어 앞에 관사(τῆς)가 붙어 있는데, 이것은 일반적인 의미에서 하나님께로부터

에 갇힘, 감옥'(imprisonment, prison)을 뜻한다(빌 1:7, 13, 14, 17; 골 4:18; 몬 10, 13)(cf. Bauer, *Lexicon*, s.v.).

11 예를 들면, H. M. Matter, *De brief aan de Philippenzen en de brief aan Philémon*, 8f.

12 Floor, *Filippenzen*, 14. 또한 Greijdanus, *Philippensen*, 89.

13 Cf. Bauer, *Lexicon*, s.v.

값없이 받는 구속(救贖)의 은혜를 말하는 것이 아니라, 구체적인 것 곧 사도 바울이 복음을 전하는 일과 관련된 것을 말한다.[14] 바울이 옥에 갇혀 있을 때에나 복음을 변호하고 세우고 있을 때에도 빌립보 교회가 이 '은혜'의 일에 참여하였다. 참여하는 방법은 바울이 당한 고난에 동참하고 기도하며 필요한 물품을 보내 주는 것이었다(빌 4:10, 14-16). 바울은 다른 곳에서 복음 전파와 구제 사업을 위한 헌금을 우회적으로 '은혜'(ἡ χάρις) 또는 '복'(ἡ εὐλογία)이라고 말하기도 하였다(고후 8:4, 6; 9:5). 여기서도 복음 전파 사역을 위해 기도하며 재정적으로 후원하는 일을 '은혜'라고 부르고 있다.

3. 바울의 사모함(8절)

바울은 빌립보 교회 성도들을 '사모한다'(ἐπιποθέω)고 말한다. 이 말은 어떤 사람이나 어떤 것을 향해 강한 열망을 가지는 것을 뜻한다.[15] 이런 말은 보통 사람으로서는 하기 어렵다. 바울은 어떻게 '사모한다'고 당당하게 할 수 있었을까? 그것은 바울이 그만큼 수고를 했기 때문이다. 즉, 그들을 위해 해산의 수고를 하였기 때문에(갈 4:19) 그들을 '사모한다'고 말할 수 있었던 것이다. 자녀를 낳은 부모는 자녀들이 떨어져 있으면 보고 싶어 한다. 해산의 고통을 통해 낳은 자녀이기 때문이다. 마찬가지로 오늘날 교역자가 땀을 흘려 기도하고 수고해서 성도들을 얻었다면, 그들을 진정으로 사모하게 될 것이다.

바울은 그들을 '예수 그리스도의 심장으로'(ἐν σπλάγχνοις Χριστοῦ Ἰησοῦ) 사모한다고 말한다. 여기서 '심장'이라고 번역된 단어 '스플랑크

---

14 Floor, *Filippenzen*, 51; Greijdanus, *Philippensen*, 91f.; O'Brien, *Philippians*, 70 등.

15 Cf. Bauer, *Lexicon*, s.v.

나'(σπλάγχνα)는 원래 내장들 혹은 창자들을 가리킨다.[16] 우리말에도 '애(창자)가 끊어질 듯하다'는 표현이 있듯이, 헬라어에서 '내장'은 사람의 간절한 마음을 나타내는 데 사용되었다.

바울은 빌립보 교회 성도들을 향해 가진 그의 간절한 마음에 대해 "하나님이 내 증인이시라"고 말한다. 이것은 바울이 그들을 사모한다는 말이 조금도 과장이나 거짓이 없는 참된 말이라는 의미이다. 이 사실에 대해서는 뭇 사람의 마음을 아시는 하나님께서 증인이 되신다는 뜻이다.

III. 바울의 기도(9-11절)

⁹내가 기도하노라. 너희 사랑을 지식과 모든 총명으로 점점 더 풍성하게 하사 ¹⁰너희로 지극히 선한 것을 분별하며 또 진실하여 허물없이 그리스도의 날까지 이르고 ¹¹예수 그리스도로 말미암아 의의 열매가 가득하여 하나님의 영광과 찬송이 되게 하시기를 원하노라.

빌립보 교회를 향한 바울의 사모하는 마음이 변하여 기도가 되었다. 그렇게 될 때 그것은 유익한 결과를 가져오게 된다. 우리는 여기에 나오는 기도의 내용을 다음 세 가지로 나누어서 살펴볼 수 있다.

1. 지식과 총명이 풍성하도록(9절-10상)

바울은 먼저 "너희 사랑을 지식과 모든 총명으로 점점 더 풍성하게 하

---

16 σπλάγχνον이란 단어는 거의 항상 복수로 사용되었다. σπλάγχνα는 원래 희생 제물 짐승의 내장(內臟)을 뜻하였다. 이에 상응하는 히브리어 단어는 '라하밈'인데, 단수 '레헴'은 원래 사람이나 짐승의 '자궁'(womb)을 뜻하였다. Cf. Bauer, *Lexicon*, s.v.; Gesenius, *Lexicon*, s.v.; H. Köster, "σπλάγχνον κτλ.," *TWNT*, VII, 548-53.

사 너희로 지극히 선한 것을 분별하기를"(9절, 10상) 기도한다. 여기서 '지식'(ἐπίγνωσις)은 앎 또는 깨달음을 뜻하는데, 이것은 기계적인 지식이 아니라 참된 지식을 의미한다. '총명'(αἴσθησις)은 지각 또는 분별력을 의미한다. 그러면 바울은 왜 그들에게 '지식'과 '총명'이 풍성하도록 기도하였을까? 빌립보 교회는 '사랑'이 풍성한 교회였다. 그것은 그들이 복음 전파 사업에 동참하고 바울을 돕는 것을 통해 드러났다. 그래서 바울은 그러한 '사랑'이 이제는 '지식'과 '총명'으로 더욱 풍성해지기를 기도하는 것이다.

그 목적은 그들이 "지극히 선한 것을 분별하기" 위해서이다. 여기서 '지극히 선한 것'(τὰ διαφέροντα)이란 말은 원래 '다르다'(differ)는 뜻의 '디아페로'(διαφέρω)에서 온 단어인데, 이것은 또한 '우월하다, 뛰어나다'(be worth more than, be superior to)는 의미를 가지고 있다.[17] 오늘날 기업이 상품을 선전할 때 자기 상품이 다른 것들에 비해 '다르다, 우수하다'는 것을 강조하는 차별화 정책을 펴는 것에서 알 수 있듯이, 다른 것들과 '다르다'는 것은 또한 '뛰어나다, 더 좋다'는 의미를 가지고 있다.

이처럼 우리가 '뛰어난 것, 지극히 좋은 것, 선한 것'을 분별하는 것은 중요하다. 그렇지 않으면 미혹과 잘못된 가르침에 넘어가기 쉽기 때문이다. 따라서 신앙의 성숙에는 지적(知的) 요소도 필수적이다. 지적 요소가 결여되면 성숙한 신앙인이 될 수 없다. 따라서 우리는 신앙생활에 있어서 지적인 요소를 경시하거나 무시하면 안 된다. 교회가 단지 '뜨거운 것'만 추구하고 '배우는 것'을 경시하면 신앙이 균형을 잃게 된다. 우리의 신앙은 사랑과 지식에 있어서 균형 있게 자라야 한다.

신앙의 성숙에는 지적 요소도 중요하다. 지적 요소가 결여되면 신앙의 깊이가 없어지고 성숙한 신앙이 될 수 없다. 그저 단순한 신앙인, 좋은 성품의 사

---

17 Bauer, *Lexicon*, s.v.

람이 될 수 있을지는 몰라도 분별력이 없어서 이단이나 잘못된 가르침에 흔들릴 수 있다. 견고한 신앙에 굳게 서고 남을 지도하는 자가 되려면 지적 요소는 필수적이다. 따라서 교회는 건전한 참된 지식을 경시하면 안 된다. 그저 뜨거운 것만 강조하고 감정적으로 만들면 안 된다. 말씀을 바로 배우고 진리를 분별하도록 가르쳐야 한다(히 5:14).

한국 교회는 그저 초보적인 신앙에 머무르는 경우가 많다. "예수 천당"이면 다 되는 줄로 생각한다. 또 주일 성수, 십일조, 순종이면 다 된 줄로 생각하는 경향이 있다. 그래서 방송에 나오는 목사들의 설교를 들어보면 깊이가 없고 천편일률적이다. 그러나 우리는 초보적인 신앙에 만족하지 말고 계속해서 성경을 배우고 더 깊이 나아가도록 해야 한다. 성도는 평생 동안, 천국에 가는 그 날까지 말씀을 배우는 즐거움이 있어야 한다.

2. 순전하여 허물이 없도록(10하)

바울이 빌립보 교회를 위하여 간구하는 두 번째 내용은 "진실하여 허물없이 그리스도의 날까지 이르는" 것이다(10하). 개역한글판에 '진실하여'로 번역된 헬라어 원어 '에일리크리네이스'(εἰλικρινεῖς)는 '순수한'(pure)이란 의미를 가지고 있다(벧후 3:1).[18] 그리고 '허물없이'(ἀπρόσκοποι)라는 단어는 부정(not)의 의미를 갖는 '아'(ἀ)와 걸려서 넘어지다(stumbling)는 뜻의 '프로스코포이'(πρόσκοποι)의 합성어로서 '걸려서 넘어지지 않는'이란 의미이다. 이것

---

18 εἰλικρινής란 단어를 어원적으로 분석해 보면, '해'(ἥλιος)란 단어와 '판단하다'(κρίνειν)는 단어의 합성으로 생겨났다. 따라서 이것은 원래 '햇빛에 쬐어서 순수한 것으로 판명된 것'(qui ad solis lucem explicatus et examinatus purus depretrenditur)이라는 의미를 가지고 있었다(cf. C. L. W. Grimm, *Lexicon Graeco-Latinum in Libros Novi Testamenti*, ed. secunda, s.v.). 따라서 이것은 밝은 빛 아래서 아주 치밀한 시험과 엄격한 조사에서 순수함이 나타나고, 조금의 불순함도 없음이 드러난 것을 의미한다. Cf. Greijdanus, *Philippensen*, 102.

은 마치 부모가 자식에게 바라듯 성도들이 허물없이 순수하게 자라기를 바라는 것이다. 그래서 그리스도의 날 곧 재림의 날까지 온전하기를 바라는 마음이다. 구체적으로는 미혹하는 자들의 미혹에 넘어가지 않고 이 세상의 죄악에 물들지 않기를 바라는 것이다.

3. 의의 열매가 가득하도록(11절)

바울의 기도의 세 번째 내용은 "의의 열매가 가득하여 하나님의 영광과 찬송이 되는 것"이다(11절). 빌립보 교회 성도들이 의(義) 곧 선행(善行)의 열매를 가득히 맺어 하나님께 영광이 되고 찬송이 되기를 빌고 있다. 이것은 그들이 사랑 위에 지식과 분별력이 더하여서 지극히 선한 것을 분별하고, 순전하여 허물없이 자라갈 때에 자연스럽게 이루어지는 현상이기도 하다.[19] 우리는 하나님 앞에 설 때에 '의의 열매'가 가득하여야 한다. 곧 선행의 열매가 가득하여야 한다. 자기 자신을 위하여 행한 것, 자기를 위한 재물과 명예와 권세는 하나님이 인정하시는 열매가 아니다. 또는 교회당을 크게 지었다거나 행사를 많이 했다는 것 자체는 의의 열매가 아니다. 하나님의 말씀을 따른 의와 선행, 다른 사람들에게 베푼 사랑, 불신자들에 대한 전도와 선교, 하나님의 나라를 위한 희생과 봉사 등이 하나님이 인정하시는 열매이다.

---

19 원문에 의하면 이 부분은 분사구문으로 되어 있어서 9절과 10절의 내용에 대한 '부대상황'을 나타낸다. 즉, 바울의 기도의 내용과 같이 지식과 모든 총명이 풍성하고, 지극히 선한 것을 분별하고, 순전하여 허물없이 지내게 될 때에 이루어지는 부대상황이 곧 의의 열매가 풍성한 것이며, 그 궁극적인 목적은 하나님께 영광이 되고 찬송이 되는 것이다.

교훈과 적용

1. 바울의 신앙은 감사 신앙이었다. 바울은 무슨 일이 있든지 항상 하나님께 감사하였다. 하나님이 베풀어 주신 은혜를 생각하며 감사하였다. 그런데 이 감사는 그냥 감사하는 마음만 가지고 마는 것이 아니라, 또는 말만 하고 끝나는 것이 아니라 기도 가운데 표현되는 감사였다. 바울은 성도들을 위해 늘 기도하면서, 그 기도 가운데 성도 각각을 생각하고 감사하였다. 이런 중보기도를 통해 하나님은 놀라운 역사를 이루신 것이다.

2. 복음을 위해 동참하는 것은 귀한 일이다. 복음 전파와 선교를 위해 기도와 물질로 동참하는 것은 하나님이 기뻐 받으시는 일이다. 이것이 참된 교제이며 복음 안에서의 교제이다. 그저 모여서 레크레이션과 체육대회를 한다고 해서 참된 교제가 되는 것은 아니다. 그런 외적 교제는 마음과 마음을 엮어 주지 못하며 성령 안에서 하나 되게 하지 못한다. 참된 교제는 복음을 위해 함께 힘쓸 때에 가능한 것이다.

3. 우리는 무엇보다도 의의 열매가 가득해야 한다. 자기 자신을 위한 열매가 아니라 하나님이 기뻐하시는 열매가 가득하여야 한다. 교회당을 크게 짓고 프로그램을 많이 한 것 자체는 의의 열매가 아니다. 복음을 위해 수고하고 이웃을 위해 사랑을 베푼 것이야말로 참된 의의 열매가 된다. 자기 혼자서 아무리 경건하고 성화를 많이 이룬다고 해도 그것 자체는 의의 열매가 아니다. 다른 사람을 위해 수고하고 봉사한 것이라야 참된 열매가 된다.

[3] 복음의 진보(1:12-21)

바울은 지금 로마의 어느 셋집에서 사슬에 매여 있었다. 그러나 그는 친구들과 손님들을 자유롭게 면담하고 가르칠 수 있었다. 뿐만 아니라 바울이 복음을 인하여 갇혀서도 변함없이 꿋꿋한 모습을 보고서 많은 사람들이 예수님을 믿게 되었다. 하지만 바울을 시기하는 사람들은 바울의 재판에 불리한 영향을 미치기 위해 복음을 전하기도 하였다. 그러나 어쨌든 그리스도가 전파되고 있으니 바울은 기뻐하고 또 기뻐하겠다고 말한다.

[3] 복음의 진보(1:12-21)
  I. 복음의 진보(12-14절)
    1. 바울의 처한 형편(12상)
    2. 복음의 진보(12절)
    3. 바울의 매임의 나타남(13절)
    4. 형제들의 태도(14절)
  II. 그리스도 전파의 동기(15-17절)
    1. 두 동기(15절)
    2. 사랑으로 전파하는 자들(16절)
    3. 다툼으로 전파하는 자들(17절)
  III. 바울의 태도(18-21절)
    1. 기뻐하고 또한 기뻐하리라(18절)
    2. 바울이 기뻐하는 이유(19절)
    3. 바울의 간절한 기대와 소망(20절)
    4. 사는 것이 그리스도니 죽는 것도 유익(21절)

I. 복음의 진보(12-14절)

¹²형제들아, 나의 당한 일이 도리어 복음의 진보가 된 줄을 너희가 알기를 원하노라. ¹³이러므로 나의 매임이 그리스도 안에서 온 시위대 안과 기타 모든 사람에게 나타났으니 ¹⁴형제 중 다수가 나의 매임을 인하여 주 안에서 신뢰하므로 겁 없이 하나님의 말씀을 더욱 담대히 말하게 되었느니라.

1. 바울의 처한 형편(12상)

바울은 먼저 "형제들아, 나의 당한 일이 도리어 복음의 진보가 된 줄을 너희가 알기를 원하노라."고 말한다(12절). 여기서 '나의 당한 일'(τὰ κατ' ἐμέ)은 바울이 처한 일들, 그의 형편(the things concerning me, my circumstances)을 의미한다(cf. 엡 6:21).[1] 즉, 바울이 지금 어떠한 형편에 있는지, 그의 주위에서 어떤 일들이 일어나고 있는지에 대해 말한다. 바울은 복음을 인하여 사슬에 매인 바 되어 재판을 기다리고 있다. 이 소식을 들은 빌립보 교회는 바울의 처지에 대해 몹시 궁금해 하고 염려하였으므로, 바울은 먼저 그가 처한 형편에 대해 말한다.

2. 복음의 진보(12절)

그런데 바울은 그가 처한 형편이 도리어 '복음의 진보'(προκοπὴ τοῦ εὐαγγελίου)가 되었다고 말한다. 바울은 자기가 당한 어려운 일보다도 복음이 어떻게 되는가에 더 관심이 있었다. 그래서 그는 그가 당한 일들과 그가

---

1 엄밀히 말하자면, 바울에게 일어난 '과거의 일들'을 의미한다기보다 바울이 처한 '현재의 형편'을 의미한다.

처한 형편들로 인하여 복음이 진보하게 되었다는 것을 말한다. 여기서 '진보'(προκοπή)라고 번역된 단어는 동사 '프로콥토'(προκόπτω)에서 온 것으로, 원래 군인들이 '앞에'(πρό) 있는 나무들을 '베고서'(κόπτω) 나아가는 것을 뜻하였다. 그리하여 이 단어는 차차 '진보', '향상', '증진'이라는 의미로 많이 사용되었다.

명사 προκοπή는 후대에 나타났는데 헬레니즘 시대에 와서 일반적으로 많이 사용되었으며, 특히 Philo에 의해 많이 사용되었다.[2] 동사 προκόπτω는 아마도 원래 선원들이나 군인들에 의해 사용된 전문 용어였을 것이다. 곧 "노를 저어서 배를 앞으로 가게 하다"[3] 또는 "숲을 통과하거나 산을 넘어서 군대가 진군해 나가다"[4]를 뜻하였을 것이다. 어쨌든 이 단어가 동사 κόπτω(자르다, 베다)와 관계되어 있다는 것은 분명하다.[5] 랍비 문헌에서 '프로크페이' 또는 '프로코페이'는 '탁월함, 가치 있음'(Auszeichnung, Würde)의 의미를 가지고 있다.[6] προκοπή는 후에 스토아 철학에서, ἀφροσύνη에서 σοφία로, κακία에서 ἀρετή로, κακοδαιμονία에서 εὐδαιμονία로 나아가는 것을 뜻하는 전문 용어가 되었다.[7]

그러나 바울이 여기서 의도적으로 스토아 철학의 용어를 사용하고 있다는 주장[8]은 받아들일 수 없다. 바울의 사상은 스토아 철학자들의 사상과는 매우

---

2 G. Stählin, "προκοπή, προκόπτω," *TWNT*, VI, 704.

3 Stählin, "προκοπή, προκόπτω," 704.

4 J. J. Müller, *The Epistle of Paul to the Philippians*, 48 n.3.

5 Cf. J. H. H. Schmidt, *Synonymik der Griechischen Sprache*, III, 292-297.

6 H. Strack-P. Billerbeck, *Kommentar zum Neuen Testament aus Talmud und Midrasch*, III, 2. Aufl., 619.

7 Stählin, "προκοπή, προκόπτω," 76.

8 예를 들면, G. Bouwman, *De brief van Paulus aan de Filippiërs*, 34; A. F. J. Klijn, *De brief van Paulus aan de Filippenzen*, 34.

다르다. 바울의 사상은 전적으로 그리스도 중심적이지만, 스토아 철학은 그리스도와 아무 관계가 없는 인간적인 철학일 뿐이다. 뿐만 아니라 이 단어가 전형적인 스토아 철학적 용어라고 생각할 필요는 없다. 왜냐하면 이 단어는 헬레니즘 시대에 길을 가는 것, 건강의 증진, 키의 자람, 도덕에 있어서의 향상, 그리고 시간의 경과, 군대의 진군 등 아주 넓은, 일반적인 의미로 많이 사용되었기 때문이다.[9] 신약 성경에서는 이 단어가 복음의 진보(빌 1:12), 믿음의 진보(빌 1:25), 신앙생활 전반에 있어서의 진보(딤전 4:15)를 나타내는 데 사용되었다.

여기의 '복음의 진보'(προκοπὴ τοῦ εὐαγγελίου)라는 표현에 대해서는 문법적으로 다음 두 가지로 이해될 수 있다. 하나는 '복음의'(τοῦ εὐαγγελίου)를 주어적으로 이해하여 '복음이 진보한다'는 의미로 보는 것이다. 이 경우에 '진보'는 내용상 자동사적 의미를 지니게 된다. 다른 하나는 '복음의'를 목적어적으로 이해하여 '복음을 진보시키다'는 의미로 보는 것이다. 이 경우에 '진보'는 타동사적 의미를 지니게 된다. 이 둘의 내용상 차이는 크지 않으며 실질적으로 같은 것이라고 볼 수도 있다.[10] 하지만, 필자의 견해로는 전자의 주어적 의미가 옳다고 생각된다. 그 이유는 다음과 같다.[11]

1) 이 단어의 동사형인 προκόπτω는 신약에서 오직 자동사적 의미로만 사용되었다(눅 2:52; 롬 13:12; 갈 1:14; 딤후 2:26; 3:9, 13). 따라서 그 명사형인 προκοπή도 자동사적 의미로 사용되었을 가능성이

---

9 Cf. H. G. Liddell-R. Scott, A *Greek-English Lexicon*, s.v. προκοπή; J. M. S. Baljon, *Grieks-Theologisch Woordenboek*, II, s.v. προκοπή; F. Passow, *Handwörterbuch der Griechischen Sprache*, II/1, 5. Aufl., s.v. προκοπή.

10 Greijdanus, *Philippensen*, 107.

11 자세한 내용은 J. G. Byun, *Het leven is Christus*, 7을 참조하라.

높다고 볼 수 있다.
2) 명사형인 προκοπή는 신약에 총 3회 사용되었는데(빌 1:12, 25; 딤전 4:15), 다른 두 곳에서 모두 자동사적 의미로 사용되었다. 따라서 여기서도 자동사적 의미로 사용되었을 개연성이 높다고 할 수 있다. 물론 다른 곳에서 자동사적 의미로 사용되었다고 해서 여기서도 꼭 그런 의미로 사용되었다고 볼 필요는 없지만, 특별한 이유가 없으면 그럴 가능성이 높다고 보아야 할 것이다.
3) 교리적인 고려도 이 견해를 지지한다. 바울이 처한 상황은 복음 전파의 원인이 아니라 복음 전파의 계기 또는 수단이다. '바울의 옥중 상황'이 복음 전파를 진보시키는 것이 아니라, '하나님'이 그런 상황을 통해 복음을 진보시키신다.

따라서 바울이 처한 상황을 통해 복음이 진보하게 되었다고 보는 것이 더 옳다고 생각된다.

3. 바울의 매임의 나타남(13절)

바울은 자신의 매임이 "온 시위대 안과 기타 모든 사람에게 분명히 알려졌다"고 말한다(13절). 여기서 '매임'(δεσμούς)은 원어로 복수인데, 원래는 '묶는 것들, 사슬들'(bonds, chains)을 의미한다.[12] 따라서 이것은 사슬에 매여 있는 것을 말한다. 바울은 지금 로마의 어느 가정집에 사슬에 매여 구금된 상태에 있었다(행 28:16, 23, 30). '나타났다'(φανεροὺς ... γενέσθαι)는 것은 '분명해졌다, 분명히 드러났다'는 것을 의미한다. '그리스도 안에서'(ἐν Χριστῷ)라는 것은 바울이 사슬에 매인 것이 '자기의 죄' 때문이 아니라 '그리스도 안

---

12 Liddell-Scott, *Lexicon*, s.v.

에서' 되었다는 것, 곧 그리스도의 복음 때문이라는 것을 나타낸다.

그런데 이 사실이 '온 시위대 안과 기타 모든 사람들'에게 나타났다고 말한다. 여기서 '시위대(侍衛隊)'로 번역된 말은 헬라어로 '프라이토리온'(πραιτώριον)인데, 라틴어 '프라이토리움'(praetorium)에서 온 단어이다. 이것은 원래 '프라이토로'(praetor)[13]가 거주하는 관저와 그 주변을 뜻하는 말이었다.[14] 하지만 이 단어는 시간이 지남에 따라 여러 다양한 의미를 가지게 되었다.

M. Dibelius는 이 발전에 대해 다음과 같이 요약해 주고 있다. 1. 총독의 부대(cohortes praetorae): 원래의 장소적 의미는 뒤로 물러났다. 2. 관리들의 거처: 초기 황제(가이사) 시대에 군사적 의미는 뒤로 물러났다. 2-1) '프라이토리움'은 총독의 거처를 뜻할 수 있다. 2-2) 이집트에서는 로마의 지방장관(prefect)이 살고 있던 톨레미 왕조의 궁전이 '프라이토리움'으로 불리었다. 2-3) 관리들의 휴양지(pied-à-terres)가 '프라이토리움'으로 불리었다.[15]

한편 J. B. Lightfoot는 13절의 '프라이토리온'에 대해 다음 네 가지 견해가 있다고 말한다. 1) 로마의 Palatinus에 있는 황제의 거처(the imperial residence on the Palatine); 2) 거기에 부속된 프라이토르의 부대 병영(the praetorian barracks attached thereto); 3) 프라이토르의 군사들의 큰 진영(the great camp of the praetorian soldiers); 4) 황제의 시위대(the imperial guard). 첫 번째 의미는 예로부터 많은 주석가들이 취한 견해이긴 하지만(Chrysostom, Theodore of Mopsuestia, Theodoret, Calvin, Bengel 등), Lightfoot는 가이사의 거처가 그렇

---

13 이 단어는 '고급 정무관(政務官)'으로 번역된다. 원래는 '집정관(consul)'을 대행하여 재판권 및 입법권을 행사하는 관리였으나, 나중에는 그 수와 권한이 확대되어 지방 속주의 통치 관리 또는 장군을 가리키기도 하였다.

14 Bauer, *Lexicon*, s.v. πραιτώριον.

15 M. Dibelius, *An die Thessalonicher I, II; An die Philipper*, 3. Aufl., 64f.

게 불린 적이 없다는 이유로 반대한다. 두 번째, 세 번째 견해도 근거가 약하다고 반대하며, 네 번째 견해(황제의 시위대)가 옳다고 본다.[16]

중요한 것은 이 단어가 신약 성경에서 어떻게 사용되었는가 하는 것이다. 복음서에서 '프라이토리온'은 총독의 거처라는 의미로 사용되었다(마 27:27; 막 15:16; 요 18:28, 33; 19:9). 사도행전 23:35에서는 가이사랴에 있는 헤롯의 궁전이 '헤롯의 프라이토리온'이라고 불렸다. 그래서 가이사랴 저작설을 취하는 사람들은 빌립보서 1:13의 '프라이토리온'을 가이사랴에 있는 헤롯의 관저(궁전)로 보기도 한다. 또 에베소 저작설을 주장하는 사람들은 에베소에 있던 총독이나 지방 관리의 관저 또는 그 관저의 병사들을 뜻한다고 본다.

그러나 우리는 앞에서 에베소설은 근거가 약하며, 가이사랴설은 받아들이기 어려운 점들이 있다는 것을 살펴보았다.[17] 13절의 '온 프라이토리온과 그 외 모든 사람들에게'라는 표현을 볼 때, 여기의 '프라이토리온'은 단순히 장소가 아니라 거기 있는 사람들을 뜻하는 것이 분명하다. 4:22의 '가이사 집 사람'이란 표현과 함께 생각해 볼 때, 여기의 '프라이토리온'을 로마에 주둔해 있던 '황제의 시위대'(the emperor's guard) 또는 '프라이토르의 보병대'(the praetorian cohorts)로 보는 것이 무난하다고 생각된다.[18]

4. 형제들의 태도(14절)

바울은 이어서 다음과 같이 말한다. "형제 중 다수가 나의 매임을 인하여

---

16 Lightfoot, *Philippians*, 99-102.
17 이 책의 "서론. V. 기록 장소" 부분을 보라.
18 Cf. O'Brien, *Philippians*, 93.

주 안에서 신뢰하므로 겁 없이 하나님의 말씀을 더욱 담대히 말하게 되었느니라."(14절) 여기서 '형제'는 로마에 있는 성도들을 말한다. 그들 중의 다수가 바울의 매임에 대해 주 안에서 신뢰하였다고 한다. 이는 곧, 바울이 사슬에 매인 것이 그의 죄 때문이 아니라 그리스도의 복음 때문이라는 것을 확신하므로, 겁 없이 하나님의 말씀을 더욱 담대히 전하게 되었다는 뜻이다. 사슬에 매인 바울을 볼 때에 그들은 "바울은 복음을 위해 자기 목숨도 돌아보지 아니하였구나!" "복음은 과연 진리이구나!" "목숨을 바쳐서 전할 만큼 가치 있고 참된 것이구나!"라고 생각했을 것이다. 그래서 그들은 담대히 복음을 증거하였으며, 이를 통해 복음의 진보가 이루어졌던 것이다.

여기서 ἐν κυρίῳ를 어디로 연결시키느냐 하는 문제가 있다. 앞으로 연결하면 '주 안에 있는 형제 중 다수'가 되며, 뒤로 연결하면 "주 안에서 나의 매인 것을 신뢰하므로"가 된다. '주(그리스도) 안에 있는 형제'와 사실상 같은 표현들이 엡 6:21; 골 1:2; 4:7; 고전 4:17; 9:1 등에도 나타난다.

반면에 ἐν κυρίῳ를 πέποιθα와 연결시킬 경우에 두 가지 가능성이 있다. 하나는 κυρίῳ를 πέποιθα의 목적어로 보아서 "주를 신뢰하다"로 이해하는 것이고,[19] 다른 하나는 ἐν κυρίῳ를 부사구로 보아서 "주 안에서 신뢰하다"로 이해하는 것이다. 그러나 πέποιθα가 사람을 목적어로 취할 때 전치사 ἐν으로 연결되는 경우는 매우 드물기 때문에,[20] 남는 것은 ἐν κυρίῳ가 부사구로 사용되는 경우뿐이다. 즉, "주 안에서 신뢰하다"로 보는 것이다. 이럴 경우에 πεποιθότας의 목적어는 τοῖς δεσμοῖς가 된다. 그러나 '주 안에 있는 형제들'이란 표현이 매

---

19 Greijdanus, *Philippensen*, 117.
20 대개의 경우, 여격이 오거나 부정사 또는 ὅτι 절이나 전치사 ἐπί가 오며, 간혹 εἰς가 오거나 또는 바로 대격이 오기도 한다. Cf. Liddell-Scott, *Lexicon*, s.v. πείθω, B.III.

우 자연스럽기 때문에 그렇게 보지 않아도 될 것 같다.[21]

II. 그리스도 전파의 동기(15-17절)

[15]어떤 이들은 투기와 분쟁으로, 어떤 이들은 착한 뜻으로 그리스도를 전파하나니 [16]이들은 내가 복음을 변명하기 위하여 세우심을 받은 줄 알고 사랑으로 하나 [17]저들은 나의 매임에 괴로움을 더하게 할 줄로 생각하여 순전치 못하게 다툼으로 그리스도를 전파하느니라.

1. 두 동기(15절)

그런데 복음을 전하는 사람들 가운데에는 두 부류가 있었다고 한다. 먼저 '투기와 분쟁으로' 전하는 사람들이 있었다. '투기'(φθόνος)는 질투 또는 시기(envy)를 뜻하며, '분쟁'(ἔρις)은 다툼(strife)을 뜻한다(딛 3:9; 고전 1:11; 롬 1:20 등).[22] 그들이 이런 순전치 못한 마음으로 그리스도를 전파한 이유는 현재 진행되고 있는 재판에서 바울에게 불리한 영향을 미치기 위함이었다. 당시 로마 제국에서는 소요 사태를 매우 중대한 범죄로 다루었기 때문에, 바울이 전하는 복음으로 인하여 소요와 혼란이 많이 발생하면 그만큼 바울에게 불리할 것이라고 판단하고서 복음을 전하는 자도 있었던 것이다.

그러나 그들 중에는 '착한 뜻'(εὐδοκία)으로 복음을 전하는 자들도 있었다.

---

21 Cf. C. F. D. Moule, *An Idiom-Book of New Testament Greek*, 108. 또한 ἐν κυρίῳ에 대한 통계적 연구로는 W. Kramer, *Christos, Kyrios, Gottessohn*, 176-78을 보라. 그리고 W. Schenk의 οἱ ἀδελφοὶ ἐν κυρίῳ(주 안의 형제들)를 지지하는 여섯 가지 논거를 참조하라 (*Philipperbriefe*, 135f.).

22 Bauer, *Lexicon*, s.v.

'유도키아'는 선한 뜻(good will), 호의(favor, good pleasure)를 의미한다.[23] 즉, 이들은 선한 뜻으로, 순수한 마음으로, 곧 하나님 나라의 확장을 위해 그리스도를 전파하는 사람들이었다.

    한국 교회의 역사를 보면 다툼과 분쟁으로 인하여 교회가 분열되고 또 하나의 교회가 개척되는 경우가 많았다. 교회가 분열되고 나면 각자 자기의 정당성을 주장하기 위해 경쟁적으로 전도하고 인간적인 열심을 내게 된다. 그래서 교회 분열이 한국 교회 성장의 한 원인이었음을 부인하기 어렵다. 물론 그렇다고 해서 다툼이나 분열이 옳다는 것은 아니다. 그런 것은 분명히 잘못된 것이고 죄이다. 그렇지만 그런 인간의 죄를 통해서도 교회를 성장시키시고 복음이 전파되게 하시는 하나님의 섭리도 있음을 부인할 수 없다.

    따라서 우리는 그러한 경우에도 복음이 전파되는 것에 대해서는 기뻐해야 한다. 하지만 다툼과 교회 분열은 큰 죄이므로 피하도록 해야 한다. 선한 마음으로 교회를 개척하고 세우는 것이 옳다. 그러나 현실은 그렇지 않은 경우가 많다. 본문의 경우는 교회 내 다툼이나 분열이 아니라 바울 개인이 당하는 어려움이었기 때문에 바울 자신이 참고 견디면 되는 문제였다. 따라서 바울은 자기는 그리스도가 전파되는 것으로 인하여 기뻐하고 기뻐한다고 말할 수 있었던 것이다.

2. 사랑으로 전파하는 자들(16절)

    이들은 바울이 복음을 변증하기 위해 세움 받은 줄 알고 사랑으로 전하였다. 여기에 '변명(辨明)'으로 번역된 단어는 원어로 '아폴로기아'(ἀπολογία)

---

23 Bauer, *Lexicon*, s.v.

인데, 이것은 적극적인 변호, 변증, 증명을 의미한다.²⁴ '세움을 받았다'(κεῖμαι)는 것은 어떤 일을 위하여 부르심을 받아 그 일을 위해 종사하고 있는 것을 의미한다.²⁵ 그리고 '사랑으로'(ἐξ ἀγάπης)라는 것은 그들의 동기가 순수한 것을 말한다. 곧, 시기심이나 분쟁이 아니라 하나님을 사랑하고 바울을 사랑하는 마음으로 그리스도를 전하는 것을 의미한다.

3. 다툼으로 전파하는 자들(17절)

다른 한편, 그들은 다툼으로 그리스도를 전파하였다. 이들은 15절의 '투기와 분쟁으로'(διὰ φθόνον καὶ ἔριν) 전하는 자들을 가리킨다. 이들은 '다툼으로'(ἐξ ἐριθείας) 전하였다. 여기서 '다툼'(ἐριθεία)이란 단어는 원래 '임금 노동자'란 뜻의 '에리또스'(ἐρῖθος)에서 왔다.²⁶ 따라서 '에리떼이아'는 자기의 이익을 앞세우는 것 곧, 이기심을 의미하며 또한 그것이 구체화되어 나타나는 다툼, 분쟁을 뜻할 수 있다.²⁷

---

24 Bauer, *Lexicon*, s.v.

25 Bauer, *Lexicon*, s.v.

26 E. Haupt는 다음과 같이 설명한다. "Ἐριθεία는 ἐριθεύων 즉 임금을 위해 일하는 사람의 태도이다. 임금 노동은 가치가 낮은 것으로 여겨졌기 때문에 이 단어가 임금 노동자가 갖게 되는 바와 같은 마음에 대한 일반적인 의미로 발전된 것은 매우 자연스럽다. .... 따라서 ἐριθεία는 자기 자신을 전면에 내세우는 마음의 상태를 나타내는 표현이 될 수 있었다."(Ἐριθεία ist das Verhalten eines ἐριθεύων, eines um Lohn Arbeitenden. Es ist ganz natürlich, da die Lohnarbeit als etwas Unterwertiges galt, dass das Wort in die allgemeine Bedeutung einer Gesinnung überging, wie sie ein Lohnarbeiter zu hegen pflegt. .... So konnte ἐριθεία Ausdruck für eine Sinnesart werden, welche die eigene Person in den Vordergrund stellt.)(*Der Brief an die Philipper*, 27 n.2).

27 주석가들 사이에 ἐριθεία의 뜻이 '이기심'이냐 '분쟁'이냐에 대해 논쟁이 있다. 그러나 이 둘 사이의 차이는 크지 않다. 어원적으로는 '이기심'이 맞지만, 헬레니즘 시대에는 일반적으로 '분쟁, 파당, 싸움'의 의미로 많이 사용되었다. 신약에서는 외적으로 드러난 '분쟁, 투쟁'의 의미로 많이 사용되었다(약 3:14,16). 그리고 17절의 ἐριθεία는 사실

이들은 '순전하지 못하게'(οὐχ ἁγνῶς) 곧 불순한 동기로 그리스도를 전하였다. 이들은 바울의 옥중 생활에 괴로움을 더하게 하기 위해 복음을 전하였다. 당시 로마 제국에서는 소요와 불법 집회를 중대한 범죄로 다루었기 때문에(행 19:40; 눅 23:5; 마 27:24), 그들의 복음 전파로 인해 소요와 분란이 일어나면 현재 진행 중인 재판에서 바울에게 불리한 영향을 끼칠 것이라고 생각했던 것이다.

III. 바울의 태도(18-21절)

¹⁸그러면 무엇이뇨? 외모로 하나 참으로 하나 무슨 방도로 하든지 전파되는 것은 그리스도니 이로써 내가 기뻐하고 또한 기뻐하리라. ¹⁹이것이 너희 간구와 예수 그리스도의 성령의 도우심으로 내 구원에 이르게 할 줄 아는 고로 ²⁰나의 간절한 기대와 소망을 따라 아무 일에든지 부끄럽지 아니하고 오직 전과 같이 이제도 온전히 담대하여 살든지 죽든지 내 몸에서 그리스도가 존귀히 되게 하려 하나니 ²¹이는 내게 사는 것이 그리스도니 죽는 것도 유익함이니라.

1. 기뻐하고 또한 기뻐하리라(18절)

그러면 바울은 이들에 대해 어떤 태도를 취하였는가? "외모로 하나 참으로 하나 무슨 방도로 하든지 전파되는 것은 그리스도니 내가 기뻐하고 또한 기뻐하리라."(19절) 여기서 '외모로'(προφάσει) 한다는 것은 겉과 속이 다른 것을 말

상 15절의 φθόνος καὶ ἔρις의 재표현이라고 볼 수 있다(Lipsius, Michaelis, Haupt 등). S. Greijdanus도 말하기를, 이기심의 행동에서 쉽사리 분쟁이 나올 수 있다고 말한다(*De brief van den apostel Paulus aan de Philippenzen(Korte Verklaring)*, 33). 실제로는 이 두 개념 사이에는 큰 차이가 없다. 우리는 이것을 '이기심에서 나온 분쟁'이라고 이해하면 될 것이다.

한다. 곧 얼굴(겉모양)과 속마음이 다른 것, 속마음은 따로 있으면서 겉으로 꾸미는 것을 말한다. 이에 반해 '참으로'(ἀηθείᾳ) 한다는 것은 참된 마음, 순수한 마음으로 복음을 전하는 것을 말한다. 곧 겉과 속이 같은 것을 의미한다.

사도 바울은 어쨌든 "전파되는 것은 그리스도니 내가 기뻐하고 또한 기뻐하리라"고 말한다. 바울은 결과적으로 누가 전파되는가를 생각하였다. 어찌 되었든 간에 그리스도가 전파되는 것을 보고서 그는 "기뻐하고 또한 기뻐하리라"고 하였다. 만일 인간적인 것을 바라보고 생각하였더라면 바울에게도 기분 나쁘고 화나는 일이 많았을 것이다. 그러나 그는 그런 인간적인 것들을 보지 않고 오직 그리스도를 바라보았다. 그래서 그는 기뻐할 수 있었다.

18절의 χαίρω ἀλλὰ καὶ χαρήσομαι에 대해 전통적으로 "내가 기뻐하고 또한 기뻐하리라"라는 의미로 번역해 왔다(Luth, KJV, NKJV, SV, NBG, 개역한글판, 개역개정판 등). 즉, ἀλλα· καί에 대해 '강한 긍정'의 의미로 이해했다. 그러나 근래에 이것을 '현재의 기쁨'과 '미래의 기쁨'으로 분리하여 이해하는 사람들이 많아졌다. 그래서 "내가 기뻐한다. 그러나 내가 또한 기뻐할 것이다"는 의미로 본다(RSV, NRSV, NASB, NIV, ESV, 표준새번역, 바른성경 등). NA 26/27판과 UBS 4판은 χαίρω다음에 마침표를 찍어서 아예 두 문장으로 나누어 버렸다. 주석가들 중에는 Gnilka, Schenk, Hawthorne, O'Brien, Fee, Hendriksen, Greijdanus 등이 이를 지지한다.[28] 오늘날 신학자들이 이렇게 보는 이유는 다음과 같다.[29]

---

28 또한 한국에서는 정훈택 교수가 이렇게 본다. Cf. 정훈택, "죽음과 삶을 뛰어넘은 믿음", 『그말씀』 150(2001. 12), 46f. (이것은 또한 『빌립보서 빌레몬서 어떻게 설교할 것인가?』, 목회와 신학 편집부 엮음, 115f.에서도 찾아볼 수 있다.)

29 아래의 논거는 Byun, *Het leven is Christus*, 31에 정리되어 있다.

1) 12-18절은 현재의 기쁨에 대해 말한다. 그러나 19-26절은 미래의 기쁨에 대해 말한다.

2) ἀλλὰ καί는 강력한 대비를 나타낸다.

3) ἀλλὰ καί이전에는 복음의 진보에 대해 말했으나, 이후부터는 개인적인 문제를 다룬다.

그러나 이런 주장은 많은 문제점을 가지고 있다. 위 주장에 대한 반대 논거는 다음과 같다.

1) 19-26절은 미래의 기쁨에 대해 말하는 것이 핵심이 아니다. 그리스도 중심적 사고가 핵심이다. 그리고 12-18절은 현재의 기쁨에 대해 말하는 것이 아니라 복음의 진보에 대해 말한다.

2) ἀλλὰ καί는 대립이 아니라 강한 긍정을 나타낸다. Blass-DeBrunner-Rehkopf의 문법책에 의하면 ἀλλὰ καί는 "nicht nur dies, sondern auch"(이 뿐만 아니라 또한 ...), "ja sogar"(...조차도)의 뜻이라고 되어 있다. 그러면서 빌 1:18을 그 예로 제시한다.[30] Moulton-Turner의 문법책에도 보면, 강한 부가문을 도입함에 있어서 ἀλλά 또는 ἀλλὰ καί는 "yes, indeed"를 뜻할 수 있다고 말한다. 그러한 예로 요 16:2; 고전 3:2; 고후 7:11; 11:1; 빌 1:18을 들고 있다.[31] 따라서 여기서 ἀλλά는 역접이 아니라 강한 긍정을 뜻한다. ἀλλὰ καί가 이런 의미로 사용된 곳으로는 눅 12:7; 16:21; 24:22; 고후 7:11; 11:1이 있다.

3) 12-18절은 복음의 진보에 대해 말하고 19-26절은 개인적인 것에 대해 말한다고 하는 주장은 부분적으로만 옳다. 19-26절에도 그리스도에 관한 것이 나오며, 12-18절에도 개인적인 것이 나온다. 오히려 19, 20, 23절에서는 그리스도 중심적 사상이 강하게 나타난다. 바울은 "내게 사는 것이

---

30 F. Blass-A. Debrunner-F. Rehkopf, *Griechische Grammatik*, 16. Aufl., §448.6.
31 J. H. Moulton-N. Turner, *A Grammar of New Testament Greek*, III(Syntax), 330.

그리스도니 죽는 것도 유익함이니라."고 말하고 있다(21절). 한편 12-14절에서도 바울 자신이 당한 일, 자기 주변에 일어난 일들을 말하고 있다. 따라서 12-18절은 복음의 진보에 대해 말하고 19-26절은 바울의 개인적인 것에 대해 말한다고 보는 것은 사실에 맞지 않음을 알 수 있다.

따라서 18절의 "내가 기뻐하고 또한 기뻐하리라"는 것은 관용적 표현으로서 확고하게 기뻐하겠다는 것을 나타낸다. 즉, 바울의 기뻐하는 태도는 변치 않을 것이라는 확고한 의지의 표현이다. 문법적으로 헬라어에서 <과거형 또는 현재형 동사> + <미래형 동사>는 확고한 의지를 표명하고 있다. 예를 들어 고린도후서 11:9에서 "내가 모든 일에 너희에게 폐를 끼치지 않기 위하여 스스로 조심하였거니와 또 조심하리라"(καὶ ἐν παντὶ ἀβαρῆ ἐμαυτὸν ὑμῖν ἐτήρησα καὶ τηρήσω)는 것은 바울이 과거에도 조심하였고 앞으로도 조심하겠다는 굳건한 의지의 표현이다. 고린도후서 11:12의 "내가 하는 것을 또 하리니"(ὃ δὲ ποιῶ καὶ ποιήσω)"는 것은 바울이 현재 행하고 있는 일을 계속하겠다는 확고한 의지의 표현이다.[32] 따라서 18절에서 "내가 기뻐하고 또한 기뻐하리라"를 둘로 분리하는 것은 문법적으로, 내용상으로 옳지 않음을 알 수 있다.

바울은 오직 그리스도만 바라보았다. 인간적인 것을 바라보면 괘씸하고 짜증나는 것들이 많이 있었을 것이다. 그러나 그리스도를 바라볼 때 어쨌든 그

---

32 현대 주석가들 중에서는 J.-F. Collange가 훌륭한 해석을 해 주고 있다(*L'épître de Saint Paul aux Philippiens*, 57): "Aussi n'y a-t-il pas de raison de comprendre la fin de notre verset comme le début d'une nouvelle orientation de la pensée désormais toute tournée vers le fantôme de la mort. ···· Il s'agit plus simplement d'un renforcement de l'idée de joie (sur ἀλλὰ καί, cf. Bl-Debr, §448.6): la joie de l'apôtre n'est pas passagère, elle l'accompagnera demain encore quand il se présentera devant ses juges terrestres; après-demain quand il comparaîtra devant son juge céleste."

리스도가 전파되니 바울은 기뻐했던 것이다. 그러나 오늘날 많은 사람들은 사람을 보고 실망한다. 인간적인 것을 보고서 괘씸하게 생각하고 다음에 복수하려고 한다. 그러나 이런 태도는 잘못이다. 우리는 인간을 바라보면 안 된다. 인간적인 것, 감정적인 것은 초월해야 한다. 내가 기분 나쁜 것은 참아야 한다. 오직 그리스도가 전파되느냐? 하나님의 나라에 유익이 되느냐? 이것으로 판단해야 한다.

2. 바울이 기뻐하는 이유(19절)

19절은 앞 절의 바울의 태도에 대한 이유를 설명한다(γάρ). 즉, 바울이 기뻐하는 이유는 "이것이 너희 간구와 예수 그리스도의 성령의 도우심으로 내 구원에 이르게 할 줄을 알기 때문"이다. 여기서 '구원'(σωτηρία)은 미래적 의미의 영혼 구원을 포함하여 넓은 의미에서의 구원을 뜻한다.[33] 이것이 꼭 바울이 감옥에서 풀려나는 것을 포함한다고 말할 수는 없다. 왜냐하면 바울은 20, 21절에서 죽는 것도 각오하고 있다고 말하기 때문이다. 어쨌든 바울은 모든 것이 하나님 보시기에 잘 될 것이며, 넓은 의미의 구원을 가져올 것임을 확신하였다.

그런데 그 구원에 이르게 하는 데 도움이 되는 수단은 '너희의 간구'(δέησις)와 '예수 그리스도의 영의 도우심'(ἐπιχορηγία)이라고 말하고 있다. '너희의 간구'란 빌립보 교회의 바울을 위한 기도를 말한다. 빌립보 교회는 바울을 위해, 바울의 안전과 풀려남을 위해 간절히 기도하고 있었다. '예수 그리스도의 영의 도우심'이란 성령의 도우심을 말한다.[34] 여기서

---

33 Greijdanus, *Philippensen*, 132; 한편 M. R. Vincent는 이것은 단지 미래적 구원뿐만 아니라 신자 속에 역사하는 모든 구원과 성화의 사역을 가리킨다고 본다(감옥에서의 해방은 아니라고 봄)(*Commentary on the Epistle to the Philippians and to Philemon*, 23).

34 성령은 다르게는 '하나님의 영', '여호와의 신', '예수의 영', '그리스도의 영', '예수 그리

'도우심'(ἐπιχορηγία)이란 단어는 원래 '합창단 지도자'를 뜻하는 '코레고스'(χορηγός)에서 왔다.[35] '코레고스'는 '아테네 등지에서 코러스 창설에 필요한 경비를 지불하는 자'를 가리키는 단어였다.[36] 이것이 동사로는 '코레게오'(χορηγέω)가 되어 '코러스를 운영하다', '코러스를 운영하는 데 드는 비용을 지불하다'를 뜻하였으며, 나아가서 일반적으로 '풍성하게 공급하다'(furnish abundantly)를 뜻하게 되었다.[37] 여기에 전치사 '에피'(ἐπί)가 덧붙어서 풍성함의 의미를 더욱 강화하게 되었다(벧후 1:5, 11; 고후 9:10; 갈 3:5). 명사형인 '에피코레기아'(ἐπιχορηγία)는 신약에서 에베소서 4:16과 빌립보서 1:19 두 곳에서 사용되었는데, 풍성함의 개념이 붙어 있어서 '넉넉한 도우심'을 뜻한다.

3. 바울의 간절한 기대와 소망(20절)

바울은 여기에 "나의 간절한 기대와 소망을 따라"를 덧붙인다. 이 말은 원문의 구조에 의하면 19절의 "구원에 이를 것이다"에 연결되는 부사구이다. 즉, 바울이 빌립보 교회의 간구와 성령의 도우심으로 구원에 이르게 되는 것은 또한 바울의 간절한 기대와 소망을 따라 이루어질 것이다.

여기서 '간절한 기대'로 번역된 말은 원어로 '아포카라도키아'(ἀποκαραδοκία)인데 로마서 8:19에도 사용되었다. 이 단어는 어원상 '아포'(ἀπό)라는 전치사와 '머리'라는 뜻의 '카라'(καρά)와 '기대하다'라는 뜻의

스도의 영', '진리의 영', '영광의 영' 등으로 불린다.
35 R. Earle, *Word Meanings in the New Testament*, V, 21f.
36 Liddell-Scott, *Lexicon*, s.v. χορηγός.
37 Liddell-Scott, *Lexicon*, s.v. χορηγέω.

'도케오'(δοκέω)가 결합되어 만들어진 것이다.[38] 전치사 '아포'는 원래 '떨어져서'(away, off)의 뜻이지만, 여기서는 '몰두, 전념'(abstraction, absorption)을 의미한다.[39] 그리고 '소망'(ἐλπίς)은 바울이 바라는 바 소원을 말한다.

그러면 바울의 간절한 기대와 소망은 무엇인가? 그것은 "아무 일에든지 부끄럽지 아니하고 오직 전과 같이 이제도 담대하여 살든지 죽든지 내 몸에서 그리스도가 존귀히 되게 하려 하는 것"이다. 먼저 '부끄럽지 아니하다'(οὐ αἰσχυνθήσομαι)에서 동사 '아이스퀴노마이'(αἰσχύνομαι)는 '부끄러워하다'(be ashamed) 또는 '부끄러움을 당하다'(be put to shame)를 뜻한다.[40] '아이스퀴노마이'는 형태는 수동태이지만 뜻은 사실상 능동으로서 '부끄러워하다'이다(cf. 요일 2:28; 롬 1:16; 막 8:38 등). 여기서 이 단어는 같은 20절의 '담대히'(ἐν πάσῃ παρρησίᾳ)와 대비되는 의미로 사용되었다. 그렇다면 이것은 바울이 어떤 어려운 일이나 위협을 당하여서도 그리스도를 모른다고 부인하거나 복음을 부끄러워하지 않겠다는 것을 뜻한다(cf. 막 8:38).

바울은 오히려 "오직 전과 같이 이제도 담대하여 살든지 죽든지 내 몸에서 그리스도가 존귀히 되게 하려 한다."고 말한다. 여기서 '존귀히 된다'(μεγαλυνθήσεται)는 것은 크게 되는 것, 위대하게 되는 것을 말한다. 바울은 자기 몸에서 오직 '그리스도'가 위대하게 되기를 바랐다. 여기서 '내 몸 안에서'(ἐν τῷ σώματί μου)라는 것은 '바울의 몸을 통해서'란 의미한다. 즉, 바울의 몸이 그리스도를 존귀하게 하는 도구, 수단, 영역이 된다는 의미이다.[41]

---

38 Cf. H. A. A. Kennedy, *The Epistle to the Philippians*, 427; G. Bertram, "Ἀποκαραδοκία," *Zeitschrift für die neutestamentliche Wissenschaft* 49(Heft 3-4, 1958), 264-70.

39 Lightfoot, *Philippians*, 91.

40 Bauer, *Lexicon*, s.v. αἰσχύνω.

41 Cf. Greijdanus, *Philippensen*, 136: "그의 육체 또는 육체적 존재는 그리스도의 위대함이 드러나는 장소로 불리고 있다. 우리는 이어서 나오는 διά + 속격과 관련하여 ἐν을 장소

이처럼 바울은 철저히 그리스도 중심으로 살았다. 그리스도가 그의 주인이요 그의 전부였다. 그는 오직 그의 몸 안에서 그리스도가 존귀하게 되기만을 바랐다.

4. 사는 것이 그리스도니 죽는 것도 유익(21절)

바울은 그렇게 소원한 이유로 "이는 내게 사는 것이 그리스도니 죽는 것도 유익함이니라."고 말한다. 바울에게는 '사는 것'(τὸ ζῆν)이 그리스도였다. 이 말은 바울의 삶은 그리스도가 전부였다는 것을 의미한다. 이에 대해 벵겔은 "내가 사는 것은 그리스도를 사는 것이다."(Quicquid vivo, Christum vivo.)고 표현하였다.[42] 예를 들어, "그에게는 사는 것이 공부다."라고 말한다면, 그는 자나 깨나 오직 공부만 하고 공부가 그의 인생의 전부라는 의미이다. 이와 마찬가지로 바울은 오직 그리스도를 위해 살았으며, 그리스도가 그의 인생의 전부였다.

따라서 그는 "죽는 것도 유익하다"(τὸ ἀποθανεῖν κέρδος)고 말한다. 즉, 바울에게는 그리스도가 전부였고 그리스도가 삶의 목적이었기 때문에, 바울은 자기가 살든 죽든 그것이 중요한 것이 아니라는 말이다. 오히려 그리스도를 위해서라면 죽는 것도 유익하다고 여겼다. 여기서 우리는 생사를 초월한 그리스도 중심적 삶, 전적으로 헌신된 삶을 볼 수 있다.

오늘날 우리도 바울처럼 '그리스도 한 분'만으로 만족할 수 있어야 한다. 그런데 사람들은 그리스도께서 주시는 '그 무엇들'로 만족하려고 한다. 그러나 '그리스도 자신'은 '그 무엇들'보다 훨씬 크고 더 좋다. 그리스도 자신을 소유

적으로 이해해야 한다."

42 J. A. Bengel, *Gnomon Novi Testamenti*, ed. octava, 781.

하면 그가 주시는 모든 것을 소유한 것과 마찬가지다. 따라서 나에게 그리스도가 계시다면 그 '무엇'이 없어도 좋다. 왜냐하면 '그리스도' 그분이 나의 모든 좋은 것의 근본이요 전부이기 때문이다.

예를 들어, 나의 사랑하는 사람이 나에게 초콜릿을 주면 기분이 좋다. 그러나 그(그녀)를 소유한다면, 그런 것은 없어도 괜찮다. 왜냐하면 그(그녀)는 그 모든 선물들보다 더 크고 좋은 것이기 때문이다. 이처럼 우리는 무슨 복이나 은혜만 찾지 말고, 그 모든 좋은 것들의 근원이 되시는 그리스도를 소유한 것으로 기뻐할 수 있어야 한다. 하박국 선지자처럼 우리는 "비록 무화과나무가 무성치 못하며 포도나무에 열매가 없으며 감람나무에 소출이 없으며 밭에 식물이 없으며 우리에 양이 없으며 외양간에 소가 없을지라도 나는 여호와를 인하여 즐거워하며 나의 구원의 하나님을 인하여 기뻐하리로다."(합 3:17-18)라고 고백할 수 있어야 한다.

교훈과 적용

1. 바울은 자신의 안위보다 복음의 진보를 먼저 생각하였다. 복음이 전파되고 있느냐, 복음이 어떻게 되느냐에 모든 관심을 쏟았다. 이런 사람이 참으로 헌신된 사람이다. 그런데 오늘날 우리 주위에는 오로지 자기 자신만 생각하고 사는 사람들이 많다. 다른 사람이야 어찌 되든 말든 자기의 건강, 자기의 체면, 자기의 이익만 생각하는 사람들이 많다. 그러나 자기 자신에만 사로잡혀 사는 사람은 만족함이 없고 불평불만이 많으며, 지나치면 결국 자신을 해치게 된다.

2. 바울은 그리스도가 전파되는 것으로 인하여 기뻐하였다. 비록 악한 사람들이 바울을 해치려고 하는 나쁜 목적으로 행할지라도 그리스도가 전파된

다면 이로 인하여 바울은 기뻐하였다. 이런 것은 자기 자신의 유익은 조금도 구하지 아니하고 오로지 그리스도만 위하는 사람에게만 가능한 일이다. 내가 받은 것을 인하여 기뻐하는 것은 수준 낮은 저급한 기쁨이다. 그러나 그리스도가 전파되고 하나님의 나라가 확장되는 것으로 인하여 기뻐하는 것은 가장 높은 고차원의 기쁨이다. 그러면 나는 무엇으로 인하여 기뻐하는가?

3. 바울은 오직 자기 몸에서 그리스도가 존귀하게 되기를 바란다고 하였다. 자기가 사느냐 죽느냐 하는 것은 오히려 부차적인 문제였다. 이처럼 전적으로 그리스도 중심적인 삶을 사는 사람에게는 죽음도 문제가 되지 않는다. 그러나 오늘날 이런 사람이 과연 몇이나 있을까? 사람들은 예수님을 믿는다고 하면서도 사실은 자기 자신에게 매여 살며, 죽음 앞에 두려워 떤다. 그러나 우리는 부활의 주님, 생명의 예수님이 온전히 나를 주장하시도록, 나의 삶을 인도하시도록 내 자신을 그분에게 맡기도록 해야 하겠다.

[4] 복음에 합당한 생활(1:22-30)

바울은 그가 살아야 할지 죽어야 할지, 어느 것을 택해야 할지 알지 못한다고 말한다(22절). 왜냐하면 죽어서 그리스도와 함께 있는 것이 자기 자신을 위해서는 더 좋은 일이지만, 살아서 교회를 위해 수고하는 것이 성도들에게는 더 유익하기 때문이다(23-24절). 살고 죽는 생사의 문제에 대해 교회를 위해 어느 것이 더 유익하냐를 따지는 이타적인 태도를 볼 수 있다. 바울은 결국 빌립보 교회의 유익을 위해, 곧 그들의 믿음의 진보와 기쁨을 위해 그가 살게 될 것과 그들과 함께 하게 될 것을 확신하다(25-26절).

바울은 빌립보 교회에게 복음에 합당한 생활을 하라고 권면한다(27절). 특히 무슨 일을 하든지 한 마음이 될 것을 강조한다. 또한 아무 일을 당하여도 대적자들 때문에 두려워하지 말라고 한다(28절). 뿐만 아니라 그리스도를 위하여 고난 받을 것을 말한다(29-30절).

[4] 복음에 합당한 생활(1:22-30)
  I. 바울의 고민(22-24절)
    1. 육신으로 사는 것(22상)
    2. 무엇을 가릴는지 알지 못함(22하)
    3. 두 사이에 낀 바울(23-24절)
  II. 바울의 확신(25-26절)
    1. 확실히 앎(25상)
    2. 너희와 함께 거할 것(25중)
    3. 목적(25하, 26절)
  III. 너희의 할 일(27-28절)

1. 그리스도의 복음에 합당한 생활(27상)
2. 바울이 듣기 원하는 것(27하, 28절)
IV. 은혜를 주신 목적(29-30절)

I. 바울의 고민(22-24절)

²²그러나 만일 육신으로 사는 이것이 내 일의 열매일진대 무엇을 가릴는지 나는 알지 못하노라. ²³내가 그 두 사이에 끼였으니 떠나서 그리스도와 함께 있을 욕망을 가진 이것이 더욱 좋으나 ²⁴그러나 내가 육신에 거하는 것이 너희를 위하여 더 유익하리라.

1. 육신으로 사는 것(22상)

사도 바울은 육신으로 사는 것이 자기 일의 열매라고 말한다. '육신으로 사는 것'(τὸ ζῆν ἐν σαρκί)은 지상 생활의 존재 방식을 말한다. 곧, 사람이 이 세상에서 살아가는 방식을 가리키는 표현이다(cf. 갈 2:20). 그러면 "육신으로 사는 이것이 내 일의 열매"(εἰ δὲ τὸ ζῆν ἐν σαρκί, τοῦτό μοι καρπὸς ἔργου)란 무슨 뜻일까? 이에 대해 주석가들은 대개, 바울이 살아 있다면 열매를 많이 맺을 것이라는 의미로 이해한다. 예를 들어, 오브리엔은 "만일 그가 이 아래(= 땅)에 계속 살아 있다면, 그것은 풍성한 선교 사역을 의미할 것이다."로 이해한다.[1] 흐레이다너스도 마찬가지로 이해한다. "그가 계속 살아 있다면, 그는 일할 수 있을 것이다. 그래서 주님의 교회와 주님을 위해 열매

---

[1] O'Brien, *Philippians*, 125: "Paul asserts that if he continues to live here below, it will mean fruitful missionary work."

를 맺을 수 있을 것이다."² 라이트푸트도 마찬가지다. "그러나 만일 내가 육신에 사는 것이 열매를 맺는다면 ... ?"³

그러나 이러한 해석들은 문제가 있다. 그들은 여기에 [열매를] '맺는다'거나 '낸다' 등의 동사를 보충해 넣는다. 그러나 원문에는 그런 동사가 없다. 동사 자체가 아예 없다. 그렇다면 여기에 생략된 동사는 ἐστιν(영어의 is에 해당)으로 보아야 한다. '일의 열매를 맺는다'가 아니라 '일의 열매이다'로 이해해야 한다.⁴ '열매'(καρπός)란 단어는 어떤 일의 결과로 맺어지는 것을 말한다. 즉, 어떤 일의 결과로 자연스럽게 따라오는 것을 말한다. 이처럼 바울은 자기가 사는 것을 자기 일의 자연스런 대가라고 생각하였다.

오늘날 우리는 내가 먼저 살고 그 다음에 일한다고 생각한다. 즉 '존재(存在)'가 먼저이고 그 다음에 '사역(使役)'이 있다고 생각한다. 그러나 바울은 정반대로 생각하였다. 먼저 '사역'이 있고, 그 결과로 '존재'가 있다고 생각하였다. 이것은 그의 삶이 오직 하나님이 주신 '사명(使命)'을 이루기 위해 존재한다는 것을 강조하는 말이다. 그는 사명 때문에 살며, 사명을 위해 살며, 사명이 없으면 그의 존재도 의미가 없다고 생각하였다. 따라서 만일 그

---

2 Greijdanus, *Philippensen*, 141: "... wanneer hij in het leven blijft, hij zal kunnen werken, en aldus vrucht dragen voor 's Heeren gemeente en voor den Heere."

3 Lightfoot, *Philippians*, 92: "But what if my living in the flesh will bear fruit, etc.?"

4 많은 주석가들은 εἰ δὲ τὸ ζῆν ἐν σαρκί를 전제문(protasis)으로, τοῦτο μοι καρπὸς ἔργου를 귀결문(apodosis)으로 본다(Dibelius, Ewald, Haupt, Gnilka, Greijdanus, Jager, Matter 등). 그래서 그들은 전제문에 생략되었을 것으로 생각되는 단어(들)를 보충해 넣는다(예를 들면 ἐστιν, ζῆν ἐστιν, μοί ἐστι, ἐστίν μοι 등). 그러나 이러한 보충들은 자의적일 뿐만 아니라 부자연스럽다. ἐστιν이 생략되는 경우는 많이 있지만, 여기에서는 말이 되지 않는다("육신에 사는 것이 이라면"). 또한 22절에서 ἐστιν이 두 번 생략된다는 것은 아주 특별하며 생각하기 어렵다. 문법적으로 볼 때, εἰ δὲ τὸ ζῆν ἐν σαρκί, τοῦτο μοι καρπὸς ἔργου를 전제문으로, καὶ τί αἱρήσομαι οὐ γνωρίζω를 귀결문으로 보는 것이 타당해 보인다. 옛날의 성경 번역들(Vulg, Luth, SV, Wycl 등)이 이를 따르며, 칼빈과 M. Zerwick(§459)과 Blass-Debrunner-Rehkopf(§442 n.16 및 §368 n.4)도 이것을 따른다.

가 살아 숨 쉰다면, 그것은 그가 하나님을 위해 일한 것에 대한 대가로 자연히 주어지는 것으로 생각하였다. 왜냐하면 그가 살지 않고서는 하나님의 일을 할 수 없기 때문이다. 하나님의 일을 하려면 살아서 존재하는 것은 당연히 요구되는 것이다. 이것은 마치 소가 밭을 갈기 위해서는 소에게 먹을 것을 주는 것이 당연한 것과 같은 이치이다(고전 9:9).

예수님은 이 세상에 오신 목적을 늘 의식하고 사셨다. "내가 온 것은($\dot{\epsilon}\gamma\dot{\omega}$ $\tilde{\eta}\lambda\theta o\nu$) 양으로 생명을 얻게 하고 더 풍성히 얻게 하려는 것이라."(요 10:10) "내가 불을 땅에 던지러 왔노니($\tilde{\eta}\lambda\theta o\nu$) ..."(눅 12:49). "... 거기서도 전도하리니 내가 이를 위하여 왔노라($\dot{\epsilon}\xi\tilde{\eta}\lambda\theta o\nu$)."(막 1:38) "인자가 온 것은($\tilde{\eta}\lambda\theta\epsilon\nu$) 섬김을 받으려 함이 아니라 도리어 섬기려 하고 자기 목숨을 많은 사람의 대속물로 주려 함이니라."(마 20:28) 그 외에도 마 5:17; 10:34; 눅 12:51 등에서도 예수님의 목적의식은 분명히 드러난다.

예수님은 늘 하나님 앞에서 무엇을 해야 하는가 하는 의무감을 가지고 사셨다. 그래서 "…해야 한다($\delta\epsilon\hat{\iota}$)"는 표현을 많이 쓰셨다. 예루살렘 성전에서 예수님은 그의 부모에게 "어찌하여 나를 찾으셨나이까? 내가 내 아버지 집에 있어야($\delta\epsilon\hat{\iota}$) 될 줄을 알지 못하셨나이까?"고 대답하였다(눅 2:49). 또 "때가 아직 낮이매 나를 보내신 이의 일을 우리가 하여야($\delta\epsilon\hat{\iota}$) 하리라. 밤이 오리니 그 때는 아무도 일할 수 없느니라."고 말씀하셨다(요 9:4). 이처럼 우리가 투철한 사명 의식을 가지고 살아갈 때, 우리의 삶은 전적으로 그 사명에 의해 지배되며 우리의 존재는 그 사명에 종속되는 부차적인 것으로 여겨지게 된다.

이처럼 바울은 그의 삶을 그의 일에 대한 열매(대가, 부수적 결과)로 생각하였다. 즉, 그에게는 먼저 일(사역)이 있고, 그 결과로 그의 삶(존재)이 주어진다고 생각했던 것이다.

2. 무엇을 가릴는지 알지 못함(22하)

이어서 바울은 "무엇을 가릴는지 나는 알지 못하노라"(καὶ τί αἱρήσομαι οὐ γνωρίζω)고 말한다. 바울은 이 땅에 사는 것과 죽어서 주님께 가는 것, 이 둘 중에서 어느 것을 택하여야 할지 알지 못한다고 말한다. 바울에게는 둘 다 좋기 때문에 어느 편을 택해야 할지 선뜻 결정하지 못하겠다는 것이다.

여기서 '알다'로 번역된 '그노리조'(γνωρίζω) 동사는 고전 헬라어에서는 주로 자동사적 의미(알다)로 사용되었다. 그러나 헬레니즘 시대에는 주로 타동사적 의미(알게 하다)로 사용되었다. 신약 성경에서는 빌립보서의 이 구절을 제외하고 다른 곳에서는 다 타동사적 의미로 사용되었다.[5] 그러나 여기 이 구절에서는 자동사적 의미인 '알다'로 보는 것이 좋을 듯하다. 왜냐하면 바울은 지금 자기가 답을 알고 있으면서도 '알려 주지 않겠다'는 것이 아니라 '자기 스스로 알지 못한다'는 의미로 말하기 때문이다.[6]

---

5 Cf. Greijdanus, *Philippensen*, 142. 그래서 Greijdanus 자신은 '알다'는 자동사적 의미를 받아들이기를 주저하면서 '알게 하다'는 의미가 더 낫다고 본다. 그러나 우리가 좀 더 생각해야 할 것이 있다. 타동사적 의미로 사용된 곳에서는 γνωρίζω가 여격 또는 대격 또는 목적어절과 함께 사용되었거나, 또는 수동태로 사용되었다(구체적인 구절들에 대해서는 Bauer 사전을 보라). γνωρίζω 동사가 이런 것들이 없이 그냥 사용된 곳은 신약에서 빌 1:22 한 곳밖에 없다. 따라서 여기의 "οὐ γνωρίζω"란 표현은 독특하다고 보아야 할 것이다.

6 이런 맥락에서 어떤 사람들이 번역하고 있는 바와 같이 "I cannot tell"(Hendriksen, Michael, Müller 등) 또는 "Je ne peux dire(déclare)"(Collange) 등의 번역은 옳지 않다고 생각된다. 왜냐하면 바울은 지금 답을 알면서 안 가르쳐 주는 것이 아니기 때문이다. 바울은 지금 자기 자신이 어떻게 해야 할 바를 모르고 있다. Cf. Haupt, *Philipper*, 40f.: "Γνωρίζω aber kann unmöglich hier, wie sonst bei Paulus, „kundthun" bedeuten (z. B. Mey.), denn der Zusammenhang zeigt da, dass er nicht etwa über seine Wahl sich nur nicht aussprechen will, sondern überhaupt nicht zu wählen weiss. Vielmehr hat es hier im profanen Griechisch gewöhnliche Bedeutung „erkennen"."

3. 두 사이에 낀 바울(23-24절)

바울은 자신의 처지를 마치 두 담 사이에 끼인 모습과 같다고 묘사하고 있다. 이러지도 못하고 저러지도 못하고 있는 진퇴양난의 모습을 연상케 한다. 그 둘 중에서 하나는 '떠나서 그리스도와 함께 있을 욕망을 가진 것'이고, 다른 하나는 '육신에 거하는 것'이다.

우선 '떠난다'(ἀναλῦσαι)는 단어는 원래 항해하기 위해 배의 닻을 풀거나 길을 떠나기 위해 천막을 걷는 것을 의미하는데,[7] '죽는 것'에 대한 완곡어법(euphemism)이다.[8] '그리스도와 함께 있다'(σὺν Χριστῷ εἶναι)는 것은 천국에 계신 그리스도와 더불어 교제를 누리는 것을 말한다. 그리스도는 지금 천국에, 낙원에 계신다(눅 23:43; 요 14:2-3; 고후 5:1, 8; 골 3:1; 롬 8:34; 히 10:12). 물론 바울은 지금 땅 위에서도 성령을 통해 그리스도와 교제를 누리고 있지만, 천국에서는 그와 함께 직접적이고 충만한 교제를 누리게 될 것이다(cf. 고전 13:12). 그리스도와의 이런 충만한 교제는 죽음 후에 즉시로 누리게 될 것이며(눅 23:43; 16:22; 계 14:13; cf. 하이델베르크 요리문답 제57문의 답), 마지막 날 부활 후에 비로소 누리는 것이 아니다. 따라서 바울은 자기 자신만 생각한다면, 이 세상을 떠나서 낙원에 계신 그리스도와 함께 있는 것이 '훨씬 더 좋다'(πολλῷ μᾶλλον κρεῖσσον)고 말한다.

다른 하나의 가능성은 '육신에 거하는 것'(τὸ ἐπιμένειν ἐν τῇ σαρκί)인데, 이것은 "너희를 위하여 더 유익하다"(ἀναγκαιότερον δι' ὑμᾶς)고 말한다(24절). 여기서 '위하여'라고 번역된 전치사 '디아'(διά)는 이유 또는 원인을 나타내는 것이므로 '때문에' 또는 '인하여'로 번역하는 것이 더 정확하다. 내용상으로는 '인하여'나 '위하여'나 별 차이가 없지만, '인하여'는 '위하여'

---

7 Haupt, *Philipper*, 41 n.2; Greijdanus, *Philippensen*, 144.

8 Bauer, *Lexicon*, s.v. ἀναλύω.

보다 좀 더 직접적이고 강렬하게 느껴진다. 어쨌든, 바울이 죽지 않고 살아서 이 세상에 머무는 것은 너희들 곧 빌립보 교회 성도들을 인하여 더욱 필요하다는 것이다. 여기서 '더 유익하다'고 번역된 원어 '아낭카이오테론'(ἀναγκαιότερον)은 '더 필요하다, 요긴하다'(more necessary)로 번역해야 옳다.

II. 바울의 확신(25-26절)

²⁵내가 살 것과 너희 믿음의 진보와 기쁨을 위하여 너희 무리와 함께 거할 이것을 확실히 아노니 ²⁶내가 다시 너희와 같이 있음으로 그리스도 예수 안에서 너희 자랑이 나를 인하여 풍성하게 하려 함이라.

1. 확실히 앎(25상)

그러면 바울은 어느 편을 택하였을까? 바울은 자기의 생사를 두고 고민하던 끝에 마침내 강한 확신에 도달하였다. "내가 확실히 안다"(πεποιθὼς οἶδα)는 것은 바울이 무슨 계시를 받았거나 환상을 보았다는 말이 아니다. 바울은 마음을 비우고 고요히 기도하는 가운데, 곧 하나님 편에 서서 어느 것이 하나님의 나라에 더 유익(긴요)한가를 생각하는 가운데 하나님의 뜻을 확신하게 되었다. 이처럼 우리는 하나님의 뜻을 분별할 때 신비적이거나 특별한 방법에 의지하면 안 된다. 고요히 기도하는 가운데 어느 것이 하나님의 나라에 더 유익한가를 생각하여야 한다. 곧, 이기적인 생각을 다 버리고 오직 하나님의 영광과 하나님의 나라만을 생각할 때 하나님의 뜻이 우리 마음에 분명히 드러나게 되는 것이다.

2. 너희와 함께 거할 것(25중)

그러면 바울이 확신한 것은 무엇인가? 그것은 "내가 살 것과 너희 무리와 함께 거할 것"이다. 여기서 '내가 살 것'(μενῶ)은 미래 시제로서 직역하면 '내가 거할 것, 머물 것이다'가 된다. 이것은 '너희 무리와 함께 거할 것이다'(παραμενῶ πᾶσιν ὑμῖν)는 말로 보충 설명되어 있다.

이처럼 바울은 자기 자신의 유익을 택하지 않고 다른 사람의 유익을 택하였다. 곧, 성도들에게 유익이 되는 편을 선택하였다. 이것이 곧 하나님이 원하시는 것이며, 그렇기 때문에 바울은 주 안에서 하나님의 뜻을 확신할 수 있었던 것이다. 바울의 이러한 선택은 '사랑의 원리'를 따른 것이라고 할 수 있다. 왜냐하면 사랑은 자기의 유익을 구치 않고(고전 13:5), 다른 사람의 유익을 구하는 것(고전 10:24)이기 때문이다.

이것은 오늘날 우리가 무엇을 결정할 때 좋은 지침이 된다. 어떤 중요한 일을 앞두고 결정을 하지 못하고 망설이고 있을 때, 먼저 어느 것이 하나님의 나라에 더 유익한가를 생각해야 한다. 구체적으로는 내 자신에게 이익이 되는 것보다는 교회에 이익이 되는 편을 택해야 한다. 내게 이익이 되는 것을 좇기보다 나를 필요로 하는 곳에 가서 봉사하도록 해야 한다. 우리는 무슨 일을 하든지 자기 자신을 위해 살지 않고 주를 위해 살아야 하는 존재이다(롬 14:7-8). 주를 위해 산다는 것의 구체적인 모습은 주님의 교회를 위해 사는 것이며, 나의 도움을 필요로 하는 다른 사람을 위해 사는 것이다.

3. 목적(25하, 26절)

바울은 자기가 그들 무리와 함께 거하게 되는 목적이 무엇인가를 말하고 있다. 먼저 "너희 믿음의 진보와 기쁨을 위하여"라고 말한다(25하). 바울이 이 땅에 머물게 되면, 그것은 곧 빌립보 교회 성도들의 믿음의 진보와 기쁨을 위한 것이 될 것이라는 말이다.

그래서 이것은 궁극적으로 "너희 자랑이 나를 인하여 풍성하게 하려 함"이라고 말한다(26절). 여기서 '자랑'(καύχημα)은 '자랑하는 행동'을 말하는 것이 아니라 '자랑의 대상, 자랑거리'를 말한다.[9] 성경에서 '자랑'이라고 하면 대개 부정적인 의미로 사용되나 때로는 긍정적인 의미로 사용되기도 한다. 예를 들어, "자랑하는 자는 주 안에서 자랑할지니라."(고후 10:17)와 같은 경우나, "하나님의 영광을 바라고 자랑하느니라."(롬 5:2), "환난 중에도 자랑하나니"(롬 5:3), "하나님 안에서 또한 자랑하느니라."(롬 5:11)와 같은 경우들이다.[10]

여기서 '나를 인하여'(ἐν ἐμοί)란 말은 원래 '내 안에서'란 의미이다(cf. 20절의 ἐν τῷ σώματι). 이것은 '자랑'이 일어나는 영역을 가리킨다. Greijdanus는 다음과 같이 설명한다. "풍부한 자랑거리는 그리스도 안에 있다. 하지만 주께서 사도 안에서 자신을 자랑하도록 나타내신다. 주는 이 사도에게서 주의 구원 사역의 영광스럽고 찬양받을 행위들을 신자들을 위해 드러나게 하신다."[11] 그리고 Lightfoot은 ἐν Χριστῷ Ἰησοῦ와 ἐν ἐμοί에 대해 다음과 같이 설명한다. "첫 번째 것은 그들의 자랑이 일어나는 영역을 나타내며, 두 번째 것은 그 자랑의 대상을 나타낸다."[12]

---

9 Cf. "ground for boasting"(Grosvenor); "matter for boasting"(Lightfoot).

10 롬 5:2, 3, 11에서 '즐거워하다'로 번역된 단어는 καυχάομαι로서, 원래 '자랑하다'는 뜻을 가지고 있다.

11 Greijdanus, *Philippensen*, 152f.

12 Lightfoot, *Philippians*, 94: "The first denotes the sphere in which their pride lives; the second the object on which it rests."

여기서 첫 번째 ἐν에 대한 설명은 좋으나, 두 번째 ἐν에 대한 설명 중에서 '대상'(object)이란 표현보다 '도구'(instrument)란 표현이 더 좋다고 생각된다. 자랑이 실현되는 도구, 수단, 영역으로서 '내 안에서'란 뜻이다. 즉, '나를 통해서'와 거의 같은 뜻이다. 그러나 바울이 ἐν ἐμοί를 통해 나타내려고 했던 것은 그러한 자랑이 실현되는 '영역' 또는 '장소'로서 '내 안에서'이다.

III. 너희의 할 일(27-28절)

²⁷오직 너희는 그리스도 복음에 합당하게 생활하라. 이는 내가 너희를 가보나 떠나 있으나 너희가 일심으로 서서 한 뜻으로 복음의 신앙을 위하여 협력하는 것과 ²⁸아무 일에든지 대적하는 자를 인하여 두려워하지 아니하는 이 일을 듣고자 함이라. 이것이 저희에게는 멸망의 빙거요 너희에게는 구원의 빙거니 이는 하나님께로부터 난 것이니라.

1. 그리스도의 복음에 합당한 생활(27상)

바울은 이제 빌립보 교회 성도들이 어떻게 살아야 할지에 대해 말한다. 27절의 '생활하라'란 단어의 원어는 '폴리튜오마이'(πολιτεύομαι)인데, 원래 '자유로운 시민으로서 살다'는 의미를 가지고 있다.[13] 빌립보 사람들은 로마 시민들이었다. 그러나 이제 천국 시민으로서 합당한 생활을 하여야 함을 말한다(cf. 빌 3:20). 하늘에 있는 도시, 국가, 나라의 시민으로서 서로 협력하며 행동하여야 한다는 뜻이다.[14]

우리의 삶에 있어서 중요한 것은 얼마나 오래 사는가, 언제 죽는가 하는

---

13 Liddell-Scott, *Lexicon*, s.v.

14 Greijdanus, *Philippensen*, 156.

것이 아니라 어떻게 사는가 하는 것이다. 우리 성도들에게는 복음에 합당하게 사는 것이 중요하다. 세상 사람들은 오래 살기 위해 온갖 노력을 다 기울이지만, 바르게 살려는 노력은 별로 안 한다. 오래 살고 짧게 살고는 하나님의 손에 달린 것이고, 우리에게 요구되는 것은 복음에 합당하게 사는 것이다.

2. 바울이 듣기 원하는 것(27하, 28절)

바울이 이렇게 권면하는 목적은 "내가 너희를 가보나 떠나 있으나 너희에 관한 일을 듣고자 함"이라고 말한다. 그 듣고자 하는 내용은 "너희가 일심으로 서 있는 것"이다. 여기서 '일심으로'(ἐν ἑνὶ πνεύματι)는 원어상 '한 영으로' 또는 '한 영 안에서'이다.[15] '한 영 안에 있다'는 것은 우리가 다 동일한 성령

---

15 영(πνεῦμα)은 물론 '성령'을 뜻할 수도 있고, 인간의 인격의 한 부분으로서의 '정신' 또는 '마음'을 뜻할 수도 있다(cf. Bauer, *Lexicon*, s.v.). Greijdanus는 여기의 '한 영'(ἐν πνεῦμα)은 '생각과 마음의 하나됨'을 의미한다고 본다(*Philippensen*, 158f.). O'Brien도 여기의 영을 성령보다는 인간의 영으로 이해하면서 '하나의 공동의 목적으로(with one common purpose)'라는 의미로 본다(*Philippians*, 150). 칼빈은 여기의 영(πνεῦμα)는 '지각(이해)'를 뜻하고, 마음(ψυχή)은 '의지'를 뜻한다고 보았다. 그래서 첫 번째 것은 우리 사이에 의견의 일치를 의미하고, 두 번째 것은 마음의 하나됨을 의미한다고 보았다. 물론 이어서 나오는 '한 마음으로'(μιᾷ ψυχῇ)와 사실상 같은 의미로 볼 수도 있을 것이다. 그러나 고전 12:13에 '한 영으로'(ἐν ἑνὶ πνεύματι)라는 똑같은 표현이 나타나며 그 '영'이 성령을 가리킨다는 것을 생각해 볼 때, 여기의 영도 성령을 가리킨다고 보는 것이 자연스러울 것이다. 엡 2:18의 '한 영 안에서'(ἐν ἑνὶ πνεύματι)란 표현에서의 '영'도 성령을 가리킴이 분명하다. 뿐만 아니라 고전 12:13의 '한 영을 마셨다'고 할 때의 '영'도 성령이며, 엡 4:4의 '한 영'도 성령을 가리킨다. 같은 장 안에 있는 빌 1:19의 '예수 그리스도의 영의 후원'에서의 '영'도 성령을 가리키며, 2:1의 '영의 교제'도 성령의 교제를 가리킨다. 이런 여러 구절들을 고려해 볼 때 빌 1:27의 '영'도 성령으로 보는 것이 옳다고 생각된다. 사도 바울에 의하면 '한 성령' 안에서 행하는 것이 곧 '한 마음'으로 행하는 것으로 기초가 된다. 따라서 여기서 '한 영 안에서'는 하나됨의 기초인 '한 성령 안에서'로 보고, '한 마음으로'는 한 성령 안에 있는 결과로 주어지는 마음의 하나됨으로 보는 것이 좋을 것

을 받았다는 것을 말한다(고전 12:13; 엡 4:4). 그렇기 때문에 우리는 다 한 성령 안에서 행해야 한다. 곧 우리가 한 마음, 한 뜻으로 협력해야 할 것을 말한다.

'한 영 안에 서 있는 것'의 구체적인 모습은 두 가지로 나타난다. 하나는 '한 뜻으로 복음의 신앙을 위해 협력하는 것'이다(27하). 여기서 '협력하다'(συναθλέω)는 단어는 원래 '함께 달려가다'는 뜻을 가지고 있다. 우리는 '혼자서' 달려가는 것이 아니라 '함께' 달려간다. 기독교는 달려가는 종교이다(cf. 고전 9:24). 그러나 혼자서 달려가는 것이 아니라 여러 사람이 함께 달려간다.

'한 영 안에 서 있는 것'의 또 다른 모습은 "아무 일에든지 대적하는 자들을 인하여 두려워하지 아니하는 것"이다(28상). 여기서 '대적하는 자들'(οἱ ἀντικείμενοι)은 원어상 '반대편에 누워 있는 자들'을 의미한다. 이것에서 '반대자들, 대적자들'이란 뜻이 나오게 되었다. 초대 교회에도 복음의 대적자들이 많았다. 이런 대적자들은 오늘날에도 많이 있다. 복음이 전파되는 곳에는 어디서든지 대적자들이 있다. 왜냐하면 복음의 원수 사탄은 죽지 않고 계속 활동하고 있기 때문이다. 사탄은 휴가도 없고 휴식도 없다. 잠깐 쉬는 것처럼 보이는 것은 다음에 공격하기 위해 준비하는 것이다. 따라서 오늘날 우리가 복음을 전할 때에 대적자들이 많다고 두려워하지 말고 이상히 여기지 말아야 한다. 그래서 사도 요한은 "세상이 너희를 미워하거든 이상히 여기지 말라."고 말한다(요일 3:13). '두려워하지 않는다'(μὴ πτυρόμενοι)는 것은 흔들리지 않고 견고히 서 있는 것을 말한다.

그런데 "이것이 저희에게는 멸망의 빙거요 너희에게는 구원의 빙거"라고 한

이다. 두 표현이 동일한 것을 가리킨다고 볼 필요는 없는 것이다. 필자와 같은 견해로는 다음을 보라. G. D. Fee, *Paul's Letter to the Philippians*, 164-66; Gnilka, *Philipperbrief*, 99; Floor, *Filippenzen*, 80 등.

다(28하). 여기서 '빙거(憑據)'라는 말의 원어는 '엔데잌시스'(ἔνδειξις)로서 '보여 주다'는 뜻을 가진 동사 '엔데이크뉘미'(ἐνδείκνυμι)에서 온 명사이다. 따라서 이것은 '보여 주는 것, 증거'를 의미한다.[16] 곧, 아무 일에도 두려워하지 않고 복음에 굳게 서 있는 것이 대적자들에게는 '멸망의 증거'가 되고, 구원 얻는 자들에게는 '구원의 증거'가 된다. 그런데 이것도 '하나님께로부터' 난 것이라고 말한다. 우리가 믿음에 굳게 서는 것도 다 하나님의 은혜로 되는 것임을 고백한 것이다. 우리가 처음에 믿는 것도 하나님의 은혜이지만, 계속 믿음에 든든히 서 있는 것도 하나님의 은혜이다. 따라서 우리는 항상 하나님을 의지하고 나아가야 한다.

IV. 은혜를 주신 목적(29-30절)

[29]그리스도를 위하여 너희에게 은혜를 주신 것은 다만 그를 믿을 뿐만 아니라 또한 그를 위하여 고난도 받게 하심이라. [30]너희에게도 같은 싸움이 있으니 너희가 내 안에서 본 바요 이제도 내 안에서 듣는 바니라.

바울은 이어서, 그리스도를 위하여 너희에게 은혜를 주셨다고 말한다. 이 부분을 직역하면 "그리스도를 위한 것이 너희에게 은혜로 주어졌다"(ὑμῖν ἐχαρίσθη τὸ ὑπὲρ Χριστοῦ)가 된다. '은혜로 주어졌다'에 해당하는 헬라어 동사(ἐχαρίσθη)는 '값없이, 은혜로 수여되었다'(was granted, bestowed)는 것을 의미한다. 그 주체는 물론 하나님이시다.

하나님께서 우리에게 은혜를 주신 목적은 본문에 의하면 두 가지이다. 첫째는 '그리스도를 믿는 것'이다. 우리가 그리스도를 믿기 위해서는 하나님의 은혜가 필요하다. 왜냐하면 타락한 인간은 하나님을 알지 못하고 십자가의

---

16 Bauer, *Lexicon*, s.v.

은혜도 깨닫지 못하기 때문이다. 또 하나님을 믿고 싶어도 믿을 수 있는 능력이 자기 안에는 없다. 따라서 하나님의 은혜를 깨닫고 하나님을 믿을 수 있기 위해서는 하나님께로부터 온 영 곧 성령을 받아야 한다(고전 2:12-14).

하나님께서 우리에게 은혜를 주신 또 다른 목적은 '그리스도를 위하여 고난 받는 것'이다. 신앙생활에는 '고난'이 따르기 마련이다(딤후 3:12; 골 1:24). 아무런 고난 없이 신앙생활 하면 좋겠다 싶겠지만, 그것은 불가능하다. 왜냐하면 이 세상에는 사탄이 역사하고 있기 때문이다. 악한 마귀 사탄의 역사는 세상의 종말이 와야 끝이 날 것이다. 뿐만 아니라 하나님은 우리가 고난 받는 것을 원하신다. 왜냐하면 우리가 고난을 통해 하나님의 은혜를 깊이 깨닫고 우리의 신앙이 성숙하기 때문이다. 우리는 고난을 통해 그리스도의 고난을 깊이 이해하고 하나님의 사랑을 깊이 체험하게 된다(벧전 2:21-24). 우리가 고난 받을 때 성령이 함께 하시고 주님이 내 안에 계심을 강하게 체험하게 된다(마 5:10-12; 벧전 4:13-14). 즉, 주님과의 강한 동일시를 체험하게 된다(cf. 행 9:4).

사도 바울은 마지막으로 "너희에게도 같은 싸움이 있다."고 덧붙인다(30상). 우리 그리스도인들은 '같은 싸움'을 싸우는 사람들이다. 우리에게는 동일한 영적 싸움이 있다. 이 싸움을 위해 하나님께서 우리를 그리스도의 군사로 부르셨다(딤후 2:3). 따라서 우리는 이 싸움을 계속 싸워야 한다.

이 싸움은 "너희가 내 안에서 본 바요 이제도 내 안에서 듣는 바니라."고 말한다(30하). 바울은 이런 싸움을 싸웠으며, 지금도 계속 싸우고 있다. 그래서 그는 이 세상을 떠나기 얼마 전에 이렇게 말하였다. "내가 선한 싸움을 싸우고 나의 달려갈 길을 마치고 믿음을 지켰다."(딤후 4:7) 그래서 이제 후로는 그를 위하여 '의의 면류관'이 예비되어 있다고 말한다(딤후 4:8). 따라서 오늘날 우리도 대적자들을 인하여 두려워하지 말고 낙심하지 말며 의의 선한 싸움을 계속 싸워야 한다.

교훈과 적용

1. 바울은 이 땅에 사는 것보다 자신의 사역을 더 중요하게 생각하였다. 그리스도를 위하여 일하는 것이 제일 중요하고, 자신의 삶은 그것에 종속하는 것으로 여겼다. 자신의 존재(存在)는 그의 사역(使役)에 따라오는 부수적인 것이라 생각하였다. 오늘날 사람들은 자기의 '삶'(존재)이 먼저 있고 그 다음에 '일'(사역)이 있다고 생각한다. 이것은 자기중심적이고 인간적인 생각이다. 우리는 먼저 하나님의 나라와 그의 의를 구하는 삶을 살아야 한다. 그리하면 그 외의 것은 하나님께서 부수적으로 덧붙여 주실 것이다.

2. 우리가 무슨 일을 결정할 때에 어떤 기준을 따라 결정하느냐 하는 것이 중요하다. 세상 사람들은 자기에게 이익이 되는 것, 도움이 되는 것을 선택한다. 자기에게 손해가 되는 것은 선택하지 않고 버린다. 그러나 바울은 정반대로 하였다. 자기에게 유익이 되는 것이 아니라 다른 사람에게 유익이 되는 것, 성도들의 믿음에 도움이 되는 것을 선택하였다. 이런 태도에서 우리는 철저하게 이타적이고 타인중심적이며 교회중심적인 모습을 보게 된다. 이것이 사랑이며 주님을 위한 삶이다.

3. 우리는 우리의 신분에 합당한 삶을 살아야 한다. 우리는 하늘나라의 시민이다. 이 세상에 적을 두고 있지만 근본적으로는 하늘에 계신 예수 그리스도를 믿는 성도로 살아간다. 따라서 우리는 이 세상에서 그러한 신분에 합당한 삶을 살아야 한다. 복음을 위해 서로 협력하고 믿음을 위해 함께 달려가야 한다. 고난이나 핍박이 있다고 해서 흔들리지 말고 주 안에 굳게 서서 믿음으로 나아가야 한다.

제 2 장

[1] 그리스도 예수의 마음(2:1-11)

바울은 이제 빌립보 교회를 위해 구체적인 권면을 한다. 그것은 서로 한 마음을 가지라는 것이다. 교회생활에서 무엇보다 중요한 것은 다툼이나 분쟁이 없이 한 마음, 한 뜻으로 행하는 것이다. 이를 위해 우리는 겸손한 마음을 가져야 한다. 곧 우리의 생각을 낮은 데로 향하고, 다른 사람을 자기보다 낫게 여겨야 한다. 바울은 이러한 마음의 대표적 모범으로서 예수 그리스도의 마음을 제시한다. 하늘의 영광을 버리고 이 땅에 오셔서 죽기까지 복종하신 예수 그리스도의 마음을 본받으라고 한다.

[1] 그리스도 예수의 마음(2:1-11)
 I. 우리가 품어야 할 마음(1-4절)
  1. 한 마음이 되라(1-2절)
  2. 겸손한 마음(3-4절)
 II. 그리스도 예수의 마음(5-8절)
  1. 우리가 품어야 할 마음(5절)
  2. 하나님의 형태로 계심(6상)
  3. 자기 권리를 주장하지 아니함(6하)
  4. 자기를 비어 종의 형체를 가짐(7절)
  5. 자기를 낮추심(8절)
 III. 하나님의 높이심(9-11절)
  1. 모든 이름 위에 뛰어난 이름을 주심(9절)
  2. 예수님을 높이신 목적(10-11절)

I. 우리가 품어야 할 마음(1-4절)

¹그러므로 그리스도 안에 무슨 권면이나 사랑에 무슨 위로나 성령의 무슨 교제나 긍휼이나 자비가 있거든 ²마음을 같이 하여 같은 사랑을 가지고 뜻을 합하며 한 마음을 품어 ³아무 일에든지 다툼이나 허영으로 하지 말고 오직 겸손한 마음으로 각각 자기보다 남을 낫게 여기고 ⁴각각 자기 일을 돌아볼 뿐더러 또한 각각 다른 사람들의 일을 돌아보아 나의 기쁨을 충만케 하라.

1. 한 마음이 되라(1-2절)

빌립보 교회는 여러 면에서 좋은 교회였는데, 한 가지 문제는 성도들의 마음이 하나 되지 못했다는 것이다. 그들에게 약간의 분쟁과 다툼이 있었다. 그래서 바울은 무엇보다도 한 마음을 가지라고 권면한다.

먼저 바울은 "그리스도 안에 무슨 권면이나 사랑에 무슨 위로나 성령의 무슨 교제나 긍휼이나 자비가 있거든"(1절)이라고 말한다. '그리스도 안의 권면'(παράκλησις ἐν Χριστῷ)은 우리가 누구에게 권면할 때에는 '그리스도 안에서' 해야 한다는 의미이다. 아무리 진리라도, 아무리 옳은 말이라도 '그리스도 안에서' 해야 한다. 곧, 그리스도의 사랑과 그리스도의 마음을 가지고 해야 한다. 어떤 사람은 옳은 말을 하기는 하는데, 너무 날카롭고 예리하여 상처를 주는 경우가 있다. 이런 것은 형제를 세우는 것이 아니라 도리어 무너뜨린다. 교회를 비판하는 것도 그렇다. 소위 지성인들은 한국 교회에 대해 이러니 저러니 비판을 잘한다. 그러나 우리는 교회의 잘못에 대해 남의 집 흉보듯이 악감을 품고 할 것이 아니라 자기의 가슴을 치고 아파하는 마음으로 해야 한다.

'사랑의 위로'(παραμύθιον ἀγάπης)는 우리가 형제를 위로할 때에는 사랑의 마음을 가지고 해야 한다는 말이다. '성령의 교제'(κοινωνία πνεύματος)는 성령에 의한 교제, 성령을 통한 교제를 의미한다. 곧, 참된 교제는 영적 교제, 즉 성령 안에서 한 마음을 가지는 것을 말한다. 성령의 역사가 없는 외적인 교제로는 참된 교제가 될 수 없다.

그리고 '긍휼과 자비'(σπλάγχνα καὶ οἰκτιρμοί)는 같은 조건절 안에 하나로 묶어져 있다. 이것은 이 두 단어가 밀접히 연결되어 있음 나타낸다. '긍휼(矜恤)'의 원어 '스플랑크나'(σπλάγχνα)는 원래 '신체의 내적 부분들, 특히 내장, 창자'를 의미하는데, 이것은 또한 인간의 감정 중 '사랑, 애정, 긍휼'을 나타내는 데 사용되었다.[1] 우리나라의 이순신 장군의 시조 가운데 "…남의 애를 끊나니"는 구절이 있는데, 여기서 '애'는 창자를 의미한다. 이처럼 '애가 끊어진다' 또는 '애가 탄다'는 것은 간절한 마음, 애절한 마음을 나타낸다. 이와 마찬가지로 '스플랑크나'는 다른 사람을 향하여 불쌍히 여기는 마음, 동정하는 마음을 의미한다. 그리고 '자비(慈悲)'는 원어로 '오읰티르모이'(οἰκτιρμοί)인데, '다른 사람의 불행에 대해 가지는 긍휼, 자비, 동정'을 의미한다.[2] 로마서 12:1의 "하나님의 모든 자비하심으로 너희를 권하노니"에서 '모든 자비하심'의 원어도 '오읰티르모이'이다. '스플랑크나'와 '오읰티르모이'는 거의 항상 복수로 사용되는데, 이것은 히브리어 '라하밈'(rachamim)의 영향으로 생각된다. '라하밈'은 복수로서 '내장'(bowels)을 의미하며, 여기서 '긍휼, 은혜, 은총'(pity, grace, favour)이라는 뜻이 나왔다.[3] 헬라어로는 주로 '스플랑크나'로 번역된다. 따라서 '스플랑크나'와 '오읰티르모이'는, 첫째로 하나님께서 우리를 불쌍히 여기신 것 곧 하나님의 긍휼을 의미하며, 둘째로 그러한 마음으로 우리가 형제들을 향하여 가지는 긍

---

1 Bauer, *Lexicon*, s.v.

2 Bauer, *Lexicon*, s.v.

3 Gesenius, *Lexicon*, s.v.

휼을 의미한다. 여기서는 두 번째 의미로서 빌립보 교회 성도들이 교회 안에 있는 형제나 자매들을 향하여 가지는 '긍휼과 자비'의 마음 또는 행동을 의미한다.

2절에서 바울은 그가 말하고자 하는 바 내용을 말한다. 곧, 1절의 전제문(protasis)에 따르는 귀결문(apodosis)이 2절에 나온다. 그런데 원문에 의하면, 2절의 주문장은 "나의 기쁨을 충만하게 하라"(πληρώσατέ μου τὴν χαράν)이다. 이것이 개역한글판에서는 번역상의 이유로 4절 끝으로 밀리고 말았다. "나의 기쁨을 충만하게 하라"는 주문장 다음에 목적을 나타내는 절이 나오는데, 이 목적절에서 바울은 "마음을 같이 하여 같은 사랑을 가지고 뜻을 합하며 한 마음을 품으라."고 말한다.

여기서 접속사 '히나'(ἵνα)에 대한 설명이 어렵다. '히나'는 대개 목적을 나타내는 접속사로서 '…하기 위하여'(in order that …)로 번역된다. 그러나 여기서는 그런 뜻이 아니다. 그래서 Zerwick-Grosvenor는, πληρώσατε는 "that" 이하의 호소를 시사하는 것으로 본다. 그래서 히나 절을 "같은 노선을 따라 생각함으로써, 같은 모습을 가짐으로써"(by thinking along the same lines, by having the same outlook)로 풀이한다.[4] Greijdanus도 비슷하게 '… 것을, 그리하여 …, …라는 것을 통하여'(dat, zoodat, doordat)로 이해한다.[5]

우리는 사도 바울이 왜 여기에 ἵνα라는 접속사로 연결했는지 언뜻 이해하기 어렵다. 정확하게 말하자면 ἵνα는 '…하기 위하여'를 뜻하며, '…라는 것을 통하여'는 아니다. 이 문장을 바로 이해하기 위해서는 헬라어의 법(mood)을 잘 이해해야 한다. ἵνα절에서는 직설법이 아니라 가정법 동사가 온다. 그 이유는 ἵνα 절이 나타내는 것은 현실의 세계가 아니라 목적의 세계, 희망 또

---

4 Zerwick-Grosvenor, *A Grammatical Analysis*, ad Phil 2:2.
5 Greijdanus, *Philippensen*, 174.

는 소원의 세계이기 때문이다. 즉, 빌립보 교회 성도들이 '한 마음이 되는 것'은 바울이 원하는 것, 소망하는 것이며 지금 실현된 현실의 세계가 아니다. 그렇다면 바울이 "나의 기쁨을 충만하게 하라"고 말한 다음에 ἵνα 접속사와 더불어 '가정법 동사'를 사용한 것은 그 ἵνα 절의 내용이 바울이 빌립보 교회 성도들에게 원하는 바 '소원', '권면'임을 나타낸다. 따라서 내용상으로 볼 때 ἵνα 절의 권면을 따름으로써 바울의 기쁨을 충만하게 한다는 내용상의 연결이 가능하게 된다.

바울은 2절에서 "마음을 같이 하라"(τὸ αὐτὸ φρονῆτε)고 권면한다. 이 부분을 직역하면 "같은 것을 생각하라"가 된다. 여기서 '생각하다'(φρονέω)는 동사는 지적인 것뿐만 아니라 지정의(知情意) 모두를 포함하는 넓은 의미이다. 우리말 번역에서는 "마음을 같이 하라"고 되어 있다. 그러나 이것은 우리말의 '마음'보다는 '생각'에 가까운 개념이다. 우리나라 사람들은 '마음'에 대해 대개 감정적으로 생각하는 경향이 있다. 그래서 '마음'이라고 하면 주로 '가슴'이나 '심장'을 생각한다. 반면에 서양 사람들은 지적(知的)으로 생각하는 경향이 있다. '마음'이라고 하면 그들은 주로 '머리'나 '이성(理性)'을 떠올린다. 그러나 헬라어 '프로네오'는 지정의의 활동을 다 포함하는 넓은 개념인데, 그 중에서도 '생각'에 가까운 개념이라고 할 수 있다. 따라서 본 절에서 '한 마음이 된다'는 것은 '같은 것을 생각한다'는 의미이다. 한 마음이 되는 것은 체육 대회나 단합 대회를 한다고 해서 되는 것이 아니다. 또는 같이 게임을 하거나 오락을 한다고 되는 것도 아니다. 참으로 한 마음이 되기 위해서는 생각이 같아야 하고 추구하는 바 목적이 같아야 한다.

바울은 이어서 "같은 사랑을 가지고"(τὴν αὐτὴν ἀγάπην ἔχοντες)라고 말한다. 이것은 분사구로 되어 있어서 앞의 '마음을 같이 하다'에 수반하는 부대상황임을 알 수 있다. 우리는 사랑을 실천함에 있어서도 마음을 같이 하여 한 마음으로 행해야 한다. 그래서 바울은 이어서 '뜻을 합하여'(σύμψυχοι) 라는 단어를 덧붙이고 있다. 이것은 '같은 마음으로'라는 뜻이다. 그리고 '한 마음을 품어'(τὸ ἓν φρονοῦντες)라고 말하는데, 이것도 분사구로서 "한 가지 곧 같은 것을 생각하면서"라는 뜻이다.

따라서 우리는 '같은 것을 생각하는 것'이 얼마나 중요한지를 알 수 있다. 한 마음 한 뜻이 된다는 것은 무엇보다도 우리의 생각을 같이 하는 것이다. 우리의 가치관, 세계관이 일치하고 우리의 생각과 사상이 일치하는 것이 중요하다. 그렇게 되기 위해서는 우리 각자가 하나님의 말씀에 순종해야만 한다. 우리가 어느 특정인의 생각에 맞추려고 하면 의견 통일이 어렵다. 그러나 우리 각자가 하나님의 말씀에 순종하여 생각할 때에 우리의 생각이 하나로 통일되고 한 마음 한 뜻이 될 수 있다.

2. 겸손한 마음(3-4절)

3절과 4절은 분사구문의 계속으로 2절의 "마음을 같이 하라(같은 것을 생각하라)"는 주동작에 대한 부대상황을 나타낸다. 즉, 바울은 빌립보 교회 성도들이 마음을 같이할 때에 가져야 할 태도가 무엇인지를 말한다.

먼저 "아무 일에든지 다툼이나 허영으로 하지 말고"라고 말한다(3상). '다툼'(ἐριθεία)은 이기심 또는 이기심에서 나오는 다툼, 분쟁을 의미한다.[6] '허영'(κενοδοξία)은 헛된 영광을 말한다. 곧, 자기의 이름을 드러내고 자기의 영광을 추구하는 것을 의미한다. "내가 해야 한다", "나 아니면 안 된다"고 생각할 때 교회 안에서 다툼이 생기게 된다.

교회에 열심 있는 성도들이 있어서 서로 자기가 맡아서 봉사하려고 하는 경

---

6 빌 1:17에 대한 앞의 설명을 보라.

우가 있다. 예를 들어 부엌 봉사 같은 경우도 서로 하려고 한다. 그런데 자기가 맡아서 하면 열심히 하지만, 다른 사람이 하면 봉사도 안 하고 뒤에서 불평하고 심지어 방해하기도 한다. 이처럼 자기가 주관하려고 하고 자기 이름을 내려고 하는 데서 다툼이 생기고 분쟁이 나게 된다. 따라서 우리는 주의 일을 하되, 자기의 이름을 드러내려고 하지 말아야 한다. 곧, 자기를 내세우지 말고 헛된 영광을 추구하지 말아야 한다. 다른 사람이 맡아서 하더라도 우리는 기쁨으로 도와주고 협력하여야 한다.

이어서 바울은 "오직 겸손한 마음으로 각각 자기보다 남을 낫게 여기고"라고 말한다(3하). 여기서 '겸손한 마음'(ταπεινοφροσύνη)은 원래 '겸비한 생각, 비천한 생각'을 의미한다. 이것은 우리의 마음이 낮은 곳, 비천한 곳으로 향하는 것을 의미한다. 곧, 자기가 낮아지고, 비천한 자들과 함께 하는 마음을 의미한다. 우리 한국 사람들은 누가 인사를 잘하고 허리를 연방 굽실거리면 겸손하다고 칭찬한다. 또는 말을 부드럽게 하면 겸손하다고 한다. 그러나 이런 것은 외적인 것에 불과하. 마음에는 교만과 욕심이 가득 차 있을 수도 있다. 참된 겸손은 무엇보다도 그 생각이 낮은 데로 향하는 것을 의미한다(롬 12:16). 곧 그의 삶 전체가 낮은 것을 향하고 다른 사람을 위해 사는 것을 말한다.

"각각 자기보다 남을 낫게 여기라"(ἀλλήλους ἡγούμενοι ὑπερέχοντας ἑαυτῶν)는 것은 실제로 어려운 일이다. 우선 '각각'으로 번역된 말의 원어는 '알렐루스'(ἀλλήλους)인데, '서로 서로'라는 의미를 가지고 있다. 곧, 서로 서로 다른 사람을 자기보다 낫게 여겨야 한다는 말이다. 따라서 이것은 일방적이 아니라 상호적이다. 다음에 '여기라'(ἡγούμενοι)는 것은 객관적 사실이 어떠하냐에 관계없이 그렇게 여기라, 간주하라는 말이다. 따라서 이것은 객관적으로 상대방이 나보다 나으냐 낫지 않으냐 하는 문제가 아니라, 내가 상대방에 대해 취해야 하는 주관적 태도의 문제이다.

그러면 우리가 어떻게 하면 나보다 남을 낫게 여길 수 있을까? 그것은 쉽지 않다. 사람은 "아무래도 내가 좀 나은데 …"라는 생각을 하게 된다. 그래서 도움이 되는 하나의 방법은 다른 사람의 장점(長點)을 보는 것이다. 아무리 못난 사람이라도 장점은 있는 법이다. 그래서 상대방이 나보다 잘하는 것, 나보다 나은 것을 보고 배우려고 하는 마음을 가지면 겸손한 마음을 가지는 데 도움이 된다. 또 하나의 방법은 그런 사람도 다 쓰일 데가 있다고 생각하는 것이다. 하나님의 나라에는 이런 사람, 저런 사람이 필요한데, 나보다 못해 보이는 사람이라 할지라도 뭔가 잘하는 것이 있을 것이고 하나님의 나라에, 교회에 쓰임 받을 일이 있을 것이라고 생각하여야 한다.

4절에서 사도 바울은 "각각 자기 일을 돌아볼 뿐더러 또한 각각 다른 사람들의 일을 돌아보라."고 말한다. 물론 우리는 각각 자기 일을 돌아보아야 한다(갈 6:4). 자기가 해야 할 일을 다른 사람에게 떠맡기는 것은 다른 사람에게 부담을 주는 것이며 폐를 끼치는 것이다. 그것은 이웃 사랑에 반대된다. 따라서 우리는 각각 자기 일을 잘 감당함으로써 다른 사람에게 폐를 끼치지 않도록 해야 한다. 뿐만 아니라 우리는 각각 다른 사람들의 일도 돌아보아야 한다(갈 6:2). 그것은 약한 자를 돕고 주님의 사랑을 실천하는 것이다.

II. 그리스도 예수의 마음(5-8절)

[5]너희 안에 이 마음을 품으라. 곧 그리스도 예수의 마음이니 [6]그는 근본 하나님의 본체시나 하나님과 동등됨을 취할 것으로 여기지 아니하시고 [7]오히려 자기를 비어 종의 형체를 가져 사람들과 같이 되었고 [8]사람의 모양으로 나타나셨

으매 자기를 낮추시고 죽기까지 복종하셨으니 곧 십자가에 죽으심이라.

1. 우리가 품어야 할 마음(5절)

바울은 우리가 품어야 할 마음을 소개해 주고 있는데, 곧 그리스도 예수 안에도 있었던 마음이다.[7] 우리가 그리스도 예수의 마음 자체를 가지는 것은 불가능하지만, 그가 가졌던 것과 같은 마음을 가지라는 말이다. 따라서 그리스도가 가졌던 마음은 오늘날 우리가 가져야 할 마음의 모범이요 표준이 된다. 그리스도가 가졌던 마음(생각)의 내용은 6-8절에 나온다.

많은 현대 신학자들은 5(6)-11절을 '하나의 초기 기독교 찬양'(an early Christian hymn)으로 본다.[8] 그러나 이 부분을 '시'(poem) 또는 '찬양'(hymn)으로 보아야 할지 또는 '운율 있는 산문의 한 부분'(a piece of rhythmic prose)으로 보아야 할지에 대해서는 그 기준이 모호하다.[9] 많은 연구에도 불구하고 확실한 것은 아무것도 없다.[10] 그리고 이 부분을 바울 이전의 작품으로 보아야 할 확실한 이유는 없다. 바울 이전의 것으로 보는 근거들(예를 들면, 단어 사용과 문맥과 신학적 논거들)[11]은 확실하지 않다.[12] 우리는 사도 바울 자신이 이 편지의 다른 부분들과 마찬가지로 이 부분도 기록했다고 본다.

---

7 헬라어 원문을 직역하면, "너희 안에 이것 곧 그리스도 예수 안에도 있던 것을 생각하라."가 된다.

8 빌 2:5-11에 대한 연구 개관에 대해서는 O'Brien, *Philippians*, 188-202를 보라. 그리고 이 부분에 대한 현대 신학자들의 연구 문헌에 대해서는 같은 책 186-88; Hawthorne, *Philippians*, 71-75에 있는 Bibliography를 보라.

9 Cf. O'Brien, *Philippians*, 192.

10 Floor, *Filippenzen*, 96; O'Brien, *Philippians*, 188.

11 Gnilka, *Philipperbrief*, 131-33.

12 O'Brien, *Philippians*, 198-202.

학자들의 많은 연구 가운데서 의미 있는 것 한 가지는 6-11절을 두 부분으로 나누어서 이해하는 것이다. 곧, 6-8절은 그리스도의 낮아지심에 대해 말하고, 9-11절은 그리스도의 높아지심에 대해 말한다는 것이다. 6-8절에서는 '그리스도'가 주체가 되어서 활동하시고, 9-11절에서는 '하나님'이 주체가 되어서 낮아지신 그리스도를 높이신다. 곧, 자기의 기득권을 포기하고 낮아지신 그리스도에 대해 하늘의 하나님께서 지극히 큰 영광으로 갚아 주셨다. 따라서 6-11절의 전체 내용은 '참된 겸손'의 한 본보기로서 '예수 그리스도의 낮아지심'을 빌립보 교회 성도들에게 제시하는 것이다. 따라서 이 부분은 그들에게 겸손을 권면하는 1-4절의 내용에 잘 연결된다고 말할 수 있다.

2. 하나님의 형태로 계심(6상)

그리스도는 원래 '하나님의 형태로'(ἐν μορφῇ θεοῦ) 계셨다. 이것은 예수님의 원래 신분, 지위, 존재를 말한다. 곧, 이 세상에 오시기 전에 그가 어떤 모습으로, 어떤 존재로 계셨는가 하는 것을 말한다. 즉, 그는 원래 '하나님'으로 계셨다는 의미이다. 그는 '하나님의 아들'이시니 그의 원래 신분은 '사람'이 아니라 '하나님'에 속하였다. 여기서 '모르페'(μορφή)는 모습, 모양, 형태를 뜻한다. 개역한글판에서 '본체(本體)'로 번역한 것은 매우 모호하며 오해를 초래하기 쉽다.

6절의 μορφὴ θεοῦ에 대해서는 여러 견해들이 있다.[13]
1) 여기의 μορφή에 대해 헬라 철학 특히 아리스토텔레스 철학에서의 의미인, 변하지 않는 '본질적 속성'(essential attributes), '본성'(nature)으로 보는 견해가 있다(J. B. Lightfoot). 이 견해에 의하면, 그리스도의 선재하는 '본

13　이하의 요약에 대해서는 O'Brien, *Philippians*, 207-11을 보라.

성'(form)은 신성(神性) 안에서의 형이상학적 지위(metaphysical status)와 동일시되었다.

2) μορφὴ θεοῦ를 '하나님의 영광'으로 이해하는 견해가 있다(H. A. W. Meyer, J. Weiss).

3) 여기의 μορφη를 형상(εἰκών)으로 보고, 전체 찬양을 아담과 그리스도와의 대비에서 보는 견해가 있다(J. Héring, F. W. Eltester, J. Jervell).[14]

4) 또 다른 견해는 여기의 μορφή를 '존재 양식'(mode of being, Daseinsweise)으로, 곧 어떤 특정 상황 하에서의 존재 방식으로 보는 것이다(E. Käsemann). 케제만은 그의 이 견해를 영지주의 문헌에서 이끌어 내었다.

5) 마지막으로, 여기의 μορφή를 '조건'(condition) 또는 '지위'(status), 곧 하나님에 대해 그리스도가 가진 원래의 지위를 가리키는 것으로 보는 견해가 있다(E. Schweizer).

O'Brien 자신은 μορφή에 대해, '속에 들어 있는 존재를 참되게, 온전히 드러내는 형태'(form which truly and fully expresses the being which underlies it)를 가리키는 것으로 이해한다. 곧 "선재하는 그리스도는 신적인 위엄과 영화로 옷 입고 있었던 것"으로 이해한다(cf. 요 17:5; 히 1:3).[15]

그러나 우리는 6절에서 μορφὴ θεοῦ만 따로 떼어서 생각할 것이 아니라, ἐν μορφῇ θεοῦ ὑπάρχων(하나님의 형태로 계심)라는 표현 전체를 가지고 생각해야 한다. 이 표현은 7절에 있는 μορφὴν δούλου λαβών(종의 형태를 취함)과 대비된다. 이 두 표현을 볼 때, μορφή라는 단어에 초점이 있는 것이 아니라 θεοῦ와 δούλου의 대비에 초점이 있음을 알 수 있다. 곧, 한편으로 하늘나라에서 '하나님'의 형태로 계시는 것과, 다른 한편으로 '종'의 형태를 취하신 것이 서로

---

14 좀 더 자세한 내용은 O'Brien, *Philippians*, 263-268 (Appendix C: The Adam-Christ Parallel and Christ's Preexistence)을 보라.

15 O'Brien, *Philippians*, 210f.

대비되고 있다. '종의 형태(모습)'를 취한다는 것은 종이 되는 것 곧 예수님의 낮아진, 비천한 상태, 비천한 존재 방식을 의미하는 것이므로, '하나님의 형태'로 계신다는 것은 하나님으로 계시는 것 곧 하나님의 신분으로 영광스러운 상태에 계시는 것을 의미한다. 이와 비슷한 맥락에서 Greijdanus도 "하나님의 형태로 계신다는 것은 존재 방식, 계시 방식 또는 하나님 되심과 함께 주어진 하나님 영광의 비췸을 말한다."고 하였다.[16]

예수님은 원래 하나님의 아들이셨고, 따라서 하나님의 신분으로 계셨다. 그래서 예수님은 하나님의 아들로서 하늘나라에서 모든 부귀와 권세와 영광을 누리며 행복하게 살 수 있었다. 조금도 부족함이 없고 부러울 것이 없는 삶을 살고 계셨다. 이는 마치 한 나라의 왕자(王子)가 왕궁에서 평생 동안 행복하게 살 수 있는 권리를 가지고 있는 것과 마찬가지다.

3. 자기 권리를 주장하지 아니함(6하)

그러나 예수님은 자기의 권리를 주장하지 아니하셨다. 개역한글판과 개역개정판에는 "하나님과 동등됨을 취할 것으로 여기지 아니하시고"라고 되어 있는데, 이것은 정확하지 않은 번역이다(바른성경도 마찬가지다). 이 번역에 의하면 '동등됨을 취한다'로 연결되어서 이해되지만, 원문을 직역하면 "하나님과 동등된 것들을 탈취물로 여기지 아니하시고"가 된다. 곧 '하나님과 동등된 것들'(A)을 '탈취물'(B)로 여기지 아니하셨다는 말이다. 여기서 '하나님과 동등된 것들'(τὸ εἶναι ἴσα τῷ θεῷ)은 하나님과 동등한 지위, 자격, 권세와 부귀영화를 의미한다.[17] 곧 하늘나라에서 하나님의 아들로서 누릴

---

16 Greijdanus, *Philippensen*, 187.
17 여기서 ἴσα는 중성 복수이다. 따라서 '동등한 것들'을 의미한다.

수 있는 모든 좋은 것들, 권리들, 특권들을 의미한다.

그런데 예수님은 그러한 권리를 '탈취물'(ἁρπαγμός)로 여기지 아니하셨다고 한다. 개역한글판과 개역개정판에서 '취할 것'이라고 번역된 '하르파그모스'란 단어는 '갑자기 낚아채다, 강제로 취하다'라는 뜻의 동사 '하르파조'(ἁρπάζω)에서 온 것으로 '빼앗은 것, 탈취물, 전리품'을 의미한다.[18] 따라서 이 단어는 원래 군인들이 전쟁에서 적군을 쳐서 이겼을 때 적군에게서 취하는 '노략물, 전리품'을 뜻하는 데 사용되었다. 이 전리품(戰利品)은 절대적으로 이긴 자의 소유가 된다. 왜냐하면 그것을 돌려 달라고 말할 사람이 아무도 없기 때문이다. 따라서 여기서 '노략물, 전리품'이라고 하는 것은 절대적으로 자기의 소유인 것, 자기의 권리, 이미 획득해 놓은 '기득권(旣得

---

18 ἁρπαγμός는 신약에서 오직 빌 2:6에만 나타난다. 이 단어는 물론 1) (일반적으로) 빼앗는 행위, 탈취함(robbery); 2) (구체적으로) 빼앗은 것, 탈취물(booty, grab), 또는 (좋은 의미로) 획득한 것, 상(prize), 이익(gain)을 뜻할 수 있다. 그러나 첫 번째 의미는 빌 2:6에서 취할 수 없다. 왜냐하면 '하나님과 동등한 것들(지위, 신분, 영광)'을 '탈취하는 행위'와 동일시할 수는 없기 때문이다(cf. Bauer, *Lexicon*, s.v.). 따라서 ἁρπαγμός는 여기서 ἅρπαγμα(탈취된 것, 전리품)와 거의 같은 의미로 이해할 수 있다. Chrysostom도 단순히 이런 의미로 이해하였다. Cf. W. Foerster, "ἁρπάζω, ἁρπαγμός," *TWNT*, I, 472f.(각주 2). 그런데 '탈취하는 행위'를 나타내는 단어로는 ἁρπαγή가 있고(마 23:25; 눅 11:39; 히 10:34), 또 신약에는 나타나지 않지만 '탈취된 것, 약탈물'을 뜻하는 ἅρπαγμα란 단어가 있는데도 불구하고, ἁρπαγμός란 단어가 사용된 데에는 뭔가 섬세한 이유가 있다고 생각된다(Greijdanus, *Philippensen*, 189f.). ἅρπαγμα가 구체화된 것으로서 '탈취된 물건, 약탈물, 전리품'을 뜻하는 데 반해, ἁρπαγμός는 구체적인 물건보다도 ἁρπάζειν의 의미가 살아 있는 '취해진 것, 약탈된 것'을 뜻한다. 빌 2:6에서 '하나님과 동등된 것'이 구체적인 물건(物件)이 아니라 하나님과 동등된 신분(身分)이나 지위(地位)를 뜻하기 때문에, 그것과 동등시 되는 ἁρπαγμός는 구체적인 물건으로서의 '약탈물, 전리품'을 뜻하는 ἅρπαγμα와는 구별되며, 또한 '빼앗는 행동, 강탈'을 뜻하는 ἁρπαγή와도 구별된다. 그렇다면 바울이 여기에 ἁρπαγμός를 사용했을 때에, 그것은 예수님께서 '하나님과 동등한 지위, 신분'을 자기가 '취한 것' 곧 '자기가 취해서 가지고 있는 권리, 특권'으로 여기지 않았다는 것을 나타낸다고 볼 수 있다. 이것이 바울이 나타내고자 한 정확한 의미라고 생각되는데, 우리는 편의상 여기의 ἁρπαγμός를 ἅρπαγμα와 거의 같은 개념으로 설명하고자 한다.

權)'을 의미한다. 즉, 예수님은 하나님과 동등된 지위, 신분, 영광을 자기가 마땅히 누릴 수 있는 권리, 자기의 고유한 권리 곧 기득권으로 여기지 아니하셨다는 말이다.

예수님은 하늘나라에서 영광 가운데 편안히 지낼 수 있는 권리가 있었음에도 불구하고 그것을 자기의 '기득권'으로 여기지 아니하셨다. 즉, 자기의 권리를 주장하지 아니하셨다. 만일 예수님께서 자기 권리를 주장하셨다면 이 땅에 내려오시지 않았을 것이다. 하나님께서 자기 아들과 천사들이 모인 자리에서 이렇게 말씀하셨다고 생각해 보자. "누가 저 인간 세상에 내려가서 죄에 빠진 사람들을 구원하겠느냐? 하늘에서 내려다보니 죄에 빠져 멸망하는 모습이 보기가 안 됐구나. 내 아들아, 네가 저 인간 세상에 내려가지 않으련?" 이때 만일 예수님께서 이렇게 대답했다고 생각해 보자. "아버지, 왜 제가 내려가야 합니까? 저 비천하고 골치 아픈 세상에 왜 하나뿐인 아들인 제가 내려가야 합니까? 저는 이 하늘나라에서 영원토록 권세와 영광을 누릴 권리가 있지 않습니까?" 만일 예수님께서 이렇게 대답하셨다면, 이 땅의 우리에게는 아무런 희망이 없었을 것이다. 모두 다 죄에 빠져서 멸망하고 말았을 것이다. 설령 그렇다손 치더라도 예수님에게는 아무런 잘못이 없다. 왜냐하면 예수님이 하늘나라에서 영광을 누리는 것은 그의 고유 권한이기 때문이다. 왕자가 아버지의 나라에서 부귀영화와 권세를 누리는 것이 당연함과 마찬가지다. 그러나 그럼에도 불구하고 예수님은 자기의 권리를 '주장'하지 않으셨다. 자기의 '기득권'을 고집하지 아니하셨다. 오히려 그 기득권을 포기하고 인간 세상에 오셨다. 이것이 예수님의 겸손이고 자기비하이며, 우리를 향한 사랑과 긍휼이다.

우리가 참으로 겸손해지려면 우리가 가진 기득권을 포기해야 한다. "나는 이래봬도 무엇인데, 누구인데 ..." 하는 생각을 버려야 한다. 교역자들은 "나는 주의 종인데 대접이 뭐 이래?" 하는 생각을 버려야 한다. 또 장로나 집사들은 "나는 이래봬도 회사에 가면 사장인데, 부장인데 왜 사람들이 나를 몰라보지? 왜 사람들이 내 앞에 와서 머리 숙이지 않지?" 이렇게 생각한다면 안 된다. 예수님은 그렇게 하지 않으셨다. "나는 이래봬도 하나님의 아들인데 사람들이 뭐 이래? 하나님의 아들을 몰라보고 나를 무시하다니 …" 이렇게 생각하지 않으셨다.

예수님이 이 세상에 오셨을 때 이 세상에는 기득권을 주장하는 사람들로 가득 차 있었다. 하나님의 아들이 자기 땅에 오셨으나 자기 백성이 그를 영접하지 않았다(요 1:11). 만삭이 된 마리아가 베들레헴에 도착했으나 있을 곳이 없었다(눅 2:7). 다른 사람들이 먼저 와서 방을 다 차지해 버렸기 때문이다. 그러나 참된 이유는 딴 데 있었다. 진짜 문제는 당시 유대인들이 만삭이 된 마리아를 위해 방을 양보하지 않았다는 것이다. 왜 그들은 방을 양보하지 않았을까? 그것은 그들이 "내가 먼저 와서 방을 잡았으니까 …", "내가 먼저 예약했으니까 이 방을 차지하는 것은 나의 권리야."라고 생각했기 때문이다. 즉, 그들은 자기의 기득권(既得權)을 주장하느라 방을 양보하지 않았다. 그 결과 하늘나라의 엄청난 기득권을 포기하고 이 땅에 오신 하나님의 아들이 누울 방이 없었다. 조그만 기득권을 포기할 줄 모르는 사람들 때문에 하나님의 아들이 누울 방이 없었던 것이다. 이것이 타락한 이 세상의 모습이었다.

오늘날도 이 세상은 자기의 조그만 권리를 주장하느라 아옹다옹 다투는 사람들 때문에 삭막하고 살벌한 곳이 되고 말았다. 조그만 기득권을 포기할 줄 모르는 사람들 때문에 늘 싸우고 다투며, 갈등과 분쟁이 그치지 않는다. 그러나 예수님은 하늘나라의 모든 부귀와 영광을 버리고, 자기의 기득권을 포기하고 이런 각박한 세상에 내려오셨다. 이것이 진정한 낮아짐이고 참된 겸손이다.

따라서 오늘날 우리도 자기의 기득권을 내려놓아야 한다. "나는 누구인데

...” 하는 생각을 버려야 한다. 비록 내가 목사이고, 장로이고, 선생이지만 다른 사람을 위해 자신의 기득권을 내려놓고 섬길 때에 진정한 겸손이 있는 것이고 참된 사랑이 이루어진다. 그러면 마침내 하나님이 그런 사람을 귀하게 보시고 높여 주실 것이다.

4. 자기를 비어 종의 형체를 가짐(7절)

예수님은 "오히려 자기를 비어 종의 형체를 가져 사람들과 같이 되었다."고 한다(7절). '자기를 비웠다'(ἑαυτὸν ἐκένωσεν)는 것은 자기의 권리, 기득권, 존귀한 지위를 포기했다는 것을 말한다.[19] 하나님의 아들이신 예수님께서 사람이 되어 이 땅에 오신 것 자체가 엄청난 권리 포기이며 자기비하이다. '종의 형체를 취했다'(μορφὴν δούλου λαβών)는 것은 비천한 존재가 되었다는 것을 의미한다. 여기서 '종'(δοῦλος)은 비천한 존재, 다른 사람을 섬기는 존재를 의미한다. 예수님은 이 세상에 섬김을 받으러 오신 것이 아니라 도리어 섬기러 오셨다(막 10:45). 대접을 받고 영광을 누리러 오신 것이 아니라 도리어 멸시를 받고 고난당하기 위해 오셨다.

그리고 '사람들과 같이 되었다'(ἐν ὁμοιώματι ἀνθρώπων γενόμενος)는 것은 직역하면 '사람들의 모양으로 되었다'이다. 이것은 우리와 동일한 존재, 영혼과 육체를 가진 연약한 존재가 되었다는 것을 의미한다. 단군 신화와 같은 신화들에서는 '사람'이 되는 것은 동물들의 오랜 숙원이요 영광스러운 존재가 되는 것으로 묘사되고 있기도 하지만, 하나님의 아들이 '사람'이 된다는 것은 지극히 낮고 비천한 존재가 되는 것을 의미한다. 곧, 약하고 병들고 고민과 갈등과 유혹에 휩싸이고, 다른 사람들에게서 멸시와 천대를 받는 존재가 되는 것을 의미한다.

---

19 Cf. Bauer, *Lexicon*, s.v. κενόω.

그런데 사람들의 '모양으로'(in likeness)라는 표현은, 같지만 완전히 동일하지는 않은 것을 가리킬 때 사용된다(cf. 롬 6:5; 8:3). 이것은 곧 예수님은 우리 인간과 모든 면에서 동일하게 되셨지만 죄는 없으시다는 것을 의미한다(히 2:17; 4:15; 벧전 2:22; 요일 3:5).

개역한글판과 개역개정판에 8절의 "사람의 모양으로 나타나셨다"(σχήματι εὑρεθεὶς ὡς ἄνθρωπος)는 것은 직역하면 "모습에 있어서 사람으로 발견되셨다"가 된다. 여기서 σχήματι란 단어는 문법적으로 '관점의 여격'(dative of respect)[20]인데, 외적 모습(outward appearance)의 측면에서 보면 그러하다는 의미이다. 즉, 예수님은 본질상 하나님의 아들이시지만, 외적 모습으로 볼 때에는 우리 인간과 똑같이 되셨고 다를 바가 전혀 없었다. 단지 그는 죄가 없는 거룩한 삶을 사셨을 뿐이다.

5. 자기를 낮추심(8절)

예수님은 "자기를 낮추셨다"(ἐταπείνωσεν ἑαυτόν)(8절). 이것은 자기를 비천함에 처하게 하셨다, 겸비하셨다(humbled himself)는 것을 의미한다. 예수님은 이 세상에서 불편하고 힘들고 어려운 상황을 인내하시고 받아들이셨으며, 또한 그것을 기쁨으로 감당하셨다.

"죽기까지 복종하셨다"(γενόμενος ὑπήκοος μέχρι θανάτου)는 것은 분사구문으로서 '자기를 낮추셨다'는 것을 부연설명하는 역할을 한다. 이 부분을 직역하면 "죽음에 이르기까지 순종하는 자가 되셨다"가 된다. 예수님의 삶은 하나님 아버지의 뜻에 순종하는 삶이었다. 예수님은 "나의 양식은 나를 보내신 이의 뜻을 행하며 그의 일을 온전히 이루는 이것이니라."고 하셨다(요 4:34). 마지막 죽음을 앞두고서도 "나의 원대로 마옵시고 아버지의 원

---

20 Cf. Zerwick, *Biblical Greek*, §53.

대로 하옵소서."라고 기도하셨다(마 26:39).

'십자가의 죽으심'은 그의 순종의 극치였다. 예수님의 순종은 중도에 그만둔 것이 아니라 끝까지, 곧 십자가에 죽기까지 순종하셨다. 죄인들을 위해 자기 목숨을 버리는 것이 하나님의 뜻이었는데, 예수님은 이 뜻을 받들어 끝까지 잘 순종하셨다(막 10:45; 요 10:17-18).

III. 하나님의 높이심(9-11절)

⁹이러므로 하나님이 그를 지극히 높여 모든 이름 위에 뛰어난 이름을 주사 ¹⁰하늘에 있는 자들과 땅에 있는 자들과 땅 아래 있는 자들로 모든 무릎을 예수의 이름에 꿇게 하시고 ¹¹모든 입으로 예수 그리스도를 주라 시인하여 하나님 아버지께 영광을 돌리게 하셨느니라.

이제 예수님이 하실 일은 다 하셨다. 다음에는 하나님이 역사하신다. 6-8절까지의 주어는 '그리스도'이지만, 9절의 주어는 '하나님'(ὁ θεός)이시다. 따라서 9절초의 '이러므로'(διὸ)는 예수님 편에서 하신 일이 다 끝난 후의 하나님의 반응을 나타낸다. 예수님이 자신을 낮추시고 죽기까지 순종하실 때 하나님은 다 보고 계셨다. 그러다가 때가 되매 하나님이 일하셨다. 어떤 때에는 하나님이 잠잠하신 것 같고 외면하시는 것처럼 보이지만, 그래도 하나님은 모든 것을 보고 계시며 때가 되면 역사하신다.

따라서 우리가 해야 할 일은 우리 자신을 낮추고 하나님께 순종하는 것이다. 그렇게 하면 하나님께서 높여 주신다. 높아지는 것은 우리가 할 일이 아니라 하나님이 하시는 일이다. 그런데도 사람들은 스스로 자기를 높이려고 애를 쓴다. 자기를 드러내고 높은 자리에 오르려고 애를 쓴다. 그러면 하나님은 그 사람을 낮추신다. 그래서 많은 사람들이 높아지려고 하다가 도리어 낮아지고 만다. 따라서 우리가 진정으로 높아지려면 자기 자신을 낮추어야 한다. 아니, 우리는 자기가 높아지는 것에는 신경 쓰지 말고 자기 일에만 몰두하면 된다. 높아지는 것은 때가 되면 하나님이 알아서 하실 일이다.

1. 모든 이름 위에 뛰어난 이름을 주심(9절)

"모든 이름 위에 뛰어난 이름을 주셨다"는 것은 예수님을 모든 존재 위에 뛰어나게 하셨다는 의미이다. '이름'(ὄνομα)은 성경에서 인격(人格, person)을 의미한다. 곧, 어떤 사람 또는 존재의 신분이나 지위, 권세, 명예를 의미한다.

2. 예수님을 높이신 목적(10-11절)

10-11절은 하나님께서 예수님을 높이신 목적에 대해 말한다(ἵνα 절). 개역한글판과 개역개정판에서는 결과절로 번역하였지만, 원문에 의하면 목적절이다. 곧, 직역하면 "… 모든 무릎을 예수의 이름에 꿇게 하시고 모든 입으로 예수 그리스도를 주라 시인하여 하나님 아버지께 영광을 돌리게 하려 하심이라."가 된다.

먼저 '하늘에 있는 자들'은 하늘의 천사들과 영물들, 그리고 주 안에서 죽은 성도들을 의미하고, '땅에 있는 자들'은 땅 위의 모든 사람들과 존재들을 의미하며, '땅 아래 있는 자들'은 지하 세계 곧 음부(지옥)의 모든 존재들을 의미한다.[21] 땅 아래 있는 자들은 음부의 악령들과 믿지 않고 죽은 자들을

---

21 Cf. O'Brien, *Philippians*, 243f. 여기서 세 개의 형용사(ἐπουρανίων, ἐπιγείων, καταχθονίων)는 중성으로 볼 수도 있지만(Lightfoot, W. Carr), 10절의 '무릎을 꿇는다'는 표현과 11절의 '고백한다'는 표현을 볼 때 남성으로 보는 것이 더 나을 것이다(p.244). 여기서 남성 복수는 성별에 관계없이 모든 이성적 존재들을 가리킨다.

포함한다.[22] 이 세 표현은 전체로서 온 세상, 온 우주의 모든 이성적 존재들을 가리킨다.[23] 이것을 어떤 학자들이 그러는 것처럼(예를 들면 F. W. Beare, O. Cullmann, E. Käsemann 등) 단지 천상적, 지상적, 지하적 '영들'(spirits)에게만 제한할 필요는 없다.[24] 본문의 강조점은 "… 모든 무릎이 예수의 이름 앞에 꿇게 되는 것"이다.

'무릎을 꿇는다'는 것은 경배한다는 의미도 있지만, 여기서는 일반적인 의미에서 굴복한다는 것, 곧 어쩔 수 없이 예수님의 주되심을 인정하고 고백한다는 의미이다. 이것은 그들이 참으로 예수님을 구주로 믿고 경배한다는 의미는 아니다. 참된 경배는 아니지만, 이제 모든 피조물이 (외형적으로나마) 예수 그리스도의 주되심을 인정하고 고백하고 또 복종할 수밖에 없게 되었다는 의미이다(cf. 계 11:13).

그래서 모든 입이 예수 그리스도를 주라고 고백하는 것이 하나님께서 예수님을 높이신 목적이다. 여기서 '주'(κύριος)란 칭호는 특별히 의미가 있다. 물론 예수님은 태어나면서부터 '주'로 불리었지만(눅 2:11), 그리고 공생애 기간 동안에도 제자들과 무리들에 의해 종종 '주'라고 불리었지만(눅 5:8; 마 8:6; 14:28, 30; 15:22 등), 부활 승천 후에 특별한 의미를 가지고 '주'라고 많이 불리었다(행 2:36; 요 20:28). 곧, 이제는 사망 권세를 깨뜨리고 부활 승천하셔서 모든 천지만물을 다스리시고 주관하시는 자라는 의미이다. 곧, 천지의 주재자시요 만물의 주관자이시며, 특별히 그를 믿는 자들의 주님이 되신다는 의미이다. 그래서 예수님의 부활 승천 후에는 '주 예수' 또는 '주 예수 그리스도'라는 명칭이 초대 그리스도인들 사이에 많이 사용되었다(행 4:33; 7:59; 15:26; 16:31 등).

---

22 Greijdanus, *Philippensen*, 203.

23 Greijdanus, *Philippensen*, 202.

24 O'Brien, *Philippians*, 245.

그리고 '시인하다'(ἐξομολογέομαι)는 단어는 공개적으로 고백하는 것을 말한다.[25] 속으로만 생각하는 것이 아니라 많은 사람들(존재들) 앞에서 공개적으로 시인하고 고백하는 것을 말한다. 이렇게 예수 그리스도는 주라고 고백하는 것이 하나님 아버지께 영광이 된다. 하나님은 그의 아들이 영광받으실 때 함께 영광 받으시고 함께 기뻐하신다.

교훈과 적용

1. 우리는 무슨 일을 하든지 다툼으로 하지 말고 한 마음 한 뜻으로 행해야 한다. 그러기 위해 우리는 겸비한 마음을 품고 자기보다 다른 사람을 낫게 여겨야 한다. 이것은 쉬운 일이 아니다. 나보다 다른 사람을 낫게 여기기 위해서는 무엇보다도 다른 사람의 장점을 보고 배우려고 하는 자세를 가져야 한다. 항상 다른 사람의 말을 경청하고 존중하는 자세가 필요하다. 혹 다른 의견이 있으면 상대방을 존중하는 가운데 조심스럽게 자기 의견을 제시하여야 한다.

2. 참된 겸손은 자기를 비우고 낮추는 것이다. 외적 모양만 겸손한 척 하는 게 아니다. 그저 허리만 굽신거리고 부드럽게 말한다고 다 겸손한 것이 아니다. 큰 절을 한다고 해서 겸손한 게 아니다. 왜냐하면 그런 것을 통해 자기가 이득을 보고 높아지려는 마음이 속에 들어 있을 수 있기 때문이다. 우리가 진정으로 낮아지려면 자기의 기득권을 포기하여야 한

---

25 Cf. Lightfoot, *Philippians*, 115: "In itself ἐξομολογεῖσθαι is simply 'to declare or confess openly or plainly.' But as its secondary sense 'to offer praise or thanksgiving' has almost entirely supplanted its primary meaning in the LXX, where it is of frequent occurrence, ... the idea of praise or thanksgiving ought probably not to be excluded here."

다. 자기가 마땅히 누릴 수 있는 권리를 포기할 때 우리는 진정으로 낮아질 수 있다.

3. 우리가 낮아지면 하나님이 우리를 높이신다. 높이는 것은 하나님이 하시는 일이다. 따라서 우리는 자기 자신을 낮추고 겸손히 순종하기만 하면 된다. 그 후의 일은 하나님이 책임지신다. 그러나 사람들은 대개 자기를 높이려고 애쓴다. 자기가 높아지기 위해 여러 인간적인 방법을 쓴다. 그러면 하나님이 그 사람을 낮추어 버리신다. 따라서 진정으로 높아지려면 오히려 자기를 낮추고 겸손해야 한다. 아니, 높아지고자 하는 마음 자체를 버리고 자기를 비워야 한다. 오직 하나님의 뜻을 이루고 순종하고자 하는 자세를 가져야 한다. 그러면 때가 되면 하나님이 높여 주실 것이다.

[2] 두렵고 떨림으로 구원을 이룸(2:12-18)

바울은 빌립보 교회 성도들에게 "두렵고 떨림으로 너희 구원을 이루라"고 말한다. 이 말은 우리의 행함과 노력으로 구원을 이룬다는 의미가 아니다. 우리는 이미 구원을 받았지만, 미래적 의미의 구원 곧 종국적 구원을 위해 조심스럽게 행해야 한다는 의미이다. 무엇보다도 모든 일에 원망과 시비가 없도록 하라고 당부한다. 그래야만 우리가 이 세상에서 빛으로 나타날 수 있기 때문이다.

[2] 두렵고 떨림으로 구원을 이룸(2:12-18)
  I. 너희 구원을 이루라(12-13절)
    1. 너희 구원을 이루라(12절)
    2. 나 없을 때에도(12절)
    3. 두렵고 떨림으로(12절)
    4. 너희 안에 행하시는 이(13절)
  II. 모든 일을 원망과 시비가 없이 하라(14-16절)
    1. 원망과 시비가 없이 하라(14절)
    2. 그 목적(15-16절)
  III. 바울의 태도(17-18절)

I. 너희 구원을 이루라(12-13절)

[12]그러므로 나의 사랑하는 자들아, 너희가 나 있을 때 뿐 아니라 더욱 지금 나

없을 때에도 항상 복종하여 두렵고 떨림으로 너희 구원을 이루라. [13]너희 안에서 행하시는 이는 하나님이시니 자기의 기쁘신 뜻을 위하여 너희로 소원을 두고 행하게 하시나니

'그러므로'(ὥστε)라는 단어로 시작하는 12절은 앞의 구절들(6-11절)에서 말한 것의 결론이다. 즉, 하나님께서 하신 일에 대해 우리가 마땅히 응답해야 할 행동에 대해 말한다.[1] "나의 사랑하는 자들아"라는 말도 바울이 권면의 말을 할 때 흔히 사용하는 표현이다(고전 15:58; cf. 빌 4:1; 3:1, 17 등). 그렇다면 12절과 앞절들 사이를 연결해 주는 핵심 단어 또는 개념은 무엇일까? 즉, 12절의 "너희 구원을 이루라"는 말씀은 앞에서 말한 그리스도의 높아지심과 어떻게 연결되는 것일까? 그 연결고리는 '두렵고 떨림으로'라고 생각된다. 곧, 지극히 높아지신 그리스도 앞에서 우리는 두렵고 떨림으로, 조심스럽게 행동해야 한다는 것이다.

1. 너희 구원을 이루라(12절)

그러면 "너희 구원을 이루라"는 것은 무슨 뜻일까? 우리 스스로의 힘으로 자신의 구원을 이루어야 한다는 말일까? 아니다. 그것은 성경 전체의 가르침과 어긋난다. 바울이 결코 그런 의미로 말했을 리가 없다(cf. 롬 3:20, 28; 9:22; 갈 2:16, 21; 3:11; 5:4 등).

---

1 Greijdanus는 12절의 '그러므로'(ὥστε)가 빌 1:27에서 시작된 권면에 연결된다고 본다 (*Philippensen*, 209). 그런데 바울의 이 권면이 2:6-11에서 그의 기독론 설명 때문에 잠깐 중단되었다고 본다(207). 물론 바울의 권면이 1:27에서 시작되어 2:5까지 전개되다가 잠시 중단된 것은 맞지만, 우리는 12절의 '그러므로'가 바로 앞에서 말한 그리스도의 낮아지심과 높아지심(2:6-11), 특히 자기를 비우고 낮아지신 그리스도를 지극히 높이신 엄위하신 하나님의 사역에 직접 연결된다고 보는 것이 더 좋다고 본다.

따라서 이것은 우리 스스로의 행함으로 구원을 성취한다는 의미가 아니라 우리가 이미 받은 구원을 '이루어 낸다, 성취해 낸다, 종국적인 구원에 이른다'는 말이다. 여기에 사용된 '이루다'는 단어는 원어로 '카테르가조마이'(κατεργάζομαι)인데, 이 단어의 앞부분에 전치사 '카타'(κατά)가 붙어 있어서 그냥 '에르가조마이'(ἐργάζομαι)와는 구별된다. 즉, 우리가 우리의 구원을 우리의 힘으로 '행하는, 역사하는(work)' 것이 아니라, 우리의 받은 구원을 '성취하는, 완수하는'(achieve, bring about) 것을 의미한다.[2] 따라서 이것은 우리가 은혜로 받은 구원을 끝까지 간수하고 지켜서 종국적인 구원에 도달하는 것을 의미한다.[3] 흐레이다너스는 이에 대해 이렇게 설명한다. "원리적으로 하나님이 너희 안에 역사하신 또는 주신 구원을 완수하라, 그것을 완전히 이루어라, 그것의 완성을 성취하라고 사도 바울은 말한다. 하나님은 사람 안에 구원을 역사하신다(또한 13절 참조). 그러나 하나님은 그 사람 안에서 그의 구원 역사를 이루시되, 사람이 스스로 일하도록 하는 방식으로 이루신다. 그래서 그 구원이 그에게 충만한 완성 또는 성취에 도달하도록 하는 그 일을 그 사람이 하도록 부름 받는다."[4] 칼빈도 다음과 같이

---

2 κατεργάζομαι는 원래 1) 밑에서 일하다(niederarbeiten), 극복하다(überwinden); 2) 일을 끝마치다(fertig arbeiten), 완수하다(aufarbeiten)의 의미를 가지고 있었으나, 빈번한 사용에 의해 마침내 '작업하다'(bearbeiten), '실행하다'(bewirken), '임무를 완수하다'(vollbringen einer Aufgabe)는 의미를 가지게 되었다. 신약에서는 나쁜 의미로 사용되기도 하고(롬 1:27; 2:9; 4:15; 7:8, 13, 15, 17, 20; 고전 5:3; 고후 7:10; 벧전 4:3 등), 좋은 의미로 사용되기도 하였다(롬 5:3; 7:18; 약 1:3; 고후 4:17; 7:10상; 9:11; 약 1:20; 엡 6:13; 빌 2:12 등). Cf. G. Bertram, "κατεργάζομαι," *TWNT*, III, 635-37.

3 Cf. K. S. Wuest, *Philippians in the Greek New Testament*, 73: "The words 'work out' are the translation of a Greek word which means 'to carry out to the goal, to carry to its ultimate conclusion'."

4 Greijdanus, *Philippensen*, 213f. 그는 13절 주석에서 다음과 같이 말한다. "신자들의 보이는 역사에 있어서 하나님은 내적으로 역사하신다. 외부에서부터 보면 그들의 일 또는 그들의 역사이지만, 내부에서 관찰하면 하나님의 역사이다."(216)

말한다. "하나님은 부르시고 구원을 주시는 분이다. 그가 주시는 것을 믿음으로 받아들이고 그의 부르심에 순종함으로 응답하는 것이 우리의 임무이다. 그러나 그 둘 중의 어느 것도 우리에게서 난 것이 아니다. 따라서 그분이 친히 우리로 하여금 그렇게 행하도록 준비하셨을 때에 우리는 행하게 된다."[5]

구원에는 과거적 의미와 현재적 의미 그리고 미래적 의미, 이렇게 세 가지 측면이 있다. 먼저 과거적 의미의 구원은 우리가 예수님을 믿음으로 이미 의롭다 함 받았다는 것(롬 5:1), 지난날의 모든 죄를 용서받았다는 것(롬 3:25), 생명의 성령의 법이 우리를 죄와 사망의 법에서 해방하였다는 것(롬 8:2)을 뜻한다. 그래서 우리가 사랑의 아들의 나라로 옮기었다는 것(골 1:13), 사망에서 생명으로 옮겼다는 것(요 5:24)을 뜻한다.

현재적 의미의 구원은 우리가 의롭다 함 받은 결과로 우리는 현재 하나님과 화목된 자이며(롬 5:10), 하나님의 자녀이며(요일 3:2), 현재 영생을 가지고 있다(요 5:24; 요일 5:12)는 것을 의미한다. 그래서 우리는 하나님의 사랑의 대상이며(롬 5:8), 결코 정죄함이 없다(롬 8:1, 34).

미래적 의미의 구원은 그 결과 우리는 심판에 이르지 아니하며(요 5:24), 장차 하나님의 진노에서 구원받으며(롬 5:9-10; cf. 2:5, 12, 16), 믿음의 결국인 영혼의 구원을 받는 것(벧전 1:9)을 의미한다. 이런 미래적 의미에서 사도 바울은 디모데에게 "영생을 취하라"고 말하며(딤전 6:12), 빌립보 교회 성도들에게 "두렵고 떨림으로 너희 구원을 이루라"고 말한다(빌 2:12). 이와 같은 맥락에서 베드로도 "이같이 하면 우리 주 곧 구주 예수 그리스도의 영원한 나라

---

5 Calvin(빌립보서 2:13 주석 중): "Deus est qui vocat, qui salutem offert: officii nostri est, fide amplecti quod dat, obedientia respondere eius vocationi. Sed neutrum habemus ex nobis. Tunc ergo facimus, quum ipse ad agendum nos praeparavit."(Greijdanus, *Philippensen*, 214에서 인용-)

에 들어감을 넉넉히 너희에게 주시리라."고 말한다(벧전 1:11).

우리는 은혜로 구원받았지만 또한 우리 스스로 노력해야 하는 측면이 있다. 가만히 누워 있으면 저절로 구원받는 것이 아니다. 구원받은 사람은 천국에 가는 그 날까지 열심히 살아야 한다. 믿기 전보다 더 열심히 살아야 한다. 왜냐하면 우리에게는 삶의 목적이 있고 소망이 있으며, 하나님께서 우리에게 힘주시고 도와주시기 때문이다.

구원은 전적으로 하나님이 이루시는 것이다. 하나님의 주권이고 은혜이다. 이 점에 있어서는 조금의 이의도 없다. 그러나 우리의 구원을 이루어 가심에 있어서 하나님은 우리를 사용하신다. 우리의 모든 생각과 노력과 활동을 사용하시고 주장하시고 인도하신다. 그래서 인간 측면에서 보면, 우리가 열심히 노력하고 애써야 하는 것이 있다. 하나님은 우리가 아무 노력도 안 하는데 저절로 구원이 주어지도록 하시지는 않는다. 예를 들어, 감나무 꼭대기에 홍시가 달려 있는데 그 밑에서 입을 벌리고 누워 있다고 해서 그 홍시가 떨어져서 저절로 내 입 안에 들어오지 않는 것과 마찬가지다. 따라서 하나님께서 우리를 구원하시고 종국적인 구원을 보장해 주셨지만, 우리는 그 주신 구원을 확신하면서 또한 그 약속된 구원을 얻을 때까지 조심스럽게 일구어 가야 하는 것이다.

2. 나 없을 때에도(12절)

그러면 빌립보 교회 성도들은 언제 이런 노력을 해야 하는가? 바울은 이에 대해 "나 있을 때 뿐 아니라 나 없을 때에도"라고 말한다. 바울은 지금 로마의 어느 집에 감금되어 있기 때문에 "나 없을 때에도"라고 특별히 당부하고 있다. 사람들은 지도자가 자리에 없으면 느슨해지기 쉽다. 학교 선생님이 교실 문을 나서자마자 학생들이 떠들며 야단법석을 하는 것과 마찬가지다. 이와 마찬가지로 교역자가 출타하고 없으면 성도들이 영적으로 해이해지기 쉽다. 그래서 이런 권면이 더욱 필요한 것이다.

3. 두렵고 떨림으로(12절)

바울은 이렇게 자신의 구원을 이루어 감에 있어서 '두렵고 떨림으로'(μετὰ φόβου καὶ τρόμου) 하라고 말한다. 이것은 그저 불안과 무서움으로 하라는 것은 아니다. 하나님을 경외하고 조심스럽게 행하는 것을 의미한다. 흐레이다너스는 이에 대해 "깊은 경외와 매우 주의 깊고 세심한 조심성으로"라고 설명하고 있다.[6]

우리는 늘 신중하고 조심성 있는 삶을 살아야 한다. 성급하거나 덤벙거리면 안 된다. 에베소서 5:15에서 바울은 "그런즉 너희가 어떻게 행할 것을 자세히 주의하라."고 하였다. 이처럼 우리는 우리의 행동에 대해 늘 조심스럽게 주의해야 한다.

4. 너희 안에 행하시는 이(13절)

이어서 13절에서 바울은 우리가 이와 같이 행해야 하는 이유를 말한다. 먼저 바울은 "너희 안에서 행하시는 이는 하나님이시니"(θεὸς γάρ ἐστιν ὁ ἐνεργῶν ἐν ὑμῖν)[7]라고 말한다. 이를 통해 바울은, 우리가 종국적 구원을 이루기 위해 노력할지라도, 그것은 우리 자신의 고유한 능력으로 된 것이 아

---

6 Greijdanus, *Philippensen*, 214.

7 ἐνεργέω는 자동사적 의미(일하다)로 볼 수도 있고, 타동사적 의미(일하게 하다)로 볼 수도 있다(cf. Zerwick-Grosvenor). 여기서는 타동사의 의미로 보는 것이 옳다. 왜냐하면 뒤에 목적어(τὸ θέλειν, ἐνεργεῖν)가 오기 때문이다.

니라 하나님께서 우리 안에서 행하신 결과라는 것을 분명히 밝힌다. 비록 사람의 눈에는 보이지 않지만 하나님이 모든 것을 이끄신다.[8] 어떤 때에는 사람이 다 하는 것 같지만 결국 하나님이 인도하신다(잠 16:9). 따라서 우리는 언제나 기도하면서 조심스럽게 행동해야 한다.

다음으로 하나님은 "너희로 소원을 두고 행하게 하신다"(καὶ τὸ θέλειν καὶ τὸ ἐνεργεῖν)고 말한다. 여기서 '소원을 두신다'는 것은 우리가 먼저 원하게 하신다는 뜻이다. 하나님은 먼저 우리 안에 소원(所願)을 불러일으키신다. 그러고 나서 우리에게 힘을 주시고 역사하심으로 우리가 행하게 하신다. 이에 대해 흐레이다너스는 이렇게 말한다. "하나님은 (사람에게) 자신의 구원을 이루는 능력만 주시는 것이 아니다. 단지 원하고 행하는 능력만 주시는 것이 아니라, 또한 이를 통해 이 처음에 시작된 능력을 행동으로 옮기게 하시고 계속하도록 하신다."[9]

하나님은 우리를 기계처럼 부리지 아니하신다. 우리의 의지에 반(反)해서 억지로, 강제로 하게 하시는 경우는 드물다. 대개는 자연스럽게, 부드럽게, 표 나지 않게 역사하신다. 만일 내가 원하지도 않는데 무엇을 하게 되면 억지가 되고 강제가 된다. 그러나 자기가 원해서 하면, 자원해서 하는 것이 된다. 그런데 그 원함도 사실은 하나님이 주신 것이다. 따라서 우리에게 어떤 선한 소원이 있다면, 그것은 하나님이 주신 것으로 믿어야 한다.[10]

---

8 이에 대해 Greijdanus는 이렇게 설명한다. "ἐνεργεῖν은 여기서, ἐν ὑμῖν과 τὸ θέλειν을 볼 때, 신자들 안에서, 그들의 내부에서, 그들의 마음에서 하는 하나님의 역사(내적 은혜, gratia interna)를 가리킨다."(215f.)

9 Greijdanus, *Philippensen*, 215.

10 Cf. 박윤선, 『바울서신』, 243f.: "그러므로 우리가 선을 깨닫고 선을 행할 마음이 생기는 때에는 성령님의 지시인 줄 알고서 두려워 떠는 순종의 태도를 취함이 옳다. 그 때에 우리가 순종하지 아니하면 성령님의 감화를 소멸함이다."

뿐만 아니라 우리는 선한 소원을 가지도록 해야 한다. 만일 우리가 아무런 소원 없이 한 평생을 산다면, 그것은 참으로 의미 없고 가치 없는 생애가 되고 말 것이다. 따라서 우리가 성경을 읽고 기도하는 가운데 적극적으로 선한 소원을 가지도록 해야 한다. 왜냐하면 선한 소원은 하나님이 주시는 것이기 때문이다.

II. 모든 일을 원망과 시비가 없이 하라(14-16절)

¹⁴모든 일을 원망과 시비가 없이 하라. ¹⁵이는 너희가 흠이 없고 순전하여 어그러지고 거스리는 세대 가운데서 하나님의 흠 없는 자녀로 세상에서 그들 가운데 빛들로 나타내며 ¹⁶생명의 말씀을 밝혀 나의 달음질도 헛되지 아니하고 수고도 헛되지 아니함으로 그리스도의 날에 나로 자랑할 것이 있게 하려 함이라.

1. 원망과 시비가 없이 하라(14절)

바울은 빌립보 교회 성도들에게 "모든 일을 원망과 시비가 없이 하라."고 말한다. 여기서 '원망'(γογγυσμοί)은 불평과 불만으로 수군대는 것을 말한다. '시비'(διαλογισμοί)는 변론하고 논쟁하는 것을 말한다. 교회 안에 이런 원망과 시비가 있다면 안 된다. 교회는 무슨 일을 하든지 화평 가운데 행해야 하며 원망과 다툼이 없어야 한다.

교회에 원망과 다툼이 없으려면 어떻게 해야 할까? 우선 교회 지도자들이 교회를 합당하게 인도해야 한다. 하나님 앞에서 올바르게 인도하고, 무리하게 행하면 안 된다. 권위적으로 무조건 순종하라는 식으로 하면 안 된다. 겸손한 마음으로 섬기는 자세를 취고 먼저 모범을 보일 때 성도들이 잘 따라오게 된다. 또한 성도들은 교회 지도자의 말에 순종하고 늘 위하여 기도해야 한다. 주의 일에 수고하는 목사와 교역자들을 위해 늘 기도하고, 또 장로와 집사들과 교사들이 맡은 일을 잘 감당하고 충성하도록 기도하고 그들의 수고를 인정하고 격려하여야 한다.

2. 그 목적(15-16절)

그러면 그들이 원망과 시비가 없이 행해야 하는 목적은 무엇인가? 이에 대해 바울은 "너희가 흠 없고 순전하게 되기 위해"라고 말한다. '흠 없다'(ἄμεμπτοι)는 것은 '책망할 것이 없다'는 뜻이다. 그리고 '순전하다'(ἀκέραιοι)는 것은 원어로 '섞이지 않았다'(unmixed)는 뜻이다. 그래서 '순수하다, 순결하다'는 것을 의미한다. 그래서 바울은 이들이 하나님의 흠 없는 자녀로 나타나기를 바라고 있다.

'어그러지고 거스리는 세대 가운데서'라는 말은 성도들이 처한 세상이 어떠한가를 보여준다. '어그러지고'(σκολιός)라는 말은 원어로 '굽은'(crooked)이란 뜻이다. 세상 사람들의 길은 하나님 앞에서 바르지 않고 굽은 길이다(잠 11:3; 19:3; 미 3:9 등). 그리고 '거스리는'(διεστραμμένη)이란 말은 원어로 '뒤집어진, 전도된'(perverted)이란 뜻이다. 이 세상은 진리와 거짓이 뒤바뀌고 선과 악이 뒤집히고, 창조주에게 돌아가야 할 영광이 피조물에게 돌아가는 전도(顚倒)된 세상이다(롬 1:23, 25, 26-27, 32). 이런 잘못된 세상 가운데서 하나님의 자녀인 성도들이 흠 없이 순결하게 나타나도록 하기 위해서는 성도들 사이에 원망과 시비가 없어야 된다는 것을 말한다.

이러한 세상에서 성도들은 '빛들'로 비취고 있다고 말한다(15하). 여기서 '빛'(φωστήρ)은 '밝게 비추는 것'(luminary), '별'(star)을 의미한다. 성도는 이 세상을 밝게 비추는 존재이다(마 5:14). 따라서 성도들은 이 세상에서 더욱 말과 행동을 조심하여 모든 일을 원망과 시비가 없이 하도록 해야 한다는 것이다.

16절에서 바울은 "생명의 말씀을 밝혀 … 나로 자랑할 것이 있게 하려 함"이라고 말한다. 그런데 개역한글판과 개역개정판에서 '밝혀'라고 번역된 헬라어 '에페콘테스'(ἐπέχοντες)는 분사로서 그 원형은 '에페코'(ἐπέχω)'이며 '꽉 붙잡다'(hold fast)는 뜻을 가지고 있다.[11] 따라서 이 부분은 "생명의 말씀을 붙들어"라고 번역해야 옳다. 성도들이 이 세상에서 흠 없는 하나님의 자녀로 곧 빛들로 나타나기 위해서는 무엇보다도 생명의 말씀을 붙드는 것이 중요하다. 생명의 말씀을 붙들어서 그 안에 굳게 설 때에 우리는 이 세상의 죄와 악에 물들지 아니하고 빛들로 나타나게 되는 것이다.

그렇게 하는 목적은 "그리스도의 날에 나로 자랑할 것이 있게 하려 함"이라고 말한다. 주님이 다시 오실 때에 바울이 빌립보 교회에 대해 자랑할 거리가 있도록 하기 위해 그들이 생명을 말씀을 붙들어서 이 세상에서 빛들로 나타나야 한다는 것이다.

사도 바울은 이러한 '자랑'(καύχημα)에 대해 좀 더 보충 설명하고 있다. "나의 달음질도 헛되지 아니하고 수고도 헛되지 아니함으로"[12]라고 말한다. 만일 빌립보 교회 성도들이 이 세상에서 빛들로 나타나지 못하고 타락해 버린다면, 바울이 수고한 모든 수고는 헛되고 말 것이다. 그러면 마지막 날에 바울은 자랑할 것이 없을 것이다. 따라서 그들이 생명의 말씀을 굳게 붙들어 이 세상에 빛들로 나타나는 것이 바울의 모든 수고가 헛되지 않게 하는 것이며, 또한 마지막 날에 자랑할 것이 있게 하는 것이 된다. 여기서 말하는 '자

---

11 Bauer, *Lexicon*, s.v.

12 여기 사용된 접속사 ὅτι는 앞의 καύχημα를 설명하는 것으로(in that) 보아야 한다 (Zerwick-Grosvenor).

랑'은 주 안에서 하는 자랑이며, 하나님이 기뻐 받으시는 자랑이다.

III. 바울의 태도(17-18절)

¹⁷만일 너희 믿음의 제물과 봉사 위에 내가 나를 관제로 드릴지라도 나는 기뻐하고 너희 무리와 함께 기뻐하리니 ¹⁸이와 같이 너희도 기뻐하고 나와 함께 기뻐하라.

17절은 사도 바울이 빌립보 교회를 위해 얼마나 사랑하고 있는지를 제의적(祭儀的) 표현들을 통해 보여준다. 곧, 그들을 위해서라면 자기 자신을 '관제'로 드릴지라도 기뻐하겠다는 것이다. 여기서 '관제(灌祭)' 또는 '전제(奠祭)'는 구약 시대 제사의 일종으로서 소제(素祭)와 함께 포도주나 올리브기름을 번제물 위 또는 옆에 붓는 의식을 말한다(민 15:3-10; 레 23:13, 18, 37; 출 29:40-41 등).[13] 여기에 '부어지다'(σπένδομαι)는 동사가 사용되었는데, 바울 자신이 마치 관제처럼 다 쏟아 부어진다 할지라도 자기는 기뻐하고 기뻐하겠다는 것이다. 이것은 바울이 빌립보 교회를 위해 자신을 아낌없이 다 주고 소모하겠다는 사랑과 헌신의 마음을 표현한 것이다.[14]

---

13 Cf. O'Brien, *Philippians*, 304.

14 여기에 사용된 '부어지다'(σπένδομαι)는 것이 실제로 무엇을 뜻하는가에 대해서는 논란이 있다. 많은 학자들은 이것을 바울의 '죽음' 또는 '순교'로 본다(Meyer, Lightfoot, Müller, Gnilka, Hendriksen, Silva, O'Brien, Floor 등). Meyer는 σπένδομαι에 대해 '피를 흘리는 것'으로 이해한다(H. A. W. Meyer, *Critical and Exegetical Hand-book to the Epistles to the Philippians and Colossians, and to Philemon*, tr. from the 4. German ed. by J. C. Moore, 95; 또한 Hendriksen, *Philippians*, 127). 그러나 어떤 학자들은 이러한 견해에 반대하여 σπένδομαι는 결코 '피 흘림'에 대해 사용된 적이 없으며, 따라서 바울은 여기서 그의 죽음을 생각하는 것이 아니라 그의 '사도적 수고'(apostolic labours)나 '고난'(sufferings)을 뜻한다고 주장한다(Denis, Collange, Hawthorne, Fee 등). 바울이 임박한 죽음을 기대하지 않고 풀려나서 빌립보로 갈 것을 확신한다는 사실(빌 1:25; 2:24)

그런데 여기에 "너희 믿음의 제물과 봉사 위에"(ἐπὶ τῇ θυσίᾳ καὶ λειτουργίᾳ τῆς πίστεως)라는 표현이 덧붙어 있다. '제물'로 번역된 '뛰시아'(θυσία)는 소나 양 또는 곡물 같은 '제물'을 뜻할 수도 있고, 그러한 것을 드리는 '제사 행

도 이 주장을 지지하는 근거가 된다. 양 주장을 다 살핀 O'Brien은, 그래도 σπένδομαι가 바울의 죽음을 가리킨다고 보는 것이 더 낫다고 본다(*Philippians*, 305). 양쪽 주장이 다 일리가 있어 보이지만, 필자가 볼 때 중요하게 고려해야 할 문법적 사항이 하나 있다. 곧, 여기에 사용된 <εἰ + 직설법>은 '단순한 조건'(simple condition) 또는 '현실적 조건'(real condition)을 나타내는 것으로서(cf. Zerwick, *Biblical Greek*, §303-§312), '가정'(supposition)이나 '가능한 어떤 것'(more or less probable)을 나타내는 것이 아니다 (Fee, *Philippians*, 252). 바울은 지금 실제로 '부어지고 있다'. 이런 점에서 O'Brien이 여기서 "εἰ 뒤의 현재 시제는 단순히 가정을 생생하게 서술한다"(the present tense after εἰ simply states the supposition graphically)고 한 것은(*Philippians*, 305), "문법적인 지지나 그런 예가 없다"(without grammatical support or analogy)"고 한 Fee의 지적은 옳다고 생각된다(*Philippians*, 253 n.58). 그리고 Hawthorne이 "σπένδομαι 동사의 시제는 현재이고, 그것은 미래에 일어날 일이 아니라 현재 사도에게 일어나고 있는 일을 묘사한다."고 한 것은(*Philippians*, 106), 약간의 유보와 함께, 대체로 맞다고 볼 수 있다. 정확하게 말하자면, 헬라어 동사의 현재 시상은 지속적인 동작 또는 반복적이거나 습관적인 동작 또는 원리적인 동작을 말한다. 중요한 것은 현재 직설법으로서 바울은 실제로 날마다 관제처럼 부어지고 있다는 사실이다. 딤후 4:6에서 바울이 "관제와 같이 벌써 부음이 되고"(ἐγὼ γὰρ ἤδη σπένδομαι)라고 말하는데, 여기에서도 현재 시상이 사용되고 있다. 따라서 '부음이 되는 것'은 어느 한 순간에 일어나는 점동작(예를 들면, 죽음)이 아니라 날마다 일어나는 지속적인 동작임을 알 수 있다. 따라서 σπένδομαι 동사로서 바울이 나타내는 것은 단지 어느 한 순간의 죽음이나 특정한 고난이 아니라, 날마다 그리스도와 복음을 위하여 쏟아 붓는 그의 헌신적인 노력이다. 물론 그 쏟아 붓는 노력은 바울 자신의 체력과 건강을 소모하며, 많은 고난을 자초하며, 결국에는 죽음으로 귀착될 것이다. 이처럼 죽음이라는 최종 목적지를 향하여 나아가는 자기 헌신적이고 자기 소모적인 일련의 과정 전체를 σπένδομαι라는 단어가 나타내고 있다. 이런 점에서 Greijdanus의 다음 설명은 올바른 방향의 좋은 설명이라고 생각된다. "그리고 σπένδεσθαι는 또한 주님을 섬기는 가운데 죽임 당하는 것, 하나님께 드려지는 어떤 것을 말한다. 사도의 이 σπένδομαι는 실은 그때 이미 진행되고 있었다. 비록 그가 그 순간에는 아직 극단에까지 이른 것은 아니고 그의 피를 완전히 쏟은 것은 아니지만 말이다. 그러나 그는 계속해서 복음을 위해 섬기는 데 그의 모든 능력을 소비하였다(cf. 고후 4:16; 고전 9:19-27; 골 1:24; 엡 3:13). 사도가 단지 마지막 순간에 일어날 수 있는 일만이 아니라 그와 함께 또한 현재의 일도 가리키고 있다는 것은 그가 지금 현재를 사용하고 있다는 사실에서도 추론할 수 있다. 곧 εἰ καὶ σπένδομαι이며, 미래 수동태인 σπεισθήσομαι가 아니다."(*Philippensen*, 228)

위'를 뜻할 수도 있다. 어떤 사람들은 여기서 이어서 나오는 '레이투르기아'(λειτουργία)가 능동적 의미(봉사, 봉사함)로 사용되었기 때문에 '뛰시아'도 능동적 의미(제사, 제사함)로 보아야 한다고 주장하기도 한다.[15] 그러나 '뛰시아'가 '… 위에 (관제로) 부어진다'(σπένδομαι ἐπί)는 말 다음에 오기 때문에, 여기서는 '제물'을 뜻하는 것이 분명하다고 보아야 할 것이다.[16]

---

15 Greijdanus, *Philippensen*, 229. 그러나 Greijdanus는 '제사'로 보든 '제물'로 보든 큰 차이는 없다고 본다. Gnilka도 능동적 의미로 본다(*Philipperbrief*, 155).

16 신약에서 θυσία는 항상 '제물'을 뜻하며 '제사 행위'를 뜻하는 의미로 사용된 적은 없다. Greijdanus는 이 사실이 여기의 θυσία를 '제사'로 보는 것을 불가능하게 만들지는 않는다고 말하지만(229), '… 위에 부어진다'(σπένδομαι ἐπί)는 표현은 필수적으로 '제물'을 생각하게 만든다. 물론 "제물 위에 (관제로) 부어진다"는 표현도 결국은 문자적이 아니라 비유적으로 이해되어야 하기 때문에, '제물'이란 것도 결국은 문자적인 그 무엇이 아니라 비유적으로 이해될 수밖에 없다. 그렇다고 할지라도 여기의 θυσία를 '제물'로 보고서 그 비유적인 의미를 찾는 것과, '제사 (행위)'로 보고서 그 비유적 의미를 찾는 것은 원칙적으로 다른 것이다. 한편 O'Brien은 빌 2:17의 θυσία는 '제사하는 행위'가 아니라 '희생으로 드려진 것'을 뜻한다고 바로 보았지만(*Philippians*, 308), 바로 그 다음 페이지에서는 θυσία καὶ λειτουργία는 하나의 개념으로서 '희생적 봉사(sacrificial service)'를 뜻하며, 따라서 능동적 의미라고 말한다(309). 이러한 주장의 배경에는 θυσία와 λειτουργία를 하나의 개념(hendiadys)으로 보는 견해가 뒷받침되어 있다(또한 Hendriksen, *Philippians*, 127 n.110). 물론 이 두 단어는 하나의 관사로 통합되어 있으며, 개념상 밀접히 연관되어 있음이 분명하다. 탁월한 문법학자 Zerwick이 이렇게 보고서 "sacrificial service"로 풀이했기 때문에(*Biblical Greek*, §184) 우리가 무게 있게 고려해야 하겠지만, 그래도 θυσία καὶ λειτουργία를 하나의 개념인 "sacrificial service"로 이해한 것은 지나치다고 생각된다. Zerwick이 잘 설명하고 있듯이 살전 1:8의 ἐν τῇ Μακεδονίᾳ καὶ Ἀχαίᾳ는 마게도냐와 아가야가 밀접하게 연관되어 있음을 말한다. 그렇다고 해서 두 지역을 완전히 하나의 지역으로, 예를 들어 '마게도냐적 아가야'라든지 '아가야적 마게도냐'로 보는 것은 무리이다. 한 관사로 묶여져 있다는 것은 '마게도냐'와 '아가야'라는 지역은 각각 있지만, 그 둘을 밀접한 한 묶음으로 본다는 의미이다. 또 행 1:8의 '온 유대와 사마리아에서'(ἐν πάσῃ τῇ Ἰουδαίᾳ καὶ Σαμαρείᾳ)라는 표현에서 '유대'와 '사마리아'가 관사 하나로 연결되어 있어서 두 지역이 밀접하게 연결되어 있으며 하나의 지역 단위로 이해되었다는 것은 맞지만, 그렇다고 해서 그 둘이 완전히 하나의 지역이 되었다는 의미(예를 들어 '유대-사마리아' 또는 '유대적 사마리아')는 아닌 것이다. 마찬가지로 빌 2:17에서 θυσία와 λειτουργία가 하나의 관사로 묶어져 있다고 해서 "sacrificial service"로 보는 것은 지나친 것이라

그리고 '봉사'로 번역된 '레이투르기아'(λειτουργία)는 원래 헬라 세계에서는 개인적인 섬김과는 구별되는, 국가나 공적 제의를 위한 봉사를 가리키는 데 사용되었다. 성경에서는 거의 종교적인 의미로 사용되었다.[17] 구약 성경(칠십인역)에서는 거의 대부분 제사장 또는 레위인의 성전 봉사에 대해 사용되었다.[18] 곧, 원래 구약에서 제사장의 섬기는 활동을 뜻하는 것인데, 여기에도 그러한 제의적 의미가 들어 있다고 생각된다.[19] 그러한 제의적 용어들을 통해 바울이 나타내고자 한 것은 물론 그 문자적 의미가 아니라 비유적인 의미이다. 곧, 바울은 복음을 위해 날마다 자기 자신을 소비하고 있으며, 그래서 자신이 전적으로 하나님께 바쳐지고 있다는 것이다. 그 최후의 종착지는 자신이 하나님을 위해 완전히 다 바쳐져서 영광스러운 죽음을 맞이하는 것이다.

그런데 여기에 '너희 믿음의'(τῆς πίστεως ὑμῶν)란 수식어가 붙어 있다. 이것은 우선, 여기서 말하는 '제물과 봉사'가 문자적인 의미에서의 구약의 제물과 성전 봉사가 아님을 말해 준다. 곧 비유적인 의미, 영적 의미에서 '제물과 봉사'임을 말한다. 로마서 12:1의 '영적 예배'(τὴν λογικὴν λατρείαν)란 표현과 같은 맥락이다. "너희 몸을 하나님이 기뻐하시는 거룩한 산 제물

하겠다. 이 둘이 밀접히 관련되어서 크게 보아 하나의 개념으로 이해되었다 할지라도, 여전히 θυσία와 λειτουργία는 각각의 의미를 지닌다고 보아야 할 것이다. 이런 점에서 Zerwick을 그대로 따르고 있는 O'Brien도 잘못을 피할 수 없게 되었다.

17 Bauer, *Lexicon*, s.v. Lightfoot는 λειτουργία의 의미를 다섯 가지로 정리해 주고 있다 (*Philippians*, 119).

18 O'Brien, *Philippians*, 308.

19 Lightfoot, *Philippians*, 119: "Thus St Paul's language expresses the fundamental idea of the Christian Church, in which an universal priesthood has supplanted the exclusive ministrations of a select tribe or class." 사도 바울이 여기에 '관제처럼 부어지다', '제물', '(성전) 봉사'라는 단어들을 사용하는 것을 볼 때, 구약의 제사 제도를 염두에 두고 말하고 있음이 분명하다. 바울의 이런 제의적 용어 사용의 예로는 롬 12:1; 15:16; 엡 5:2; 빌 4:18; 딤후 4:6 등이 있다.

로 드리라."는 것은 문자적 의미에서의 구약적 제사가 아니라 비유적 의미 곧 영적 의미에서의 예배를 뜻한다(cf. 벧전 2:2, 5). 이와 마찬가지로 빌립보 교회 성도들이 복음을 위해 드린 '제물'과 '봉사'는 비록 구약적 제의 용어를 사용하고 있지만, 그래서 구약의 성전 제사를 배경으로 하고 있지만, 실제로는 영적 의미에서의 헌신과 봉사라는 것이다. 이것을 분명히 나타내기 위해 바울은 여기에 '너희 믿음의'란 말을 덧붙인 것이다.

그러면 이 속격 수식어를 정확하게 이해할 것인가에 대해서는 주석가들 사이에 의견이 나뉜다. 어떤 사람들은 이것을 동격(apposition)으로, 곧 '너희 믿음'이라는 '제물'과 '봉사'로 이해한다.[20] 그러나 빌립보 교회 성도들의 '믿음' 자체를 '제물'과 '봉사'로 이해하는 것은 좀 무리인 것 같다. 그들의 '믿음'이 곧 '제물'이요 '봉사'라면 왜 이런 두 단어를 사용했겠는가? 이 두 단어의 차이는 무엇이란 말인가? 따라서 우리는 여기의 속격을 '기원의 속격'(genitive of origin)으로 보는 것이 좋을 듯하다. 곧, '믿음에서 나오는, 믿음으로 드려진 제물과 봉사'를 뜻한다.[21]

그렇다면 빌립보 교회가 믿음으로 드린 '제물'과 '봉사'는 구체적으로 무엇이겠는가? '제물'은 아마도 구체적으로 빌립보 교회가 바울을 위해 가져온 '선물들'과 '물품들'을 뜻한다고 볼 수 있다(빌 4:18; cf. 4:16). 그리고 '봉사'는 빌립보 교회가 바울을 위해 기도하고 그의 복음 사역을 위해 동참하는 모든 것을 가리킨다(빌 1:5, 7; 4:3, 10, 14).

바울은 만일 이처럼 빌립보 교회 성도들을 위해서라면 자기 자신을 다 쏟아 부어도 "나는 기뻐하고 너희 모두와 함께 기뻐한다."고 말한다. 개역한글판과 개역개정판에는 '기뻐하리니'라고 해서 미래형으로 번역되어 있지만,

---

20 Gnilka, *Philipperbrief*, 155; O'Brien, *Philippians*, 310; Floor, *Filippenzen*, 114.

21 Fee, *Philippians*, 255. Greijdanus는 이것을 '주어적 속격'(gen. subiect.)이라고 부르지만, 그 의미는 사실상 '기원의 속격'과 같다(*Philippensen*, 229). 여기서는 '주어적 속격'이라는 용어보다는 '원천 또는 기원의 속격'이라는 용어가 더 낫다고 생각된다.

원문에 의하면 현재형이다. 곧, 바울은 지금 기뻐하고 있으며 또한 그들 모두와 함께 기뻐한다는 말이다. 그러고 나서 빌립보 교회 성도들에게도 "이와 같이 너희도 기뻐하고 나와 함께 기뻐하라."고 말한다. 이처럼 기쁨은 함께 해야 하며 나누어 가져야 하는 것이다(롬 12:15).

교훈과 적용

1. 우리는 이미 받은 구원을 조심스럽게 지키고 완수해야 한다. 이 말은 우리의 '믿음'과 '행함'으로 구원받는다는 의미는 아니다. 또는 현재 천국은 믿음으로 들어가지만, 미래 천국은 행함으로 들어간다는 말도 아니다. 우리는 오직 예수 그리스도를 믿음으로, 하나님의 은혜로 천국에 들어간다. 그러나 믿음으로 구원받은 우리는 그냥 가만히 있는 것은 아니다. 우리는 구원받았기 때문에 삶의 목표를 가지고 더욱 열심히 살아야 한다. 죄를 짓지 않도록 조심하고 하나님의 뜻을 이루기 위해 열심히 살아야 한다. 이것이 구원받은 성도의 삶이며 믿음의 열매이다.

2. 하나님은 우리에게 선한 소원을 주시고 또 그것을 행하게 하신다. 따라서 우리는 선한 소원을 가지도록 해야 하며 또 그것을 이루도록 힘써야 한다. 그러나 그 소원도 하나님이 주신 것이며 그 행함도 하나님이 이루게 하신 것이다. 따라서 우리는 모든 것이 하나님의 주권이며 하나님의 섭리라고 고백해야 한다. 그렇다고 해서 우리가 가만히 있는 것은 아니다. 우리는 하나님 앞에서 선한 소원을 가지도록 해야 하며, 그 소원을 이루기 위해 기도하면서 열심히 노력해야 한다. 그러면서도 우리는 모든 선한 열매는 하나님이 하신 일이라고 고백해야 한다.

3. 우리는 이 세상에서 빛들로 나타나야 한다. 죄악으로 어둡고 캄캄한 이 세

상에서 우리는 빛이 되어서 세상을 밝게 비추어야 한다. 그러기 위해 우리는 생명의 말씀을 붙들어야 한다. 세상 이야기나 코미디, 경험담으로는 세상을 밝힐 수 없다. 오직 하나님의 말씀을 붙들고 말씀을 전하고 행해야 한다. 인간의 윤리와 세상 철학으로는 안 된다. 하나님의 말씀만이 진정으로 우리를 변화시키고 어두운 세상을 밝힐 수 있다.

[3] 디모데와 에바브로디도의 헌신(2:19-30)

사도 바울은 주를 위해 헌신적으로 봉사한 두 사람을 여기에 소개하고 있다. 그들은 디모데와 에바브로디도인데, 바울이 아끼고 사랑한 동역자들이었다. 바울은 이들이 어떤 사람인지, 어떻게 주를 위해 섬겼는지에 대해 자랑스럽게 말한다. 그들은 오직 그리스도 예수의 일을 구하며 복음을 위해 목숨도 아까워하지 않는 충성된 일꾼들이었다. 이들을 통해 우리는 그리스도의 일꾼들이 어떠한 모습으로 주님을 섬겨야 하는지에 대해 좋은 교훈을 얻을 수 있다.

[3] 디모데와 에바브로디도의 헌신(2:19-30)
  I. 디모데의 연단(19-24절)
    1. 바울의 바람(19상)
    2. 보내고자 한 목적(19하-21절)
    3. 디모데의 연단(22절)
    4. 바울의 계획과 확신(23-24절)
  II. 에바브로디도의 헌신(25-28절)
    1. 에바브로디도와 에바브라(25절)
    2. 에바브로디도를 먼저 보냄(25절)
    3. 에바브로디도의 병듦(26절)
    4. 하나님이 긍휼히 여기심(27절)
    5. 에바브로디도를 보냄(28절)
  III. 빌립보 교회가 취할 태도(29-30절)

I. 디모데의 연단(19-24절)

[19]내가 디모데를 속히 너희에게 보내기를 주 안에서 바람은 너희 사정을 앎으로 안위를 받으려 함이니 [20]이는 뜻을 같이 하여 너희 사정을 진실히 생각할 자가 이밖에 내게 없음이라. [21]저희가 다 자기 일을 구하고 그리스도 예수의 일을 구하지 아니하되 [22]디모데의 연단을 너희가 아나니 자식이 아비에게 함 같이 나와 함께 복음을 위하여 수고하였느니라. [23]그러므로 내가 내 일이 어떻게 될 것을 보아서 곧 이 사람을 보내기를 바라고 [24]나도 속히 가기를 주 안에서 확신하노라.

1. 바울의 바람(19상)

바울은 먼저 디모데를 속히 빌립보 교회로 보내기를 바란다고 말한다(19상). 왜냐하면 빌립보 교회는 바울을 위하여 몹시 염려하고 있었기 때문이다. 게다가 그들의 교역자인 에바브로디도가 그들을 떠나 있었다. 왜냐하면 사도 바울이 로마에 갇혀 있다는 소식을 듣고서 에바브로디도를 급히 바울에게로 보내었기 때문이다. 그래서 바울은 지금 그들의 형편이 어떤지를 알고, 또 그들을 안심시킬 필요성을 느꼈을 것이다. 그래서 자기와 함께 있는 디모데를 속히 그들에게 보내고자 하였다. 디모데는 바울이 1차 전도 여행 당시 루스드라에서 얻은 제자로서, 어머니는 유대인이었으며 아버지는 헬라인이었다(행 16:1).

2. 보내고자 한 목적(19하-21절)

바울이 이렇게 디모데를 속히 보내기를 바라는 것은 빌립보 교회의 사정을 앎으로 자기도 안위(安慰)함을 받으려 함이라고 한다(19하). 여기서 '안위함을 받는다'는 것은 원어로 '유프쉬케오'(εὐψυχέω)인데, '좋은 기분이 되다, 즐거운 마음이 되다'는 의미이다.[1] 그리고 '자기도' 안위함을 받고자 함이라 하는 것은 '빌립보 교회 성도들'이 먼저 마음의 평안을 얻고, 이를 통해 '바울 자신'도 평안을 얻기를 원한다는 의미이다. 이처럼 바울과 빌립보 교회 사이에는 서로 남을 위해 걱정하고, 서로 위로하는 아름다운 관계에 있었다.

이어서 왜 디모데를 보내려고 하는지에 대한 이유가 나와 있다. 그것은 "뜻을 같이 하여 너희 사정을 진실히 생각할 자가 이밖에 내게 없기 때문"이다(20절). 여기서 '뜻을 같이 하여'(ἰσόψυχος)는 '같은 마음의, 한 뜻의'란 뜻이다(cf. 빌 1:27). 그리고 '생각하다'(μεριμνάω)는 것은 '염려하다'는 뜻이다. 바울과 디모데는 빌립보 교회를 위해 진실히 염려하고 걱정하였다. 이렇게 염려하는 것은 "염려하지 말라"는 예수님의 말씀(마 6장)에 어긋나는 것이 아닌가 하는 생각을 할 수도 있다. 예수님은 우리에게 "무엇을 먹을까 무엇을 마실까 무엇을 입을까 염려하지 말라."(25절)고 하셨으며, "내일 일을 위하여 염려하지 말라."고 하셨다(34절). 그러나 다른 한편으로, 바울은 "날마다 내 속에 눌리는 일이 있으니 곧 모든 교회를 위하여 염려하는 것이라."고 하였다(고후 11:28). 따라서 우리는 '염려하는 것' 자체가 잘못이 아니라 '무엇을 위하여' 염려하는가 하는 것이 문제임을 알 수 있다. 곧 '세상 일'을 위하여 염려하는 것은 잘못이지만, '하나님 나라와 그의 의'를 위하여 염려하는 것은 옳다(애 1:20; 느 1:4; 단 9:3 등). 따라서 우리는 자기 자신을 위해서가 아니라 하나님의 나라와 교회를 위해 염려해야 한다.

이어서 바울은 왜 빌립보 교회를 위해 진실히 생각할 자가 디모데밖에 없는지에 대해 이유를 설명해 주고 있다. "저희가 다 자기 일을 구하고 그리스

---

[1] Zerwick-Grosvenor, *Grammatical Analysis*, ad Phil. 2:19.

도 예수의 일을 구하지 아니하기 때문"이다(21절). 곧, 그들은 '세상 일'을 추구하고 '하나님 나라와 그의 의'를 추구하지 않았다. 이것은 그들의 삶의 근본 목표, 궁극적 지향점이 잘못되었음을 말한다. 이렇게 근본 목표가 잘못된 사람에게는 주의 일을 안심하고 맡길 수 없다. 이런 사람은 주의 일을 하면서도 자기의 이익이 걸린 결정적인 문제에 대해서는 자기의 유익을 좇고 만다. 그래서 자기의 조그만 유익을 위해 하나님의 뜻을 저버리고 대세를 좇으며 시류에 영합한다. 이런 사람들은 자기에게 유익이 되는 범위 내에서는 주의 일을 열심히 하기도 하지만, 자기에게 손해가 되는 일은 결코 하지 않는다. 자기에게 손해가 되는 줄 알면서도 그리스도를 위하여 묵묵히 손해를 감수하는 사람은 드물다. 그러나 디모데는 어떠한 경우에도 그리스도 예수의 일을 구하며 하나님의 교회를 생각하는 진실한 교역자였다.

3. 디모데의 연단(22절)

그러면 디모데는 어떤 사람이었는가? 그는 바울이 2차 전도 여행 때 루스드라에서 얻은 제자인데, 어머니는 믿는 유대인이요 아버지는 헬라인이었다(행 16:1). 그는 거짓이 없는 순수한 믿음을 가진 자였으며 눈물의 사람이었다(딤후 1:4-5). 그는 주위 사람들로부터 칭찬받았으며(행 16:2), 바울이 아끼고 사랑한 제자였다(고전 4:17). 이 디모데에 대해 바울은 다음과 같이 말하고 있다. "디모데의 연단을 너희가 아나니 자식이 아비에게 함 같이 나와 함께 복음을 위하여 수고하였느니라."(22절) 여기서 '연단(練鍛)'이란 말의 원어는 '도키메'(δοκιμή)인데 다음 두 가지 의미를 가지고 있다. 첫째는 '연단 받는 것'을 의미한다. 곧, 시험을 견딘다는 동작의 개념이다(고후 8:2의 '시련'). 둘째로 이 단어는 '시험을 잘 견뎌 낸 상태, 연단 받은 결과'를 나타낸다(롬 5:4; 고후 2:9; 9:13; 13:3). 흐레이다너스는 여기서 이 두 번째 의미로 사용되었다고 본다.² 같은 맥락에서 마떼르는 '연단 받은 신실성'(beproefde trouw)으로,³ 라이트푸트는 '인정된 인격'(approved character)으로 설명하고 있다.⁴ 그러나 어느 것으로 보든 그 차이는 크지 않다.

그러면 디모데는 어떻게 행하였는가? 그는 "자식이 아비에게 함 같이 나와 함께 복음을 위해 수고하였다."고 한다. 그는 바울을 대할 때 마치 아버지에게 하듯이 극진한 존경과 예의를 가지고 대하였다. 이것은 교회에서도 아랫사람이 윗사람을 대할 때 취해야 할 태도이다. 주 안에 있다고 해서 예의도 없고 존경도 없는 것은 아니다. 사랑은 무례히 행치 아니한다고 했다(고전 13:5). 주 안에도 규례와 범절이 있다. 물론 이것은 유교적 예의범절과는 다른 기독교적인 예(禮)와 규례(規例)를 뜻한다. 그 중심은 '사랑'과 '겸손'과 '상호 존중'이다. 이러한 디모데의 극진한 태도에 대해 바울도 디모데를 자기 아들처럼 아끼고 사랑했다. 그래서 그를 '주 안에서 사랑하는 신실한 아들(자식)'이라고 불렀다(고전 4:17). 이처럼 기독교 윤리는 상호적이다. 어느 한편의 절대적 희생과 충성을 강요하는 일방적 윤리가 아니라 서로 베풀고 도와주는 '상호 윤리'이며, 그리스도를 중심으로 하는 '주 안에서의 윤리'이다.

그리고 디모데는 복음을 위해 '종노릇하였다'고 한다. '종노릇하였다'(ἐδούλευσεν)는 것은 섬겼다는 의미이다. 종이 주인에게 하듯이 섬겼다는 의미이다. '복음을 위해'는 섬김의 목적, 대상을 말한다. 디모데의 섬김의 대상은 사도 바울이 아니라 예수 그리스도의 복음이었다(cf. 살전 3:2). 디모데는 '바울과 함께' 복음을 위해 섬겼다.

---

2 Greijdanus, *Philippensen*, 239.

3 Matter, *Philippenzen en Philémon*, 69.

4 Lightfoot, *Philippians*, 121; O'Brien, *Philippians*, 323 ("proven character").

이런 점에서 기독교는 유교와 다르다. 유교에서는 부모를 직접적인 섬김의 대상으로 삼지만, 기독교에서 궁극적 섬김의 대상은 하나님이다. 부모에 대한 효도도 하나님을 섬기는 궁극적인 목표 아래에 위치해야 한다. 그래서 성경은 우리에게 "너희 부모를 주 안에서 순종하라."고 말한다(엡 6:1). 곧, 하나님의 말씀과 법도 안에서 부모를 순종해야 한다는 것이다. 하나님의 말씀을 벗어나면서까지 부모에게 순종하는 것은 옳지 않다(cf. 행 4:19; 5:29).

디모데가 바울에게 충성한 것도 바울이 '그리스도의 복음을 위하여' 전적으로 수고하는 것을 알았기 때문이다. 오늘날 성도들이 목사에게 충성하는 것도 목사가 '복음을 위해' 수고하기 때문이다. 그런데 목사가 복음을 위해 수고하지 아니하면서 오직 '목사이기 때문에' 순종하라고 강요하는 것은 옳지 않다. 그것은 형식적 권위주의에 불과하며 갈등만 증폭시킬 뿐이다. 참된 순종은 목사가 그리스도의 복음을 위해 헌신적으로 수고할 때 자연스럽게 이루어지는 것이다.

4. 바울의 계획과 확신(23-24절)

이어서 바울은 '자기의 계획과 확신'에 대해 말한다. 그는 자기 일의 형편을 보아서 디모데를 속히 보내기를 바라며(23절), 또한 자기도 속히 그들에게 갈 것을 주 안에서 확신하고 있다(24절). 빌립보 교회 성도들을 보고자 하는 간절한 마음이(빌 1:8) 자기가 속히 갈 것이라는 확신(確信)에 힘을 더해 주고 있다. 이처럼 사랑은 어려운 장애물을 뛰어넘게 하며, 환난 가운데서도 소망과 확신을 준다.

바울은 앞으로 자신의 일이 어떻게 전개되는지 살펴보고 그에 따라 최대한 빨리 디모데를 빌립보 교회에 보내고자 하는 계획을 밝히고 있다. 뿐만 아니라 바울 자신도 조속한 시일 안에 직접 그들을 방문할 것을 확신하고 있다.

II. 에바브로디도의 헌신(25-28절)

²⁵그러나 에바브로디도를 너희에게 보내는 것이 필요한 줄로 생각하노니 그는 나의 형제요 함께 수고하고 함께 군사된 자요 너희 사자로 나의 쓸 것을 돕는 자라. ²⁶그가 너희 무리를 간절히 사모하고 자기 병든 것을 너희가 들은 줄을 알고 심히 근심한지라. ²⁷저가 병들어 죽게 되었으나 하나님이 저를 긍휼히 여기셨고 저 뿐 아니라 또 나를 긍휼히 여기사 내 근심 위에 근심을 면하게 하셨느니라. ²⁸그러므로 내가 더욱 급히 저를 보낸 것은 너희로 저를 다시 보고 기뻐하게 하며 내 근심도 덜려 함이니

1. 에바브로디도와 에바브라(25절)

그리고 나서 사도 바울은 빌립보 교회에서 온 '에바브로디도'(Epaphroditus)에 대해 말한다(25-28절). 이 이름은 로마 제국 시대에 아주 흔하였다. 이 이름을 줄인 형태는 '에바브라'(Epaphras)였다. 그러면 빌립보서에 나오는 '에바브로디도'는 골로새서(1:7; 4:12)와 빌레몬서(23절)에 나오는 '에바브라'와 동일 인물인가 하는 의문이 생긴다. 이에 대해 학자들은 대개 부정적인 견해를 취하고 있다. 주된 이유는 '에바브로디도'는 빌립보의 교역자인데 반해 '에바브라'는 골로새의 교역자였기 때문이다.⁵ 물론 초대 교회 당시에도 사정에 따라 사역지를 옮겨 다니는 경우가 있었기 때문에, 만일 에바브로디도가 빌립보에서 봉사하다가 나중에 골로새로(또는 역으로 골로새에

---

5 Lightfoot, *Philippians*, 61f.; Greijdanus, *Philippensen*, 242. 한편 H. M. Matter는 이 두 사람이 동일 인물일 가능성은 있지만 그 이상은 아니라고 한다. 즉, 동일 인물인지 아닌지를 질문하는 것 자체가 옳지 않다고 한다(*Philippenzen en Philémon*, 70f.).

서 빌립보로) 옮겨서 봉사했다면, 이 둘은 동일 인물이라고 할 수도 있을 것이다.

그러나 이렇게 보기에는 어려움이 따른다. 왜냐하면 빌립보서, 골로새서, 빌레몬서는 모두 바울의 첫 번째 투옥 기간(대개 주후 약 60~62년으로 봄) 중 기록된 것이기 때문이다. 따라서 빌립보서와 골로새서가 정확하게 언제 기록되었는지는 알 수 없지만, 그 둘 사이의 간격은 아주 짧을 것이다. 그래서 이 짧은 기간 동안에 에바브로디도가 빌립보에서 사역하다가 골로새로 (또는 골로새에서 빌립보로) 옮겼을 가능성은 크지 않아 보인다. 따라서 위의 두 사람은 서로 다른 인물일 가능성이 높다. 어쨌든 에바브로디도는 그리스도께 헌신된 사람이었으며, 복음을 위해서라면 자기 목숨도 돌보지 않는 귀한 사람이었다.

2. 에바브로디도를 먼저 보냄(25절)

바울은 먼저 에바브로디도를 빌립보 교회로 보내는 것이 필요한 줄로 생각하였다고 말한다(25상). 디모데를 보내기 전에 급히 에바브로디도를 보내야 할 필요성이 생겼기 때문이다. 그러면서 바울은 에바브로디도가 어떤 사람인가에 대해 말한다. "그는 나의 형제요 함께 수고하고 군사된 자요 너희 사자로 나의 쓸 것을 돕는 자라."(25하) 여기서 우리는 에바브로디도를 소개하는 다섯 개의 문구를 보게 된다. 곧 '나의 형제', '함께 일하는 자', '함께 군사된 자', '너희 사자', 그리고 '나의 쓸 것을 돕는 자'이다. 여기서 첫 세 개는 문법상 하나의 관사로 연결되어 있어서 내용상 밀접히 관련되어 있다. 그리고 마지막 두 개도 서로 밀접히 관련되어 있다.

우선 첫 세 소개 문구에서는 에바브로디도가 바울의 '동역자'임을 강조하고 있다. 둘 다 주 안에서 하나된 '형제'요 복음을 위해 '함께 일하며 함께 군사된 자'였다. 바울에게는 형제들 사이에 높고 낮음을 따지는 권위 의식이나 계급의식은 없었다. 오직 그리스도와 그의 복음을 위하여 함께 수고하고 노력하는 '동역자(同役者)' 의식이 강하게 자리잡고 있었다. 높고 존귀한 하나님 앞에서 우리는 모두 다 '섬기는 종'에 불과한 것이다. 하나님이 멀어지고 은혜가 떠나갈수록 인간들끼리 서로 높고 낮음을 따지고 싸우게 된다.

마지막 두 소개에 있어서 '너희 사자(使者)'는 문자 그대로 '너희가 보낸 자'란 뜻이다. 원어 '아포스톨로스'(ἀπόστολος)는 대개 '사도(使徒)'로 번역되지만, 여기서는 원래의 의미 그대로 '보냄 받은 자'이다. 왜냐하면 에바브로디도는 열두 제자와 같은 사도가 아니라, 빌립보 교회에서 봉사하다가 그 교회의 대표로 보냄을 받아 바울에게 왔기 때문이다.

에바브로디도에 대해 구체적으로 '나의 쓸 것을 돕는 자'라고 말한다. 빌립보 교회는 옥에 갇혀 있는 바울을 위해 그가 필요로 하는 물건들을 에바브로디도 편에 보내었다(빌 4:18). 그래서 에바브로디도가 바울에게 와서 그를 시중들며 섬겼다. 그런데 그의 봉사를 바울은 예배적 용어로 설명하고 있다. 곧, 여기의 '돕는 자'란 단어는 원어로 '레이투르고스'(λειτουργός)인데, 연관된 단어인 '레이투르게오'(λειτουργέω)와 '레이투르기아'(λειτουργία)는 구약 칠십인역에서 거의 전적으로 제사장들과 레위인들이 성전에서 섬기는 것을 가리킬 때 사용되었다.[6] 따라서 빌립보 교회가 사도 바울을 위해 물품을 보내 주고 또한 에바브로디도를 보내어 돕는 것은 하나님 나라를 위해 행해진 '거룩한 섬김'이라는 것을 의미한다. 하나님을 위해 행한 일은 지극히 작은 것이라도 하나님이 기뻐 받으시는 향기로운 예물이 되는 것이다 (cf. 마 25:40).

---

6 O'Brien, *Philippians*, 332.

3. 에바브로디도의 병듦(26절)

이 절에서는 바울이 왜 에바브로디도를 속히 보내기 원하였는지를 설명한다. 그것은 "그가 너희 무리를 간절히 사모하고 자기 병든 것을 너희가 들은 줄을 알고 심히 근심"하였기 때문이다(26절). 그는 먼저 빌립보 교회 성도들을 간절히 사모(思慕)하였다. '사모한다'(ἐπιποθέω)는 것은 심히 보고 싶어 하는 것을 말한다(cf. 빌 1:8; 4:1). 부모가 어린아이를 보고 싶어 하듯이 성도들을 보고 싶어 하는 간절한 마음을 말한다. 사도 바울도 빌립보 교회 성도들을 "예수 그리스도의 심장으로 사모한다."고 하였다(1:8). 이처럼 초대 교회 교역자들은 성도들을 진심으로 사랑하였으며, 서로 보고 싶은 마음이 간절하였다(cf. 살전 2:17; 3:6, 10; 딤후 1:4). 이것이 참된 사랑이다.

오늘날 교역자들 중에는 섬기는 교회를 떠나 출타하면 홀가분해 하는 사람들이 많다. 복잡하고 힘든 교회 현장을 떠나니 마음이 가뿐하고 기분이 좋다고 한다. 그러다가 다시 교회로 가까이 다가오면 마음이 무거워지고 괴롭다고 한다. 이러한 목회자의 심정은 인간적으로는 이해가 되지만 정상적인 모습은 아니다. 정상적인 교역자의 심정은 교인을 떠나면 보고 싶어지고, 만나면 기쁘고 반가워야 한다. 바울은 데살로니가 교회 성도들을 보고 싶어 하는 마음이 간절하여서 "너희 얼굴 보기를 열정으로 더욱 힘썼노라."고 말한다(살전 2:17). 또 "주야로 심히 간구함은 너희 얼굴을 보고 너희 믿음의 부족함을 온전케 하려 함이라."고 한다(살전 3:10). 그래서 기도하기를 "하나님 우리 아버지와 우리 주 예수는 우리 길을 너희에게로 직행하게 하옵시며"라고 하였다(살전 3:11).

그런데 오늘날 교인을 만나는 것이 귀찮고 두려우며, 떠나면 홀가분하고 기분 좋은 것은 뭔가 잘못된 것이다. 이것은 참 사랑으로 목회하는 것이 아니라 억지로 해서 그렇다. 이런 사람은 먼저 자기 자신을 돌아보고 자기에게 성도들에 대한 참 사랑이 있는지를 점검할 필요가 있다.

그리고 에바브로디도는 "자기 병든 것을 너희가 들은 줄을 알고 심히 근심하였다."고 한다(26절). 그는 자기가 병든 것 때문에 근심한 것이 아니라, 자기의 병든 것을 교회 성도들이 듣고 걱정하는 것을 인하여 근심하였다. 여기서 우리는 사랑의 진면목을 보게 된다. 사랑은 자기를 위해 구하는 것이 아니라 다른 사람의 유익을 구하는 것이다(고전 13:5). 에바브로디도는 자기의 건강에 대해서는 조금도 염려하지 아니하고 오히려 성도들의 염려를 걱정하였다. 얼마나 아름다운 모습인가? 우리는 자기 자신을 온전히 비우고 오로지 성도들의 유익만을 생각하는 에바브로디도에게서 참 교역자의 모습을 보게 된다.

4. 하나님이 긍휼히 여기심(27절)

에바브로디도가 어떤 처지에 있었는지에 대해 바울은 다음 절에서 좀 더 설명해 준다. "저가 병들어 죽게 되었으나 하나님이 저를 긍휼히 여기셨고 저뿐만 아니라 또 나를 긍휼히 여기사 내 근심 위에 근심을 면하게 하셨느니라."(27절) 에바브로디도가 무슨 병에 걸렸는지는 알 수 없다. 어쩌면 그는 바울을 돕기 위해 빌립보에서 급히 달려 온데다가 바울을 시중드느라 무리했는지도 모른다. 아니면 다른 원인에 의해 갑자기 병이 들었는지도 모른다. 어쨌든 그는 병에 들어 거의 죽게 되었다고 한다. 원어 표현에 의하면, 그는 '죽음에 거의 가까웠다'(παραπλήσιον θανάτῳ)고 한다. 즉, 거의 다 죽게 되었던 것이다.

그러나 하나님이 저를 긍휼히 여기셨다. 곧, 그를 살려 주셨다. 하나님께서는 이처럼 자기 목숨을 돌보지 않고 헌신적으로 섬기는 그를 죽음에서 건져 주신 것이다. 이를 통해 하나님은 에바브로디도만 긍휼히 여기신 것이 아니라 또한 바울도 긍휼히 여기셨다고 한다. 왜냐하면 에바브로디도의 병에 대해 바울도 몹시 근심하였기 때문이다. 그래서 그의 병이 나았을 때 에바브로디도만 안심한 것이 아니라 곁에 있던 바울도 함께 안도의 한숨을 쉬었다. 여기서 우리는 오로지 다른 사람의 안녕과 행복을 생각하는 이타적인 두 사람을 보게 된다. 서로 다른 사람을 위해 걱정하며, 다른 사람을 인하여 기뻐하는 참 사랑의 모습을 보게 된다.

5. 에바브로디도를 보냄(28절)

그러고 나서 바울은 그를 급히 빌립보로 보내었다고 말한다. "그러므로 내가 더욱 급히 저를 보낸 것은 너희로 저를 다시 보고 기뻐하게 하며 내 근심도 덜려 함이니"(28절). 여기서 '보내었다'(ἔπεμψα)는 단어의 시상(時相)을 어떻게 이해하느냐 하는 것이 문제이다. 그를 이미 보내고 지금 없다는 말인지, 아니면 지금 보내는데 이 편지를 받는 사람의 입장에서는 이미 보낸 것이라는 의미인지가 문제이다.

만일 이것을 바울이 이 편지를 쓰고 있을 당시에 이미 보내었다는 의미로 이해한다면, 에바브로디도는 이미 떠나고 없는 것이 된다. 그러나 편지를 받는 사람의 입장에서 볼 때 그를 이미 보내었다는 의미(서신상의 아오리스트, epistolary aorist)로 이해한다면, 바울이 편지를 쓰고 있을 당시에 그는 바울과 함께 있었다. 이 경우라면 에바브로디도가 이 편지를 가지고 갔을 가능성이 크다. 전자의 경우라면 바울의 편지를 가지고 갈 또 다른 사람이 필요하게 된다.

이 문제에 대해 흐레이다너스(Greijdanus)는 처음에는 '서신상의 아오리스트'를 지지하는 듯이 보이나,[7] 그 다음 페이지에서는 오히려 그 반대로 말한다.[8] 반면 마떼르(Matter)는 이미 보내었다고 본다. 주된 이유는 28절의 σπουδαιοτέιως(속히)가 미래를 가리킨다고 보기 어렵기 때문이라고 한다.[9] 그러나 바울이 에바브로디도를 속히 보내려고 마음에 이미 작정하고 있었다면 이렇게 말할 수도 있었을 것이다. 따라서 우리가 볼 때 σπουδαιοτέιως는 문제가 안 된다.

이 문제에 대해 필자는 이것이 '서신상의 아오리스트'라고 본다. 그 이유는 다음과 같다. 첫째, 에바브로디도가 있는데 편지를 가지고 갈 사람을 또 구해서 보내었다는 것은 자연스럽지 않다. 바울은 대개 신뢰할 만한 사람에게 편지를 주어서 보내었다(롬 16:1-2; 엡 6:22; 골 4:7-8 등). 둘째, 바울의 다른 서신에서도 서신상의 아오리스트가 많이 나타난다(엡 6:22; 골 4:8; 몬 12절; 고전 4:17(cf. 16:10)). 셋째, 25절의 ἡγησάμην(여겼다)은 바울의 의중, 생각을 나타낸다. 따라서 아직 에바브로디도가 바울 곁에 있다는 것을 암시한다. 물론 에바브로디도를 보내어 놓고 나서도 이런 말을 할 수는 있지만, 이보다는 그가 곁에 있을 때에 이런 말을 했을 가능성이 더 많아 보인다. 넷째, 29절의 "... 저를 영접하라"는 말은 에바브로디도를 먼저 보내었다면 이상하게 된다. 에바브로디도가 먼저 가서 도착해 있다면, "저를 영접하라"는 권면은 이상하게 되고 말 것이다. 그런 권면이 성립하려면 뒤에 보낸 편지가 에바브로디도를 앞질러 도착해야만 할 것이다. 그러나 그런 상황은 자연스럽지 못하다. 따라서 에바브로디도가 이 편지를 가지고 갔다고 보는 것이 자연스럽고 무난하다고 생각된다.

---

7 Greijdanus, *Philippensen*, 250.

8 Greijdanus, *Philippensen*, 251.

9 Matter, *Philippenzen en Philémon*, 72.

바울이 에바브로디도를 급히 보낸 목적은 빌립보 교회 성도들로 하여금 저를 다시 보고 기뻐하게 하며, 또 바울 자신도 근심을 덜려 함이라고 말한다. 여기서 '근심을 던다'(ἀλυπότερος ὦ)는 것은 원어상 '고통에서 벗어난다'는 뜻이다. 이것은 사도 바울이 빌립보 교회를 인하여 얼마나 근심하고 있었는가를 말해 준다. 이처럼 교회의 염려를 자기의 아픔으로, 교인의 근심을 자기의 고통으로 여기는 교역자가 훌륭한 교역자이다. 마찬가지로 교역자의 어려움을 온 교회의 염려와 근심으로 여기는 교회도 좋은 교회이다. 건강한 모습으로 돌아오는 에바브로디도의 모습을 보고 기뻐하는 성도들과 이로 인하여 안도하는 바울의 모습은 그리스도 안에서 아름다운 모습이다. 참된 사랑은 보고 싶어 하는 것이며, 다른 사람의 고통을 나의 고통으로, 다른 사람의 기쁨을 나의 기쁨으로 여기는 것이다.

III. 빌립보 교회가 취할 태도(29-30절)

[29]이러므로 너희가 주 안에서 모든 기쁨으로 저를 영접하고 또 이와 같은 자들을 존귀히 여기라. [30]저가 그리스도의 일을 위하여 죽기에 이르러도 자기 목숨을 돌아보지 아니한 것은 나를 섬기는 너희의 일에 부족함을 채우려 함이니라.

이어서 바울은 빌립보 교회에게 당부의 말을 하고 있다. "이러므로 너희가 주 안에서 모든 기쁨으로 저를 영접하고 또 이와 같은 자들을 존귀히 여기라."(29절) 여기서 '영접한다'(προσδέχομαι)는 것은 어떤 사람을 환영하고 환대하는 것을 말한다.[10] 목숨을 돌아보지 않고 충성한 교역자를 따뜻하게 영접하는

---

10 Cf. O'Brien, *Philippians*, 340. 여기에 '현재 시상'이 사용된 것은 한 번만 영접하고 말라는 뜻이 아니라 계속해서, 지속적으로 이런 사람을 귀하게 여기고 환대하라는 의미가 들어 있다.

것은 빌립보 교회가 마땅히 취해야 할 태도였다. 그저 의무감에서나 형식적으로가 아니라 모든 기쁨으로, 마음에서 우러나오는 사랑으로 영접해야 하는 것이다.

바울은 또한 "이런 자들을 존귀히 여기라."고 당부하고 있다. 자기 목숨을 돌아보지 않고 주를 위해 헌신하는 지도자는 드물고 하나님 앞에서 귀하다. 그러므로 이런 사람들을 마땅히 알아주고 존귀하게 여겨야 한다. 세상 사람들은 이런 사람들을 몰라보고 무시한다. 따라서 성도들이 이런 자들을 알아주고 귀하게 여겨야 하는 것이다. 물론 우리는 오직 하나님만 바라보고 살아야 한다. 그렇기 때문에 사람들이 알아주든 알아주지 않든 그것이 중요한 것은 아니다. 그러나 믿음이 좋은 주의 종이라도 때때로 위로와 격려가 필요하다. 하나님의 위로만이 아니라 성도들로부터도 격려가 필요하다. 왜냐하면 하나님만 바라보고 살아가는 길에는 외로움이 많고 고통과 좌절이 따르기 때문이다. 따라서 우리는 주의 일에 힘쓰는 종들을 위로하고 격려하는 일에 인색하지 말아야 한다. 마음으로뿐만 아니라 구체적으로 말과 행동으로 표현하도록 힘써야 한다(cf. 딤전 5:17).

이어서 바울은 빌립보 교회가 에바브로디도에게 왜 그렇게 해야 하는지 그 이유를 설명한다. "저가 그리스도의 일을 위하여 죽기에 이르러도 자기 목숨을 돌아보지 아니한 것은 나를 섬기는 너희의 일에 부족함을 채우려 함이니라."(30절) 에바브로디도는 "죽음에까지 가까이 다가갔으나"(μέχρι θανάτου ἤγγισεν) 자기 목숨을 돌아보지 않았다. 여기서 '자기 목숨을 돌아보지 않았다'(παραβολευσάμενος τῇ ψυχῇ)는 것은 원어에 의하면 '목숨을 걸었다, 목숨을 두고 모험했다'(risk life)는 뜻이다. 그는 자기의 목숨을 잃을 각오를 하고 모험을 감행하였다. 그는 '그리스도의 일 때문에' 목숨을 걸었다. 지상 최대의 과제인 '복음'을 위해 목숨을 걸었다. 이 세상에서 가장 가치 있고 보람된 일을 위해 목숨을 건 모험을 감행하였다.

에바브로디도가 이렇게 자기 목숨을 돌아보지 아니하고 헌신적으로 봉사한 목적은 바울을 "섬기는 그들의 일에 부족함을 채우려 함"이었다. 이것은 물론 빌립보 교회 성도들이 보낸 물품이 부족하여서 에바브로디도가 보충했다는 의미는 아니다. 바울은 에바브로디도를 통해 풍족하게 받았다고 말한다(빌 4:18). 그렇다면 '부족함을 채운다'는 것은 무슨 뜻인가? 그것은 다음과 같이 설명할 수 있다. 빌립보 교회 성도들이 다 와서 바울을 섬기기를 원했으나 멀리 떨어져 있는 관계로 에바브로디도가 대표로 와서 바울을 섬기게 되었다. 그래서 에바브로디도는 모든 성도들이 다 섬기지 못하는 것을 생각하고서 힘에 지나도록 열심히 섬겼다. 아마도 자기 몸을 돌아보지 아니하고 무리해서 섬기다 보니 병이 났을 것이다. 그래도 그는 자기 목숨을 돌아보지 아니하고 바울을 계속 섬겼다. 그러다 보니 그의 병세가 악화되어 죽음 직전에까지 이르렀으나 하나님이 불쌍히 여기셔서 그를 살려 주셨다.

그러면 바울을 섬기는 일이 구체적으로 무엇이었을까? 정확히 알 수는 없으나 아마도 복음 전하는 일과 관계된 것이었을 것이다. 바울은 지금 로마의 어느 가정집에 연금되어 있다. 거기서 에바브로디도는 바울을 도와서 전도하고 성경을 가르치는 일, 편지를 대필하는 일, 교인을 심방하는 일, 사람을 불러오고 바울의 뜻을 전달하는 일 등의 일을 하였을 것이다.

교훈과 적용

1. 디모데는 진실한 교역자였다. 왜냐하면 그는 자기 일을 구하지 않고 그리스도 예수의 일을 구했기 때문이다. 사람들은 대개 자기 자신의 이익을 위해 일한다. 주의 일을 하면서도 자기 이익을 좇고 자기 자신을 위하는 경우가 많다. 그러나 디모데는 오직 예수 그리스도의 일을 구하며 복음을 위하여 충성하였다. 이런 사람은 사심이 없으며 믿고 신뢰할 수 있다.

2. 에바브로디도는 오직 교회를 위하고 교회를 위해 자기 목숨도 돌보지 않은 교역자였다. 병들어 거의 죽게 되었으나 자기 걱정은 하지 않고 오히려 자기를 걱정하는 교회를 염려하였다. 이처럼 자기 목숨을 돌보지 않고 충성한 에바브로디도를 하나님이 긍휼히 여기시고 건강을 회복시켜 주셨다. 하나님은 이런 교역자를 귀하게 보신다. 우리도 이런 교역자를 귀하게 여기고 기쁨으로 영접하여야 하겠다. 우리가 할 수 있는 최대한의 존경과 환영과 대접이 필요하다. 말로만 환영하고 끝날 것이 아니라 실제적인 행동이 필요하다.

3. 디모데는 바울을 대할 때에 자식이 아버지에게 함과 같이 하였다고 한다. 이것은 유교에서처럼 무조건적인 맹종이 아니라 복음을 위해 함께 수고한 것이다. 사도 바울이 복음을 위해 충성하는 것을 보고서, 디모데도 복음을 위해 바울에게 순종한 것이다. 이처럼 하나님의 일을 하는 데에도 질서가 있고 순종과 협력이 필요하다. 그리스도 안에서 형제라고 해서 아래 위도 없고 다 똑같다고 생각하면 안 된다. 그리스도 안에서도 질서가 있고 순종이 있다. 따라서 하나님이 세우신 합당한 지도자에게는 순종의 자세를 가져야 한다.

제 3 장

[1] 가장 고상한 지식(3:1-11)

3장에서 바울은 할례주의자들을 주의하라고 당부한다. 이들은 외적 할례를 강조하는 유대주의자들이었는데, 빌립보 교회에 큰 위협이 되었다. 그래서 바울은 이들을 강하게 경계해야 할 필요성을 느꼈다. 그래서 3장에서는 갑자기 분위기가 논쟁적으로 바뀐다. 바울은 여기서 논리적인 변론보다도 자기 자신의 변화된 삶을 간증하면서, 왜 이전의 유익하던 것들을 버리고 그리스도를 믿게 되었는지를 설명한다.

[1] 가장 고상한 지식(3:1-11)
  I. 바울의 권면(1-3절)
    1. 주 안에서 기뻐하라(1절)
    2. 삼가야 것들(2절)
    3. 참 할례당(3절)
  II. 바울의 자랑할 만한 것들(4-6절)
    1. 바울의 육체 신뢰(4절)
    2. 바울의 출신(5절)
    3. 바울의 열심과 의(6절)
  III. 모든 것을 다 해로 여김(7-9절)
    1. 다 해(害)로 여김(7절)
    2. 그 이유(8절)

3. 그 목적(8하, 9상)
  4. 바울의 가진 의(9절)
 IV. 바울의 목적(10-11절)
  1. 그리스도의 고난에 참여함(10절)
  2. 죽은 자 가운데서 부활에 이르려 함(11절)

I. 바울의 권면(1-3절)

¹종말로 나의 형제들아 주 안에서 기뻐하라. 너희에게 같은 말을 쓰는 것이 내게는 수고로움이 없고 너희에게는 안전하니라. ²개들을 삼가고 행악하는 자들을 삼가고 손할례당을 삼가라. ³하나님의 성령으로 봉사하며 그리스도 예수로 자랑하고 육체를 신뢰하지 아니하는 우리가 곧 할례당이라.

1. 주 안에서 기뻐하라(1절)

바울은 빌립보 교회 성도들에게 몇 가지 권면을 한다. 먼저 "주 안에서 기뻐하라."고 하였는데, 그 이유는 빌립보 교회 안에 염려와 근심이 있었기 때문이다(빌 4:6). '주 안에서'(ἐν κυρίῳ)라고 한 것은 그러한 기쁨의 원천이 주님 안에 있음을 의미한다. 곧, 주님이 인정하시는 범위 안에서(cf. 전 11:9-11), 그리고 주님이 주시는 힘으로(엡 6:10) 기뻐해야 한다는 의미이다. 다르게 말하자면 '성령 안에서' 기뻐하는 것을 말한다(롬 14:17; cf. 눅 10:21).

"너희에게 같은 말을 쓴다"고 한 것은 그가 이미 2:18; 1:18; 1:4 등에서 기쁨에 대해 말한 적이 있기 때문이다. 이렇게 거듭 말하는 것이 바울에게는 수고로움이 없고 빌립보 교회 성도들에게는 안전하다고 말한다. '수고로움이 없다'(οὐκ ὀκνηρόν)는 것은 귀찮지 않다는 뜻이다. 이처럼 바울은 성도들을 위해서라면 수고와 노력을 아끼지 않았다.

2. 삼가야 것들(2절)

이어서 바울은 빌립보 교회 성도들이 삼가야 할 몇 가지를 말한다. 여기서 '삼가라'(βλέπετε)는 말은 '주의하라, 조심하라'는 뜻이다.

첫 번째로 삼가야 할 대상은 '개들'(τοὺς κυνάς)이다. 여기서 '개'라고 표현된 자들은 할례를 주장하는 유대주의자들을 가리킨다(cf. 갈 4:10; 골 2:16; 갈 5:2; 6:13).[1] 이들은 개들처럼 이리 저리 돌아다니면서 진리를 더럽히고 성도들을 미혹했다.

다음으로 삼가야 할 자들은 '행악하는 자들'(κακοὺς ἐργάτας)이다. 유대주의자들은 말로는 율법을 강조하였지만 실제로는 율법을 지키지 아니하고 악을 행하였다(롬 2:21-24). 그들이 강조한 것은 할례나 절기와 같은 외적이고 피상적인 것들이었으며, 십계명과 같은 율법의 핵심 내용들은 무시하였다.

마지막으로 삼가야 할 사람들은 '손할례당'(損割禮黨, ἡ κατατομή)이라고 불리는 자들이다. 이들은 참 할례당(참 유대인)이 아니라 손해를 끼치는 할례당이다.[2] 개역개정판에서 "몸을 상해하는 일을 삼가라"고 한 것은 완전한 오역이다. 빌립보 교회가 주의해야 할 것은 '몸을 상해하는 일'이 아니라 '가

---

1 Greijdanus는 2절에 나오는 '개들', '행악하는 자들', '손할례당'은 각각 다른 세 그룹의 사람들이 아니라 동일한 사람들을 세 가지 구별된 성격을 따라 부른 것이라고 보았다. 이들은 3절의 '우리'와 대비되며, 순수하지 못한 복음을 전파하는 '유대주의적 설교자들'이라고 보았다(*Philippensen*, 267).

2 헬라어 κατατομή는 κατά와 τομή의 합성어인데, τομή는 동사 τέμνω(cut, 자르다)에서 왔다. 여기서 명사 κατατομή(mutilation, 절단)는 3절의 περιτομή(circumcision, 할례)와 일종의 wordplay를 이루고 있다(cf. Zerwick-Grosvenor, *Grammatical Analysis*, ad Phil. 3:2).

짜 할례당', '손해를 끼치는 할례당'이었다. 이들이 지키고자 한 것은 하나님의 율법이 아니라 외적 의식(儀式)과 절기 등에 불과하였다. 이들의 근본 동기는 자기의 육체를 자랑하는 것이었다(갈 6:13).

3. 참 할례당(3절)

그러면 '참 할례당'(ἡ περιτομή)³은 어떤 사람들인가? 우선 원어에 의하면, 여기에 '참'이란 말은 없다. 다만 '손할례당'(ἡ κατατομή)과 대비되기 때문에 내용상 '참 할례당'이란 의미로 볼 수 있어서 그렇게 번역한 것뿐이다. [참] 할례당은 참 유대인을 가리키는데(cf. 롬 2:29), 이들은 하나님이 택하신 자들이며 예수 그리스도를 믿는 자들이다. 바울은 여기서 '우리'(ἡμεῖς)가 바로 '할례당'임을 강조하고 있다. 그러면 [참] 할례당은 어떤 사람들인가? 이에 대해 바울은 "하나님의 성령으로 봉사하며 그리스도 예수로 자랑하고 육체를 신뢰하지 아니하는 우리가 곧 할례당이라."고 말한다(3절). 여기에 서술된 '우리'의 모습 세 가지는 다 하나의 관사(οἱ)로 묶여 있어서 따로 구분된 사람들이 아니라 동일한 사람들을 가리킨다는 것을 나타내 준다.

먼저 "하나님의 성령으로 봉사하는 자들"(οἱ πνεύματι θεοῦ λατρεύοντες)에 대해 생각해 보자. 참 할례당인 우리는 구약 시대에서처럼 '제사'나 '외적 의식'으로 섬기는 것이 아니라 '성령으로'(πνεύματι)⁴ 하나님을 섬긴다(cf. 요

---

3 헬라어 περιτομή는 원래 추상 명사로서 '할례'(circumcision)라는 뜻인데, 여기서는 구체화되어서 '할례 받은 자들'을 가리킨다(abstractum pro concreto). Cf. Greijdanus, *Philippensen*, 269.

4 여기의 여격 πνεύματι에 대해 Greijdanus는 '원인의 여격'(dativus causae) 또는 '행위자의 여격'(dativus auctoris)로 본다(*Philippensen*, 270). 그러나 Grosvenor는 '수단의 여격'(dative of instrument)로 본다. 이 둘은 서로 배치되는 것은 아니며 사실상 거의 같은 것이지만, 필자의 판단으로는 그냥 '수단의 여격'으로 보는 것이 무난하다고 생각된다.

4:23-24). 여기에 '봉사하다'로 번역된 헬라어 '라트류오'(λατρεύω)는, 신약에서는 오직 종교적 의무를 수행하는 것, 특히 제사 또는 성전 봉사와 관련하여서만 사용되고 있다.[5] 신약의 성도들이 드려야 하는 '영적 예배'(ἡ λογικὴ λατρεία)는 일상생활 가운데서 자기 몸을 '거룩한 산 제물'로 하나님께 드리는 것이다(롬 12:1). 따라서 이것은 꼭 예배 행위에만 제한되는 것이 아니며, 넓은 의미에서 하나님을 섬긴다는 의미이다. 같은 맥락에서 여기의 '하나님의 영으로 봉사하는 것'은 넓은 의미에서 성도의 모든 삶을 통해 하나님을 섬기는 것으로 보아야 할 것이다.[6] 그런데 그 섬김은 구약에서처럼 문자적 의미에서의 제사나 성전 봉사가 아니라, 영적 의미에서 성령으로 하나님을 섬기는 것이란 의미이다(벧전 2:5).

다음으로 참 할례당은 "그리스도 예수로 자랑하는 자들"이라고 말한다. 자기 자신을 자랑하지 않고, 자기의 할례나 육체를 자랑하지 않고(갈 6:13), 오직 예수 그리스도를 자랑하는 자들을 가리킨다.

마지막으로 "육체를 신뢰하지 아니하는 자들"이다. 여기서 '육체'(σάρξ)를 신뢰하지 않는다는 것은 자기의 외적인 것, 인간적인 것을 신뢰하지 않는다는 말이다(cf. 갈 6:12-13). 곧, 유대주의자들처럼 할례나 외적인 것들을 의지하지 않는 자들을 말한다. 이들에 대해 흐레이다너스는 다음과 같이 말한다. "그들의 육체적 할례는 사실상 할례가 아니다. 왜냐하면 그것은 참된 할례의 영적 의미를 결하고 있기 때문이다. 따라서 그것은 단지 육체적인 자름, 절단에 불과하다."[7]

---

5 Cf. Bauer, *Lexicon*, s.v.; Greijdanus, *Philippensen*, 270

6 Cf. O'Brien, *Philippians*, 360.

7 Greijdanus, *Philippensen*, 269.

II. 바울의 자랑할 만한 것들(4-6절)

⁴그러나 나도 육체를 신뢰할 만하니 만일 누구든지 다른 이가 육체를 신뢰할 것이 있는 줄로 생각하면 나는 더욱 그러하리니 ⁵내가 팔 일만에 할례를 받고 이스라엘의 족속이요 베냐민의 지파요 히브리인 중의 히브리인이요 율법으로는 바리새인이요 ⁶열심으로는 교회를 핍박하고 율법의 의로는 흠이 없는 자로라.

1. 바울의 육체 신뢰(4절)

바울은 인간적으로 말하자면 자기도 육체를 신뢰할 만하다고 말한다. 이것은 바울이 스스로 나서서 자기 자신을 자랑하려는 의도는 아니었지만, 다른 사람들이 '육체'를 자랑하므로 인간적으로 말하자면 바울 자신도 자랑할 것이 많이 있다는 말이다(cf. 고후 11:1). 여기서 '육체'(σάρξ)는 외적인 것, 인간적인 것, 세상적인 것을 말한다.

2. 바울의 출신(5절)

바울은 자기 자신에 대해 인간적인 측면, 육신적 측면에서 몇 가지를 말하고 있다. 그는 율법의 규정을 따라 '8일만에 할례'를 받았다. 이것은 그가 유대인임을 나타내는 증표다. 그는 민족적으로 '이스라엘 족속'이며, 지파로는 '베냐민 지파'에 속하였다. 베냐민 지파는 이스라엘의 지파 중에서 가장 미약한 지파였다. 하지만 사울 왕을 배출한 지파이기도 하였다. 그리고 그는 '히브리인 중의 히브리인'이었는데, 이것은 그가 언어와 관습과 생활 방식에 있어서 온전한 히브리인이었음을 말한다(cf. 고후 11:22).[8] 그는 또한 율법으로는 바리새인에 속하는 사람이었다. 이것은 그의 종교적 성향 또는 소속을 말하는데, 그는 바리새인의 아들이었으며 또한 자신도 바리새인이었다(행 23:6; 26:5). 바리새파는 당시에 가장 엄한 파로서 율법을 철저히 지켜 행하는 유대인들이었다.

3. 바울의 열심과 의(6절)

바울은 또한 "열심으로는 교회를 핍박하였다"고 한다. 예수님을 알기 전에 바울(사울)은 예수 믿는 자들을 잡아 가두었으며, 강제로 모독하는 말을 하게 하고, 또한 그들을 죽일 때에 찬성투표를 하였다(행 7:58; 8:1-3; 9:1-4; 22:4-5; 26:9-12). 그는 하나님의 교회를 심히 핍박하여 파괴하려고 하였다(갈 1:13). 이처럼 그가 교회를 핍박하는 일에 열심을 낸 것은 그렇게 하는 것이 하나님을 섬기는 일이라고 잘못 알았기 때문이다(행 26:9; 딤전 1:13). 왜냐하면 유대교를 위태롭게 하는 '나사렛 이단'을 박멸하는 것이 곧 하나님을 기쁘시게 하는 것이라고 생각했기 때문이다(cf. 행 24:5, 14).

이처럼 바울은 교회를 핍박하는 일에 열심이었는데, 이것은 그가 평소에 하나님을 섬기는 일에 열심이었던 것과 맥을 같이 한다. 그는 회심하기 전 유대교에 있을 때에 자기 동료들보다 뛰어난 모범생이었다(갈 1:14).[9] 바울은 단지 율법 공부에 있어서만 뛰어난 것이 아니라 기도와 금식, 구제와 선행 등 모든 생활면에 있어서 열심 있는 모범생이었다. 바울이 회심 전이나

---

8 Greijdanus, *Philippensen*, 274.

9 개역한글판과 개역개정판에서 갈 1:14의 προέκοπτον ἐν τῷ Ἰουδαϊσμῷ를 "유대교를 지나치게 믿어"라고 번역한 것은 오역이다. 원문의 뜻은 '유대교에 있어서 앞섰다, 뛰어났다'는 것이다. 즉, 바울은 가말리엘 문하에서 배우고 있을 때 다른 동년배들보다 뛰어난 우등생, 모범생이었다는 것을 말한다.

회심 후나 변하지 않은 한 가지가 있다면 그것은 바로 그의 '열심'이었다. 하나님은 이러한 그의 열심을 귀하게 보시고, 그 방향을 틀어서 그리스도의 복음을 전하는 데 사용하셨던 것이다.

바울은 또한 "율법의 의로는 흠이 없는 자"라고 말한다(6하). '율법의 의'(δικαιοσύνην τὴν ἐν νόμῳ)는 율법 안에 있는 의 곧 율법에서 하나님이 인간에게 요구하시는 의를 말한다. 이는 율법 곧 하나님의 말씀에 기록되어 있는 의를 말한다. 바울은 그러한 의의 표준에 자신을 비추어 볼 때 '흠이 없다'(ἄμεμπτος)고 말한다. 이것은 '책망 받을 것이 없는'(blameless) 상태를 말한다. 사람이 하나님 앞에 설 때에 절대적인 기준에서 볼 때에 전혀 죄가 없다고 말할 수는 없지만(롬 3:10, 20; 전 7:20), 특별히 책망 받을 만한 죄를 지은 것이 없다는 뜻이다. 그만큼 그는 하나님 앞에서 흠이 없고 책망 받을 것이 없는 온전한 사람이었다.

III. 모든 것을 다 해로 여김(7-9절)

⁷그러나 무엇이든지 내게 유익하던 것을 내가 그리스도를 위하여 다 해로 여길뿐더러 ⁸또한 모든 것을 해로 여김은 내 주 그리스도 예수를 아는 지식이 가장 고상함을 인함이라. 내가 그를 위하여 모든 것을 잃어버리고 배설물로 여김은 그리스도를 얻고 ⁹그 안에서 발견되려 함이니 내가 가진 의는 율법에서 난 것이 아니요 오직 그리스도를 믿음으로 말미암은 것이니 곧 믿음으로 하나님께로서 난 의라.

1. 다 해(害)로 여김(7절)

바울은 자기에게 유익하던 모든 것을 다 해(害)로 여겼다. 여기서

'해'(ζημία)란 손해, 손실을 의미한다. 바울은 인간적으로 그에게 유익이 되었던 것들, 곧 그의 유대인 신분과 할례, 그리고 율법으로는 흠이 없는 것 등을 다 손해로 여겼다.

왜 그랬을까? 그것은 '그리스도를 인하여'(διὰ Χριστόν)라고 말한다. 개역한글판과 개역개정판에는 '그리스도를 위하여'라고 되어 있으나, 정확하게 번역하면 '그리스도를 인하여' 곧 '그리스도 때문에'이다. '위하여'라는 것은 목적을 나타내는데, 그것은 어떤 일을 하는 데 있어서 궁극적인 목표, 지향점 또는 내적 동기를 말한다. 이에 반해 '인하여'라는 것은 어떤 일을 하게 된 직접적인 이유, 현재의 이유나 까닭을 말한다. 그래서 '인하여'가 좀 더 직접적이고 현재적이다. 바울이 자기에게 유익하던 모든 것을 다 손해로 여긴 까닭은 바로 자기에게 나타나신 그리스도, 현재 자기에게 계신 그리스도 때문이었다. 곧, 다메섹 도상에서 나타나신 그리스도 때문에 자기의 인간적인 유익을 다 포기하였다는 의미이다.

여기서 '여긴다'(ἡγέομαι)는 말은 어떤 것이 그러하다고 '간주한다'(regard, consider)는 것을 의미하며, 사실이 꼭 그러하다는 것은 아니다. 즉, 과거의 모든 것들이 실제로 다 쓸모없다는 뜻은 아니다.[10] 자칫 하면, 우리가 그리스도를 믿기 이전의 공부와 준비들은 아무런 쓸모가 없다고 생각하기 쉽지만, 사실은 그렇지 않다. 바울이 회심 전에 받았던 율법 교육과 인문 교육, 신앙 훈련과 열심 등은 나중에 복음을 전하는 데 있어서 아주 귀하게 사용되었다. 그러면 그가 전에 그에게 유익했던 모든 것을 '해로 여겼다'는 것은 무슨 뜻일까? 그것은 전의 그런 것들이 그리스도를 믿는 데 아무런 도움이 되지 않고 도리어 방해가 되었기 때문에, 그런 것들을 그리스도를 인하여 '손해로 여겼다'는 의미이다. 즉, 그리스도를 얻기 위해 다 무익한 것으로

---

10 빌 2:3의 "각각 자기보다 남을 낫게 여기라"는 것도 다른 사람이 객관적으로 나보다 더 낫다는 뜻이 아니라, 단지 주관적으로 그렇게 '여기라, 간주하라'는 의미이다.

여겼다는 것, 조금도 아까운 것으로 여기지 않았다는 말이다.

2. 그 이유(8절)

바울은 이어서 자기가 전의 유익하던 모든 것을 해로 여긴 이유에 대해 좀 더 설명해 준다.[11] "또한 모든 것을 해로 여김은 내 주 그리스도 예수를 아는 지식이 가장 고상함을 인함이라."(8상) 여기서 '고상함'(τὸ ὑπερέχον)은 '뛰어난 것, 탁월한 것'을 의미한다. '그리스도 예수를 아는 지식'은 단지 기계적인 지식이 아니라 그를 인격적으로 알고 믿는 것을 의미한다. 이 세상의 어떤 것보다도 그리스도 예수를 아는 것이 가장 훌륭하고 뛰어나다는 의미이다. 따라서 과거의 모든 인간적이고 세상적인 자랑거리나 좋은 것들은 그리스도 예수를 알기 위해서라면 기꺼이 포기하고 버릴 수 있다는 의미이다. 예수님의 비유에서, 밭에 감추인 보화를 발견한 사람이 돌아가서 자기 집을 다 팔아 그 밭을 산 것과 같은 이치이다(마 13:44). 엄청난 가치의 보물을 발견한 사람은 그것을 얻기 위해서라면, 자기가 가지고 있는 모든 것을 팔기에 조금도 주저하지 않는다.

그래서 바울은 다음과 같이 말한다. "내가 그를 위하여 모든 것을 잃어버리고 배설물로 여김은 그리스도를 얻고 그 안에서 발견되려 함이니"(8하, 9상). 여기서 '그를 위하여'(δι' ὅν)는 것도 정확하게 번역하면, '그를 인하여, 그 때문에'가 된다. '잃어버렸다'(ἐζημιώθην)는 것은 '손해를 입었다'(suffered loss)는 뜻이다. 곧, 바울은 그리스도를 인하여 자기에게 유익하던 모든 것을 포기하는 손해를 겪었다. 그는 또 전의 모든 것을 '배설물들'(σκύβαλα)로 여긴다

---

11 8절 초반의 ἀλλά는 역접이 아니라 오히려 앞에서 말한 것을 더 강화시키는 역할을 한다(cf. 고후 7:11). μενοῦν γε도 앞에 나온 것을 긍정하는 역할을 한다. Cf. Greijdanus, *Philippensen*, 277.

고 말한다. '배설물'은 아무 쓸모없는 것이다. 그것을 잃어버린다고 해서 아까워하지 않는다. 이처럼 바울은 전에 유익하던 모든 것을 그리스도 때문에 포기할 때에 조금도 아까워하지 않았다.

3. 그 목적(8하, 9상)

바울이 자기에게 유익했던 것들을 이처럼 기꺼이 포기할 수 있었던 것은 그보다 훨씬 더 좋은 유익이 있었기 때문이었다. 그것은 곧 "그리스도를 얻고 그 안에서 발견되기 위함"이었다. 왜냐하면 그리스도는 이 세상의 어떤 것보다도 더 귀한 보물이기 때문이다(마 13:44; 골 2:3). 이 세상의 그 어떤 것으로도 바꿀 수 없는 보배 중의 보배가 그리스도이다. 따라서 바울은 이 그리스도를 얻기 위해 자신이 소유했던 모든 것들을 기꺼이 포기하고 버렸던 것이다. '그 안에서 발견된다'는 것은 그리스도 안에서 생명을 얻는다는 뜻이다. 우리가 그리스도 안에서 발견될 때, 우리는 참 생명을 얻고, 하나님이 인정하시는 새로운 피조물로서 새 생명을 시작하게 된다.

4. 바울의 가진 의(9절)

바울은 이어서 자기가 가진 의(義)는 "율법에서 난 것이 아니요 오직 그리스도를 믿음으로 말미암은 것"이라고 말한다(9절). '율법에서 난'(τὴν ἐκ νόμου) 의란 율법에서부터[12] 난 의, 곧 율법을 지켜 행함으로 얻게 되는 의란 뜻이다. 이것은 자기의 노력으로 얻는 의요, 인간의 공로로 말미암아 스스로 획득하는 의이다. 불교나 이슬람교나 이 세상의 종교들이 추구하는 의가 바로 이런 자기공로적 의이다. 그러나 바울이 가지고 있는 의는 '그리스도를

---

12 여기서 ἐκ는 기원, 근원, 출처를 나타낸다.

믿음으로 말미암아'(τὴν διὰ πίστεως Χριστοῦ) 얻은 의이다.[13] 이것은 자기의

---

[13] 여기서 속격 Χριστοῦ는 '주어적 속격'(그리스도 가진 믿음/신실성)이 아니라 '목적어적 속격'(그리스도를 믿는 믿음)으로 이해해야 한다(Lightfoot, Greijdanus, Hawthorne, Silva, Müller, Gnilka, Fee, Reumann 등). 그런데 이런 전통적 견해를 반대하고 주어적 의미(그리스도의 믿음/신실성)로 이해하는 학자들이 근래에 제법 많다(O'Brien, Melick, Robinson, Howard 등). 그러나 O'Brien이 제시하는 (πίστις Χριστοῦ를 '그리스도의 믿음/신실성'으로 보는) 세 가지 근거(pp.398-400)는 그저 통계적 가능성 정도에 불과하며, 그 중 어느 하나도 설득력 있어 보이지 않는다. 그가 중요하게 제시하는 비교 구절인 롬 3:3의 '하나님의 신실성'과 롬 4:16의 '아브라함의 믿음/신실성'도 빌 3:9의 이것과는 경우가 다르다. 여기 9절에서는 사도 바울이 '율법에서 난'(τὴν ἐκ νόμου) 의가 아니라 '그리스도를 믿음으로 난'(τὴν διὰ πίστεως Χριστοῦ) 의를 가지고 있다고 말한다. 곧, 바울이 말하는 바는 그가 '율법을 지켜 행함'으로 의롭다 함 받은 것이 아니라 '그리스도를 믿음'으로 의롭다 받았다는 것이다(cf. 롬 3:22, 28; 4:13; 9:30-32; 갈 2:16; 3:2, 5 등). 따라서 여기서 바울은 어떤 방법에 의해 자기의 의를 가지게 되었는가를 말하며, '그리스도의 믿음이나 신실함'에 대해 말하는 문맥이 아니다. 새로운 해석에 대해 M. Silva는 다음과 같이 말한다. "그러나 이 해석은 극복할 수 없는 언어적 문제에 부딪히게 되는데, 곧 바울은 개인들에 대해서는 그리스도를 믿는다는 것에 대해 분명히 말하지만 예수에 대해서는 결코 분명하게 예수는 신실하다(예를 들면, *Iēsous pistos estin*)거나 예수가 믿었다(*episteusen Iēsous*)고 말한 적이 없다는 것이다."(*Philippians*, 187) Gordon Fee도 이 문제에 대해 간략한 소개와 평을 한 후에 다음과 같이 말한다. "강조되어야 할 것은, 바울은 어느 곳에서도 우리의 구원에 대해 '그리스도의 신실함'을 통해 [주어진다]고 분명하게 말하고 있지 않다는 사실이다. 반면에 우리의 구원에 대해서는 반복적으로, 그리고 분명하게 그렇게 말한다."(*Philippians*, 325 n.44) Hawthorne도 핵심을 잘 말하고 있다. "바울은 여기서 하나님 아버지에 대한 그리스도의 신실함이나 충성 또는 신뢰에 기초한 의를 마음에 두고 있는 것이 아니다. .... 오히려, 그는 그 기원이 하나님께 있는(ἐκ θεοῦ) 의(義), 그리고 사람이 그리스도를 믿음으로(διὰ πίστεως Χριστοῦ) 겸손히 소유하게 되는 의를 마음에 두고 있다."(*Philippians*, 141f.) 여기의 διὰ πίστεως Χριστοῦ에 대해 Greijdanus는 다음과 같이 주석하고 있다. "διά + 속격에 의해, 믿음은 참여함 또는 내 것으로 만듦의 수단, 도구로 생각되고 있다. πίστεως는 그리스도 안에서 [주신] 하나님의 은혜 약속에 대해 믿음으로, 신뢰함으로 받아들이는 것, 의지하는 것을 가리킨다. Cf. 빌 1:25, 27; 2:17. Χριστοῦ, 목적어적 속격; cf. 갈 2:16; 롬 3:22; 행 26:18; 24:24; 골 2:5; 그리스도에 대한 믿음. 이 속격은 그 믿음이 내용과 본질에 있어서 전적으로 그리스도에 의해 규정되고, 채워지고, 전적으로 그에 의해 지배된다는 것을 가리킨다."(*Philippensen*, 280f.) 이 설명은 전체적으로 좋으나 마지막 문장은 좀 생각해 볼 필요가 있다. 우리가 여기서 Χριστοῦ를 목적어적 속격으로 본다면, 우리는 πίστεως Χριστοῦ를 단순히 '그리스도에 대한 믿음(πίστεως εἰς [τὸν] Χριστόν)'의 축약적 표현으로 보면 된다(cf. 갈 2:16).

공로로 말미암아 획득한 의가 아니라 그리스도를 믿을 때에 은혜로 주어지는 것이다.

그래서 바울은 이 의에 대해 '믿음으로 하나님께로 난 의'라고 설명하고 있다. '하나님께로'(ἐκ θεοῦ)란 것은 그 기원이 하나님께 있는 것, 하나님께로부터 주어진 의임을 말한다. '믿음으로 말미암아'(ἐπὶ τῇ πίστει)라고 번역된 부분의 정확한 뜻은 '믿음이란 근거 위에'이다.[14] 우리 자신에게는 아무런 의가 없지만 하나님께서 우리를 의롭게 여기시는 단 하나의 근거는 우리의 믿음이다. 이런 맥락에서 창세기 15:6은 "아브람이 여호와를 믿으니 여호와께서 이를 그의 의로 여기셨다"고 말한다. 여기서 주의할 것은 '믿음'은 공로가 아니라 하나님의 은혜를 받아들이는 수단이며 통로라는 사실이다. 하나님이 공짜로 우리에게 선물을 주시는데, 우리는 손을 내밀어 그 선물을 받기만 하면 되는 것이다. 그런데 손을 내밀어 받는 것도 귀찮다고 하지 않는다면, 그런 사람은 선물을 받을 자격이 없다. 따라서 구원은 하나님의 은혜로 주어진 것인데, 우리가 믿음으로 받아들여야 얻는 것이다(엡 2:8; 롬 3:22, 28; 갈 3:14 등).

IV. 바울의 목적(10-11절)

[10]내가 그리스도와 그 부활의 권능과 그 고난에 참여함을 알려 하여 그의 죽으심을 본받아 [11]어찌하든지 죽은 자 가운데서 부활에 이르려 하노니

1. 그리스도의 고난에 참여함(10절)

그렇다면 Greijdanus의 위 마지막 문장은 불필요하다.
14 여기서 ἐπί는 하나님께서 우리를 의롭다고 여기시는 '근거'(ground)를 말한다.

10-11절은 바울이 자기에게 유익하던 모든 것을 잃어버리고 배설물로 여긴 목적에 대해 계속 말한다.[15] 그것은 "그[그리스도]와 그의 부활의 능력과 그의 고난에 참여함을 알려 함"이다. 여기서 '안다'(γνῶναι)는 것은 단지 지식적으로 아는 것이 아니라 인격적으로 아는 것, 자기의 삶과 관계된 앎을 의미한다.[16] 여기서 바울이 알고자 했던 것은 세 가지이다. 첫째는 '그리스도'인데, 이에 대해서는 이미 8~9절에서 말했다. 둘째는 '그리스도의 부활의 능력'(τὴν δύναμιν τῆς ἀναστάσεως αὐτοῦ)인데, 그리스도의 사역 가운데서 '부활'이 바울에게 중요한 의미를 가지고 있음을 알 수 있다(롬 1:4; 고전 15:14-19, 29-32; 행 23:6 등). 셋째는 '그리스도의 고난에 참여하는 것'(τὴν κοινωνίαν τῶν παθημάτων αὐτοῦ)이다. 바울은 단지 하나님의 은혜를 받는 것으로 만족한 것이 아니라 그를 위해 고난 받는 일에 동참하는 것을 큰 영광으로 여겼다. "그리스도를 위하여 너희에게 은혜를 주신 것은 다만 그를 믿을 뿐 아니라 또한 그를 위하여 고난도 받게 하심이라."(빌 1:29) 그래서 바울은 그리스도의 몸인 교회를 위하여 고난 받는 것을 기쁨으로 여겼다. "내가 이제 너희를 위하여 받는 괴로움을 기뻐하고 그리스도의 남은 고난을 그의 몸된 교회를 위하여 내 육체에 채우노라."(골 1:24)

이러한 바울의 신앙은 참으로 수준 높은 신앙이다. 오늘날 성도들은 대개 은혜 받기를 원하고 복 받는 것을 좋아하지만, 이것은 낮은 단계의 신앙이다.

---

15 8하-9절의 <ἵνα 절>도 목적을 나타내고, 10절의 <τοῦ + 부정사구>도 목적을 나타낸다. 10절의 부정사구는 8하-9절의 목적절에 대한 추가적, 보충적 설명의 성격을 띠고 있다. 따라서 우리는 10절의 τοῦ γνῶναι를 8하 이하의 ἵνα Χριστὸν κερδήσω ...에 대한 보충설명적 성격을 띠는 '설명적 속격'(gen. epexeg.)으로 이해할 수 있다(Greijdanus, *Philippensen*, 283).

16 Cf. Vincent, *Philippians and Philemon*, 104: "... in N.T. Greek γινώσκειν often implies a personal relation between the knower and the known, involving the influence of the object of knowledge upon the knower."

우리가 하나님의 은혜를 깊이 체험하는 것은 그의 이름 때문에 고난 받을 때이다. 왜냐하면 그때에 하나님의 영이 우리 위에 계심을 느끼며(벧전 4:14), 주님과 하나됨을 강하게 체험할 수 있기 때문이다(행 9:4). 우리가 예수님의 이름으로 핍박 받을 때에 하나님이 기뻐하시고 하늘의 상으로 우리에게 갚아 주신다(마 5:11-12). 따라서 주님의 몸된 교회를 위하여, 복음을 위하여 수고하다가 받는 고난은 우리에게 영광스러운 것이며 복된 것이다.

"그의 죽으심을 본받아"(συμμορφιζόμενος τῷ θανάτῳ αὐτοῦ)란 것은 분사구문으로서 바로 앞에 있는 '그의 고난에 참여함'을 보충 설명하는 것으로 볼 수 있다. 여기서 '본받다'(συμμορφίζομαι)는 동사는 어떤 것에 '형태를 맞추다'(be conformed to)는 것을 뜻하며, 현재 시상은 지속적인 동작을 의미한다. 따라서 '계속적으로 그의 죽으심을 본받는 것'을 의미한다. 바울은 "때마다 위험을 무릅썼으며"(고전 15:30), "나는 날마다 죽노라"고 말하였다(고전 15:31). 이것은 바울이 복음을 위해서라면 어떠한 위험도 두려워하지 않았다는 것을 의미한다. 이처럼 바울은 복음을 위해서라면 자기 목숨도 아끼지 않았다(행 15:26; 20:4; 빌 1:21).

2. 죽은 자 가운데서 부활에 이르려 함(11절)

바울이 자기에게 유익하던 모든 것을 해로 여기고 또 복음을 위하여 자기 목숨도 아끼지 않고 애쓰는 궁극적인 목적은 "어찌하든지 죽은 자들 가운데서 부활에 이르려 함"이라고 말한다.[17] 여기서 '부활'(ἐξανάστασις)은 육체의

---

[17] 11절의 εἴ πως는 간접 의문문(indir. interr.)으로 "어찌하든지 … 할 수만 있다면"(if somehow, if only)의 뜻을 가진다(cf. Zerwick-Grosvenor). 따라서 이것은 '불확실성'을 말하는 것이 아니라 '사람이 어떤 것을 추구할 때 들이는 최고의 노력'을 나타낸다(Greijdanus, *Philippensen*, 285).

부활을 의미한다. '죽은 자들 가운데서의'(τὴν ἐκ νεκρῶν) 부활은 모든 죽은 자들의 부활을 가리키는 것이 아니라 '의인의 부활'(행 24:15)을 가리킨다. 곧, 예수를 믿는 자들이 마지막 날에 얻을 육체의 부활을 의미하며 영원한 생명에 들어가는 부활을 의미한다(요 5:29). 악인의 부활은 심판과 영원한 형벌을 받기 위한 부활로서 의미가 없다.

교훈과 적용

1. 신약 시대의 성도들은 성령으로 봉사하며 그리스도 예수를 자랑하며 자기 자신을 자랑하지 않는다. 인간적인 것, 세상적인 것, 외적 조건들을 자랑하지 않는다. 자기의 신분이나 혈통이나 업적을 자랑하지 않는다. 왜냐하면 그리스도 예수를 아는 것이 가장 중요하고 그 안에 구원과 생명과 부활이 있기 때문이다. 따라서 우리는 그리스도 외의 모든 것들을 상대화해야 하며, 필요하다면 버릴 수도 있어야 한다. 우리는 모든 것을 그리스도를 섬기는 도구로 사용해야 하며, 그리스도의 이름 앞에 복종하게 해야 한다.

2. 이 세상에서 그 어떤 것보다 그리스도를 아는 지식이 가장 고상하다. 따라서 그리스도를 아는 일에 방해가 된다면 다 버릴 수 있어야 한다. 바울은 자신에게 유익하던 모든 것을 그리스도를 인하여 배설물로 여겼다고 한다. 배설물은 뒤돌아보지 않고 아까워하지 않는다. 이처럼 우리가 그리스도 때문에 세상적인 일들을 버릴 때에는 아까워하면 안 된다. 기쁨으로 세상의 죄들을 버리고 그리스도를 따라야 한다. 왜냐하면 그리스도가 이 세상에서 가장 위대한 보물이기 때문이다.

3. 우리는 자기의 노력으로 구원 얻은 것이 아니다. 인간의 노력과 공로로 구

원받는 길은 다 실패하고 만다. 왜냐하면 인간의 노력으로는 어느 누구도 율법을 온전히 지킬 수 없고 도리어 자기의 죄를 깨닫기 때문이다. 우리는 오직 은혜로 구원을 얻었다. 곧, 구원은 하나님께서 주시는 것인데 그리스도를 믿음으로 말미암아 얻는다. 따라서 그리스도를 믿는 사람은 이 세상에서 가장 큰 복을 받은 자이다. 왜냐하면 그는 값없이 구원을 얻었고 영원한 생명을 얻었으며 또 천국을 유업으로 받기 때문이다.

[2] 푯대를 향하여 좇아감(3:12-16)

이어서 바울은 자기가 어떠한 태도로 사는지를 말한다. 바울의 인생관은 한 마디로 앞을 향하여 계속 달려가는 것이었다. 과거에 얽매이지 않고, 이미 이룬 것에 대해 자만하지 않고 계속해서 앞으로 나아가는 것이다. 이런 미래지향적인 인생관, 진취적인 인생관은 오늘날 모두가 본받아야 할 인생관이다. 그리고 나서 바울은 교회 안에서 성도들 사이에 의견 차이가 있을 때 어떻게 해야 하는지에 대해 말한다. 우리는 하나님께서 이 문제도 해결해 주실 것이라는 믿음을 가지고 계속 앞으로 나아가야 한다.

[2] 푯대를 향하여 좇아감(3:12-16)
  I. 바울의 인생관(12-14절)
    1. 자만하지 않음(12상)
    2. 잡으려고 좇아감(12하)
    3. 뒤에 있는 것은 잊어버림(13상)
    4. 앞에 있는 것을 잡으려고 좇아감(13하, 14절)
  II. 온전히 이룬 자들의 생각할 것(15-16절)

I. 바울의 인생관(12-14절)

[12]내가 이미 얻었다 함도 아니요 온전히 이루었다 함도 아니라. 오직 내가 그리스도 예수께 잡힌 바 된 그것을 잡으려고 좇아가노라. [13]형제들아, 나는 아직 내가 잡은 줄로 여기지 아니하고 오직 한 일 즉 뒤에 있는 것은 잊어버리고 앞에 있는 것을 잡으려고 [14]푯대를 향하여 그리스도 예수 안에서 부르신 부름의

상을 위하여 좇아가노라.

1. 자만하지 않음(12상)

바울은 자기가 "이미 얻었다 함도 아니요 온전히 이루었다 함도 아니라"고 말한다. '이미 얻었다'(ἤδη ἔλαβον)는 것은 과거에 이미 취하였다, 성취했다는 것을 말한다.[1] 그리고 '온전히 이루었다'(ἤδη τετελείωμαι)는 것은 완료 시상으로서 과거의 어느 시점에 이미 완전하게 되어서 지금 완전한 상태에 있다는 것을 의미한다. 따라서 바울은 과거에 자기가 이룬 업적으로 인해 자만하지 않으며 교만하지 않는다는 마음의 자세를 말한다.

자만하는 사람은 발전이 없다. 왜냐하면 자기가 이룬 일에 만족해 버리고 더 이상 노력하지 않기 때문이다. 뿐만 아니라 자만하는 사람은 주위 사람의 조언을 받아들이지 아니한다. 그래서 자기의 잘못된 성격이나 행동을 고치지 않는다. 그래서 세월이 지나도 늘 제자리걸음을 하고 있으며, 자칫하면 더 악화될 수도 있다. 이런 것은 자기의 목표를 낮게 잡고 자기가 이룬 과거의 업적에 만족해 버리기 때문이다.

2. 잡으려고 좇아감(12하)

대신에 바울은 "그리스도 예수께 잡힌 바 된 그것을 잡으려고 좇아간다"고 말한다(12절). 여기서 '좇아간다', '달려간다'는 동사(διώκω)는 믿음의 특징을 잘 나타내 준다. 바울은 믿음을 달리기에 많이 비유하고 있다(고전 9:24-27;

---

[1] 여기서 ἔλαβον의 목적어가 생략되어 있다. 무엇이 생략되었는지 우리는 알 수 없다. 그러나 바울이 여기서 목적어를 생략한 이유는 '무엇'을 잡았는가를 말하려고 하는 것이 아니라 '이미 잡은 줄'로 여기지 않는다는 삶의 태도를 말하려고 했기 때문일 것이다 (Greijdanus, *Philippensen*, 287).

딤후 4:7; 행 20:24; 갈 2:2 등). 우리의 믿음은 앞을 향하여 달려가는 것이다. 그래서 기독교는 쫓아가는 종교라고 할 수 있다. 앞을 향하여 계속 달려가는 종교이다. 이에 비해 불교는 가만히 앉아 있는 종교라고 할 수 있다. 가만히 앉아서 묵상하며 수도하는 정적(靜的)인 종교이다. 그래서 불교의 상징은 한 곳에 고여 있는 '연못'이라고 할 수 있다. 이에 반해 기독교는 힘차게 흘러가는 '강'이라고 할 수 있다. 계속 흘러가면서 생명의 역사를 일으키는 역동적인 종교이다.

그러면 사도 바울은 왜 쫓아간 것일까? 무엇을 잡으려고 쫓아간 것일까? 여기서 우리는 문법적인 문제 하나를 먼저 해결해야 한다. 여기에 사용된 헬라어 구문을 어떻게 이해하느냐에 따라 질문과 답이 달라지기 때문이다. 곧, 여기의 '엪 호'(ἐφ᾽ ᾧ)라는 표현을 어떻게 이해하느냐 하는 문제이다. 이에 대해서는 다음 두 가지 가능성이 있다. 첫째는 이것을 '잡으려고'의 목적어로 이해하여 '...라는 것을'(that which)으로 이해하는 것이다.[2] 그러면 개역한글판과 개역개정판에서와 같이 "그리스도 예수께 잡힌 바 된 그것을 잡으려고" 쫓아간다는 뜻이 된다. 또 다른 가능성은 이것을 인과적으로 보아서 '...는 근거 위에, ...하기 때문에'(upon which, because)로 이해하는 것이다.[3] 그러면 이것은 "내가 그리스도 예수께 잡혔기 때문에 나도 잡으려고" 쫓아간다는 의미가 된다. 곧 바울이 다메섹 도상에서 부활하신 예수님께 붙잡힌 바 되었기 때문에, 바울도 무언가 잡으려고 열심히 쫓아간다는 의미가 된다.

그러면 어느 해석이 옳은가? 흐레이다너스에 의하면, 이 둘 사이의 차이

---

2 곧 ἐφ᾽ ᾧ = τοῦτο ἐφ᾽ ᾧ (...라는 것을, ...를 향하여)로 보는 것이다(cf. 갈 5:13; 살전 4:7; 딤후 2:14).

3 곧 ἐφ᾽ ᾧ = ἐπὶ τούτῳ ὅτι(...라는 근거 위에)로 보는 것이다(cf. 롬 5:12; 고후 5:4). Cf. Greijdanus, *Philippensen*, 288.

는 크지 않지만 첫 번째인 것이 조금 더 나은 것 같다고 한다.[4] 그러나 헬라어 문법학자인 체르윅은 여기의 ἐφ' ᾧ는 "inasmuch as"(...이므로)로 보는 것이 옳다고 한다.[5] 그래서 어느 것이 옳은지 판단하기 어렵다. 로마서 5:12의 경우처럼 인과적으로(...의 근거에서) 보는 것이 쉽고 단순하지만, 다른 한편으로 빌립보서 4:10에서는 단순히 인과적으로 보기는 어렵고 어떤 대상, 목적물로 보아야 하기 때문에("그것에 대하여 너희가 또한 생각하였다"), 여기 이 구절에서 첫 번째 이해의 가능성을 배제하기도 어렵다. 따라서 최종 판단은 유보하기로 하자. 그러나 어쨌든 둘 다 뜻이 통하고 의미가 있으며 그 차이는 크지 않다. 흐레이다너스가 지적한 것처럼 첫 번째 경우에는 주께서 바울을 붙잡은 바의 목표가 강조되고, 두 번째 경우에는 주께서 바울을 붙잡았다는 사실이 강조되고 있을 따름이다.[6]

3. 뒤에 있는 것은 잊어버림(13상)

13절에서 바울은 "형제들아, 나는 아직 내가 잡은 줄로 여기지 아니하고 오직 한 일 즉 뒤에 있는 것은 잊어버리고 앞에 있는 것을 잡으려고 (좇아가노라)"고 말한다. 여기서 '한 일(ἕν)'은 하나, 한 가지란 뜻이다. "잡은 줄로 여기지 아니한다"는 것은 12절 초반의 "이미 얻었다 함도 아니요 온전히 이루었다 함도 아니라"와 같은 말이다. 바울은 자만하지 아니하고 계속해서 앞으로 달려가는 인생관을 가지고 있었다. 그는 계속 추구하고 노력하는 사람이었다.

바울의 목표는 단 한 가지였다. 곧 "뒤에 있는 것은 잊어버리고 앞에 있는 것을 잡으려고" 좇아가는 것이었다. 우리는 뒤에 있는 것 곧 지나간 것은 잊어

---

4 Greijdanus, *Philippensen*, 288f.

5 Zerwick, *Biblical Greek*, §127(cf. §129).

6 Greijdanus, *Philippensen*, 288.

버려야 한다. 이것은 모든 과거를 무조건 다 잊어야 한다는 것이 아니라, 생각해 봐야 소용없는 것, 아무런 도움이 되지 않는 과거는 잊어버려야 한다는 뜻이다. 곧, 지나간 과거에 발목 잡히지 않으며 또 자기가 이룬 성과에 대해 자만하지 않는다는 뜻이다. 바울은 항상 자신이 부족하다고 느끼며 앞을 향하여 나아갔다. 이런 겸손하고 진취적인 태도는 바울로 하여금 계속해서 노력하게 만들었다.

바울에게 있어서는 그가 회심하기 전에 교회를 핍박한 죄들이(행 8:3; 22:19-20; 26:9-12; 갈 1:13; 딤전 1:13) 그의 발목을 잡았을 수 있다. 그러나 바울은 지나간 일은 잊어버린다고 했다. 이처럼 어쩔 수 없는 과거의 일은 잊어버리고 앞에 있는 일을 향해 나아가는 것이 지혜이다. 이것이 곧 우리가 취해야 할 미래지향적인 삶의 태도이다.

지나간 일은 따져 봐야 소용이 없다. 한번 엎질러진 물은 주워 담을 수 없고, 깨어진 꽃병은 바로 할 수 없다. 이처럼 과거의 일은 지나간 것이고 우리가 어찌 할 수 없다. 이와 마찬가지로 과거에 잘못한 일은 취소(cancel)할 수 없고 안 한(undo) 것으로 되돌릴 수 없다. 만일 타임머신이 있어서 우리가 과거로 되돌아갈 수 있다면, 과거에 한 일을 안 한 것으로 되돌릴 수 있을 것이다. 그러나 그런 것은 불가능하다.

따라서 하나님은 과거에 지은 죄에 대해서는 용서의 방법을 마련하셨다. 용서(容恕)는 과거에 지은 죄에 대해 책임을 묻지 않는 것이다. 이것이 과거의 죄에 대한 유일한 해결책이다. 따라서 우리는 지나간 일은 용서받은 후에 잊어버려야 한다. 하나님이 용서해 주신 일에 대해 자꾸만 떠올리고 괴로워하면 안 된다.

어떤 점에서는 잊어버리는 것도 복이다. 우리가 과거의 일을 다 기억한다면 끔찍해서 못 살 것이다. 우리의 지은 죄가 많기 때문이다. 그러나 너무 염려할 필요는 없다. 하나님은 우리의 과거를 묻지 않으시기 때문이다. 하나님은 우리의 과거의 죄는 예수님의 피로 덮어주시고 모른 체해 주신다. 하나님이 원하시는 것은 현재 우리가 그를 사랑하는 것과 그를 섬기는 것이다(요 21:15-17).

4. 앞에 있는 것을 잡으려고 좇아감(13하, 14절)

바울은 "앞에 있는 것을 잡으려고 푯대를 향하여" 좇아간다고 말한다. 여기서 '잡으려고'(ἐπεκτεινόμενος)라는 단어는 원래 (손을) '앞으로 뻗다, 내밀다'는 뜻이다. 앞에 있는 것을 잡으려고 손을 내뻗는 모습을 연상시킨다. 이것은 바울의 미래지향적인 태도, 진취적인 태도를 말한다. 바울은 지나간 일은 잊어버리고 앞에 있는 일, 미래를 향하여 달려갔다.

그리고 바울은 '푯대를 향하여'(κατὰ σκοπόν) 좇아간다고 말한다. '푯대'(σκοπός)란 것은 지향하는 바 목표, 목적을 말한다. 이처럼 바울에게는 목표, 방향이 분명했다(고전 9:26). 그는 허공을 치듯이 아무렇게나 달려가지 않았다. 그의 달려가는 바 목표는 "그리스도 예수 안에서 하나님이 위에서 부르신 부름의 상"이었다(14절). "위에서 부르신 부름의 상"(τὸ βραβεῖον τῆς ἄνω κλήσεως)이란 하나님이 부르신 부름(소명)을 이룰 때 하나님이 주실 상(賞)을 말한다.[7] 이 상이 어떤 것인지 구체적인 내용은 나와 있지 않다. 따라서 우리는 모른다. 아마도 이것은 특정한 무엇이라기보다도 일반적으로 하나님께 인정받고 칭찬받고 함께 영화를 누리는 것을 의미했을 것이다.

---

7 Bauer 사전에 의하면, βραβεῖον은 '특별히 잘한 일에 대한 상'(an award for exceptional performance)으로 설명하고 있으며 "prize, award"로 번역하고 있다(*Lexicon*, s.v.).

이 '상(賞)'은 어떤 사람들의 주장과 같이 단지 '구원'이나 '영생'을 의미하는 것은 아니다. 바울은 지금 의롭다 함 받거나 구원받는 것에 대해 말하는 것이 아니다. '좇아간다'는 말은 열심히 노력하는 것을 말한다. 그런데 칭의와 구원, 영생이 우리의 노력에 의해 결정되는 것이 아니다. 우리가 열심히 노력해서 의롭다 함 받고 구원을 얻는다면 그것은 바로 행위 구원이며, 이것은 바울이 가르치는 바와 정면으로 배치된다. 바울은 예수님을 '믿음'으로 이미 의롭다 함 받았다. 그런 바탕 위에 바울은 또 다시 앞에 있는 것을 잡으려고 좇아가고 있다. 그렇다면 그가 얻고자 한 '부름의 상'은 칭의나 영생이 아니라, 그 위에 하나님이 주실 '상급'을 말한다. 상급의 구체적인 내용은 알 수 없지만 분명히 하나님이 주실 칭찬과 위로와 영광이 있다.

구원이라고 해서 다 같은 구원이 아니다. 겨우 받는 구원도 있고 영광스러운 구원도 있다(고전 3:10-15). 구원받은 자들에게도 상이 많고 적음이 있다. 예수님의 이름 때문에 핍박을 받은 자들은 하늘에서 상이 '크다'(πολύς, 많다)고 하였다(마 5:12). 상이 많고 적은 것은 구원받은 자들 사이에도 상급에 차이가 있음을 말한다. 예수님 때문에, 복음을 인하여 수고하다가 핍박을 받은 자들에게 상을 많이 주는 것은 하나님의 기쁘신 뜻이며 하나님의 공의에 부합한다. 천국에서는 모든 것이 다 똑같으며 상급의 차이가 없다고 주장하는 자들은 인간의 생각을 따라 성경의 가르침을 부인할 뿐만 아니라, 하나님의 공의를 무너뜨리며 하나님의 기쁘신 뜻을 거부하는 자이다. 이는 마치 공(功)을 많이 세운 신하에게 임금이 상을 내리려 할 때, 신하들 사이에 위화감이 조성된다는 이유로 상을 반대하는 사람과 같다.[8]

---

8 상급에 대해서는 변종길, "천국에 상급이 있는가?", 『선지동산』 64호(천안: 고려신학대학원), 신약 난제 해설(6), 8-9를 보라. 또한 H. Bavinck, *Gereformeerde Dogmatiek*, 4e dr., IV (Kampen: J. H. Kok, 1930), 709-13(par. 580)을 보라.

II. 온전히 이룬 자들의 생각할 것(15-16절)

¹⁵그러므로 누구든지 우리 온전히 이룬 자들은 이렇게 생각할지니 만일 무슨 일에 너희가 달리 생각하면 하나님이 이것도 너희에게 나타내시리라. ¹⁶오직 우리가 어디까지 이르렀든지 그대로 행할 것이라.

'온전히 이룬 자들'(τέλειοι)은 성숙한 성도들 곧 그리스도 안에서 장성한 자들을 의미한다(cf. 히 5:14). 이들은 다르게는 '신령한 자들'이라고도 하는데, '육신에 속한 자들' 또는 '그리스도 안에서 어린 아이들'과 대비된다(고전 3:1). 따라서 이들은 모든 면에 있어서 완벽한 자, 완전한 자를 뜻하는 것이 아니라, 생각과 행동에 있어서 결함이 있기는 하지만 그리스도 안에서 장성한 자들을 뜻한다.[9]

---

9 바울은 12절에서 자신이 '온전히 이루었다'(τετελείωμαι) 함이 아니라고 말하였다. 따라서 15절의 τέλειοι가 그런 절대적인 완전의 의미로 사용되었다고 볼 수는 없다. 그렇다면 여기의 τέλειοι는 '영적으로 성숙한 자(the spiritually mature)'를 뜻한다고 볼 수밖에 없다(O'Brien, *Philippians*, 436; cf. 고전 2:6; 14:20; 엡 4:13; 골 1:28; 4:12). 어떤 사람들은 τέλειοι를 교회의 '모든' 회원들을 가리키는 용어로 이해한다(예를 들면 H. Ridderbos, *Paulus*, 5e dr., 299f.). Ridderbos는 '온전함'에 대해서도 그 특유의 '직설법-명령법'(indicatief-imperatief) 구도로, 또는 '한편으로는 ... 다른 한편으로는'이라는 구도로 설명한다. 빌 3:9-15의 본문에 대해서도, 한편으로는 바울이 빌립보 교회를 '온전하다'고 말하면서도(15절), 조금 앞의 12절에서는 "나는 아직 잡은 줄로 곧 이미 온전하다고 여기지 않는다."고 말한다고 한다. 여기서도 Ridderbos는 이것은 윤리적 온전함 이상의 것을 말하는데, 곧 그리스도와 함께 영광스러워진 것(11절), 고전 13:10의 '온전한 것'을 말한다고 본다(*Paulus*, 300). 그러나 우리는, 고전 14:20에서는 권면의 말씀 가운데 '장성한 사람'(τέλειοι)이 나오며, 엡 4:13에서는 모든 사람이 이르러야 할 목표로서 '온전한 사람'(ἄνδρα τέλειον)이 나오며, 골 1:28에서는 각 사람을 권하고 가르치는 목적으로서 '완전한 자'(τέλειον)로 세우는 것이 나오며, 골 4:12에서는 에바브라가 애써 기도하는 내용 가운데 '완전하게'(τέλειοι) 서는 일이 나오는 것을 보면, 모든 성도들이 다 이룬 상태라고 보기는 어렵다. 물론 고전 2:6에서는 "우리가 온전한 자들 중에서 지혜를 말한다."고 하여, 여기의 '온전한 자들'(οἱ τέλειοι)은 세상의 지혜 있는 자들과 구별되는 '우리'를 가리키는 것처럼 보인다. 그러나 이 '우리'가 '모든' 그리스도인들을 다 포괄하여 말하는 것인지,

"누구든지 우리 온전한 자들은 이렇게 생각할지니"에서 '이렇게 생각할지니'(τοῦτο φρονῶμεν)를 직역하면 "이것을 생각하자!"가 된다. 그러면 이것은 무엇을 가리키는가? 그것은 꼭 특정한 어떤 것을 가리킨다기보다 바울이 앞절들에서 말한 내용을 가리킨다고 보아야 할 것이다. 구체적으로는 12-14절(길게 본다면 7-14절)의 내용을 가리킨다고 볼 수 있을 것이다.[10] 곧 미래지향적인 사고방식, 진취적이고 목표지향적인 삶의 태도를 가리킨다고 볼 수 있다.

그리고 나서 바울은 "만일 무슨 일에 너희가 달리 생각하면 하나님이 이것도 너희에게 나타내시리라."(15하)고 말한다. '달리 생각한다'(ἑτέρως φρονεῖτε)는 것은 교리나 중요한 진리에 있어서의 차이를 말하는 것이 아니다. 이것은 빌립보 교회 성도들 상호간에 있을 수 있는 의견의 차이나 생각의 차

아니면 그리스도 안에서 성숙한 자들을 말하는지는 분명하지 않다. 그러나 고전 3:1에서 바울은 '신령한 자들'(πνευματικοί)과 '육신에 속한 자들'(σάρκινοι) 곧 '그리스도 안에서 어린 아이들'(νήπιοι ἐν Χριστῷ)에 대해 말한다. 따라서 고전 2:6의 '온전한 자들'이 자동적으로 '모든' 그리스도인을 다 포함한다고 말하기는 어려운 것 같다. 물론 빌 3:15-16에서는 '누구든지 온전한 자들'(ὅσοι τέλειοι)이란 표현과 전체 내용을 볼 때 빌립보 교회 '전체' 교인을 가리키는 것으로 생각된다. 이런 것을 볼 때 '온전한 자들'(τέλειοι)이란 표현은, 아직 지적인 무지와 윤리적인 결함들이 있지만 이단의 가르침이나 미혹에 빠지지 않는 '참 신자들'을 가리킨다고 볼 수 있다(Greijdanus, *Philippensen*, 294). 성경이 말하는 '온전함'(τελειότης)의 개념은 그리스도와의 올바른 관계, 그에 대한 올바른 믿음, 그를 바로 아는 것에 있다(295). 바울은 비록 아직 완전에 도달하지는 못했지만 이 온전함을 가지고 있으며, 또 모든 참 신자들도 이것을 가지고 있다. 그래서 그들은 그리스도 안에서 '온전한 자들'(τέλειοι)이라고 불린다(295). 따라서 우리는 다음과 같이 정리할 수 있을 것이다. 모든 신자들은 '원칙적으로' 그리스도 안에서 온전한 자들이다(고전 2:6; 빌 3:15). 그러나 '실제적으로' 교회 안에는 '육신적인 자들' 곧 '그리스도 안에서 어린 아이들'이 있을 수 있으며(고전 3:1-3; 히 5:12-13), 그래서 그들에게 대한 권면과 훈계가 필요하다(고전 14:20; 히 6:1-2). 따라서 '온전한 자들'이 되는 것은 모든 성도들이 도달해야 하는 목표 또는 목적이기도 하다(엡 4:13; 골 1:28; 4:12; 마 5:48).

10 Cf. Greijdanus, *Philippensen*, 295.

이를 말한다. 이것은 '온전한 이들' 사이에도 있을 수 있는 일이다.[11] 그럴 경우에는 "하나님이 이것도 너희에게 나타내시리라"(καὶ τοῦτο ὁ θεὸς ὑμῖν ἀποκαλύψει)고 한다. 여기서 '나타내다'(ἀποκαλύπτω)는 것은 '가린 천, 베일을 벗기다'는 것을 의미한다. 곧, 숨겨진 것, 아직 알려지지 않은 것을 드러내는 것을 말한다. 따라서 이것은 오늘날 우리가 '계시(啓示)'라고 부르는 것보다 넓은 개념이며, 어떠한 형태이든지 하나님께서 우리에게 알려주시는 것을 의미한다. 어떤 방법으로 알려 주시는지는 여기서 말하고 있지 않다. 어쨌든 우리는 하나님이 그렇게 해 주실 것이라는 확신을 가져야 함을 말한다. 곧, 성숙한 성도는 하나님의 인도의 확신을 가져야 함을 말한다.

교회 안에서 성도들 사이에 의견 차이가 있을 때에는 서로 존중하고 기다리는 것이 중요하다. 기도하면서 기다리면 하나님이 옳은 것을 나타내실 것이다. 예를 들어 당회나 제직회를 할 때 무슨 진리 문제나 교리 문제가 아니라 실제적인 어떤 문제가 있어서 의견이 서로 나뉠 때, 긴급한 사안이 아니라면 다음으로 미루는 것이 지혜이다. 일단 연기해 놓고 기도하면서 생각해 보면 다음 회의에서 자연히 의견이 모아지는 경우가 많다. 그것은 하나님께서 우리 가운데 역사하셔서 무엇이 옳은지, 어떻게 해야 할지를 나타내 주시기 때문이다.

그런데 긴급히 결정해야 할 사안이라면 어떻게 해야 할까? 이번 회의에서 꼭 결정해야만 하는데 의견은 양분되어서 팽팽히 대립될 때에는 어떻게 해야 할까? 그럴 경우에는 '기존 질서 유지의 원칙'을 적용하여 변화를 추구하지 않는 것이 좋다. 기존 상황에 변화를 기도(企圖)하는 안은 일단 보류시키고 다음

---

11 < εἰ + 직설법 >은 '가능성'이 아니라 '현실성'을 나타낸다(cf. 갈 5:15). 그리고 καὶ εἴ τι 는 그런 일이 자주 일어나는 것은 아니라는 것을 나타낸다(Greijdanus, *Philippensen*, 295).

에 다시 의논토록 하는 것이 좋다.

바울은 우리에게 다음과 같이 권면한다. "오직 우리가 어디까지 이르렀든지 그대로 행할 것이라."(16절) "우리가 어디까지 이르렀든지"(εἰς ὃ ἐφθάσαμεν)라는 것은 "우리가 이미 도달한 곳을 향하여"라는 뜻이다. 이것은 과거에서부터 시작해서 현재에까지 도달한 지점(상태, 상황)을 뜻한다. 중요한 것은 '그대로 행하는 것'(τῷ αὐτῷ στοιχεῖν)이다.[12] 이것은 '오른쪽이나 왼쪽으로 치우치지 않고 같은 방향으로 행하는 것'을 의미한다.[13] 이것은 단지 우리의 '행동'에 대해서만 말하는 것이 아니라, 무엇보다도 우리의 '생각' 또는 '믿음'에 대해 말한다. 이로써 바울은 우리가 교회에서 생활할 때 무엇보다도 생각을 같이 하고 마음을 같이 하는 것이 중요함을 다시 강조하고 있다(cf. 빌 1:27; 2:2; 4:2).

교훈과 적용

1. 바울은 지나간 일은 잊어버리고 앞을 향하여 나아갔다. 왜냐하면 지나간 일은 어찌할 수 없고 되돌릴 수 없기 때문이다. 따라서 우리는 미래지향적으로 나아가야 한다. 그런데 우리나라 사람은 과거에 붙잡혀 헤어나지 못하는 경우가 많다. 죽은 사람의 이름을 부르느라 현재의 일을 팽개치고 미

---

12 여기에 사본상의 문제가 있다. 중요한 것으로는 τῷ αὐτῷ στοιχεῖν($\mathfrak{P}^{16}$ $\mathfrak{P}^{46}$ ℵ* A B 등), τὸ αὐτὸ φρονεῖν, τῷ αὐτῷ κανόνι στοιχεῖν(D F G 등), τῷ αὐτῷ στοιχεῖν κανόνι, τὸ αὐτὸ φρονεῖν(ℵ² Ψ 075 Byz 등)이 있다. 대개는 첫째 것이 원본의 독법이고, 그 외의 것들은 이것에 필사자들이 첨가한 것으로 본다(cf. O'Brien, *Philippians*, 418). 어쨌든 긴 독법들은 짧은 독법의 의미를 밝혀 주는 역할을 한다(441).

13 Greijdanus, *Philippensen*, 296.

래를 포기하는 사람들이 많다. 그래봐야 죽은 사람이 살아서 돌아오는 것도 아니고, 산 사람의 인생만 망가질 따름이다. 우리는 지나간 과거는 하나님께 맡기고 미래지향적인 인생관을 가지도록 해야 한다.

2. 바울은 앞에 있는 푯대를 향하여 달려갔다. 죽는 날까지 이 목표를 향하여 달려갔다. 그래서 바울에게는 스스로 만족하여 자만에 빠지는 일은 없었다. 그런데 오늘날 한국의 교역자들은 교인이 천 명을 넘어가면 자만해지고, 만 명이 넘어가면 안하무인(眼下無人)이 되고 만다. 그것은 그들의 목표가 작고 인간적이기 때문이다. 그러나 바울은 온 세상에 복음을 편만하게 전하는 것이 그의 목표였기 때문에 죽는 날까지 결코 자만할 수 없었다. 예수님이 부르신 그 소명을 이루기까지 계속해서 달려가는 삶을 살았다. 따라서 우리는 꿈을 크게 가지고 통을 키워야 한다. 무엇보다도 그리스도 안에서 올바른 목표를 가져야 한다.

3. 우리는 교회 안의 다른 성도들의 의견도 존중하여야 한다. 하나님은 나에게만 역사하시는 것이 아니라 다른 사람에게도 역사하시기 때문이다. 물론 내가 옳고 다른 사람들이 틀렸을 수도 있지만, 그 반대일 수도 있다. 따라서 분명한 진리 문제, 교리 문제가 아닌 일상적인 문제에 대해서는 너무 자기 의견을 고집하지 않도록 하는 것이 좋다. 가능한 한 다른 사람의 의견을 존중하고, 의견이 대립되면 다음으로 미루는 것이 좋다. 그러면 하나님께서 무엇이 옳은지 그른지를 다음에 나타내 주실 것이다.

[3] 십자가의 원수들(3:17-21)

바울은 먼저 자기를 본받으라고 한다. 그러고 나서 바울은 십자가의 원수들에 대해 단호한 어조로 비판한다. 이들은 교회 밖에서 빌립보 교회를 위협하는 자들이다. 이들은 할례를 주장하는 유대주의자들로서 실상은 땅의 일을 생각하는 자들이다. 그러나 우리의 나라는 하늘에 있으며, 거기로서 우리의 구원자 예수 그리스도를 기다린다. 그리스도는 우리의 비천한 몸을 자기의 영광의 몸의 모습과 같이 변화시키실 것이다.

[3] 십자가의 원수들(3:17-21)
 I. 나를 본받으라(17절)
 II. 십자가의 원수들(18-19절)
   1. 십자가의 원수들(18절)
   2. 그들의 마침은 멸망(19상)
   3. 그들의 신은 배(19중)
   4. 그 영광은 저희의 부끄러움에 있음(19중)
   5. 그 영광은 저희의 부끄러움에 있음(19하)
 III. 우리의 시민권(20-21절)
   1. 우리의 시민권(20상)
   2. 우리의 기다림(20하)
   3. 우리 몸의 변화(21절)

I. 나를 본받으라(17절)

¹⁷형제들아 너희는 함께 나를 본받으라. 또 우리로 본을 삼은 것 같이 그대로 행하는 자들을 보이라.

바울은 빌립보 교회 성도들에게 "너희는 함께 나를 본받으라."고 말한다. 직역하면 "너희는 나의 함께 본받는 자들이 되라."가 된다. 여기서 '본받는 자'(συμμιμηταί)란 단어의 앞부분에 붙은 '함께'(συμ)에 대해서는 다음 두 가지 해석이 가능하다. 첫째는, 너희는 다른 사람들과 함께 나를 본받는 자가 되라는 의미이다. 그렇다면 이것은 다른 성도들과의 연합을 강조한 것이 된다. 또 다른 가능성은, 여기의 συμ은 별다른 의미가 없으며 그냥 강조하는 역할을 하는 것으로 보는 것이다. 굳이 말하자면, 바울과의 유대를 강조한 것으로 볼 수 있다.¹ 어쨌든 이것은 중요한 문제가 아니며, 어느 것을 취하든 뜻에는 큰 차이가 없다. 중요한 것은 그들이 바울을 본받아야 한다는 것이다. 바울의 신앙과 행함, 바울의 삶 전체를 본받으라는 것이다. 이처럼 신앙생활에 있어서는 모범이 중요하다. 아무리 말을 잘해도 행함이 없으면 소용이 없다. 따라서 가르치는 자는 무엇보다도 행함이 바로 되어야 한다.

이어서 바울은 "또 우리로 본을 삼은 것 같이 그대로 행하는 자들을 보이라."고 말한다. 개역한글판의 '보이라'는 오역이다. 원어 '스코페오'(σκοπέω)는 '주의 깊게 보다, 주목하다'는 뜻이다. 따라서 이 문장은 "너희가 우리로 본을 삼은 것 같이 그대로 행하는 자들을 주목하라."는 뜻이다. 곧, 바울을 본받으며 또 신앙생활에 있어서 모범적인 사람들을 주목하고, 그래서 함께 바울을 본받고 하나님을 섬기는 자들이 되라는 의미이다. 여기서 우리는 행함으로 모범이 되는 것이 얼마나 중요한가 하는 것을 다시 생각하게 된

---

1 자세한 논의는 Greijdanus, *Philippensen*, 297f.를 보라.

다. 우리가 그리스도를 본받는다고 말하지만, 그리스도는 지금 우리의 눈으로 볼 수 없다. 그래서 그리스도의 말씀을 잘 지켜 행하는 자가 우리 곁에 있으면, 우리가 그 모습을 보고 배워서 그리스도를 따르게 되는 것이다.

II. 십자가의 원수들(18-19절)

¹⁸내가 여러 번 너희에게 말하였거니와 이제도 눈물을 흘리며 말하노니 여러 사람들이 그리스도 십자가의 원수로 행하느니라. ¹⁹저희의 마침은 멸망이요 저희의 신은 배요 그 영광은 저희의 부끄러움에 있고 땅의 일을 생각하는 자라.

1. 십자가의 원수들(18절)

바울은 이제 주제를 바꾸어서 그리스도의 십자가의 원수들에 대해 경계한다. 이들에 대해서는 바울이 전에도 여러 번 말했으며 지금도 울면서 말한다고 한다. 그만큼 이들은 그리스도의 교회에 해악을 끼치는 존재이며 위험한 존재이다. 이들은 바울의 개인적인 원수가 아니라 그리스도의 십자가의 원수들이다. 곧, 복음의 원수들이다.

그러면 이들은 누구인가? 먼저 이들에 대해 '반(反)율법주의자'라고 보는 것[2]은 맞지 않다. 빌립보서 어디에서도 이들이 반율법주의적으로 방탕한

---

2 Meyer, Lightfoot, Hendriksen, Fee, 권성수 등. Lightfoot는 이들에 대해 '유대주의적 선생들이 아니라 반율법주의적 반동가들'(not the Judaizing teachers, but the antinomian reactionists)이라고 본다(*Philippians*, 155). Meyer는 '에피쿠루스적 성향의 그리스도인들'(Christians of Epicurean tendencies)을 가리킨다고 본다(*Philippians etc*., 147). Wuest도 마찬가지로 '에피쿠루스적 성향의 명목상의 헬라 그리스도인들'(professed Christian Greeks of Epicurean tendencies)로 본다(*Philippians*, 101). Fee는 '고삐 풀린 방탕에 빠진 순회자들'(some itinerants ... of undisciplined self-indulgence)을 가리킨다고 본다

생활을 했다는 말이 없다. 오히려 2절의 '손할례당(損割禮黨)'이란 표현과 3절의 "우리가 곧 할례당이라"는 표현을 볼 때, 이들은 할례를 주장하는 율법주의자였다고 생각된다. 4절에서 "나도 육체를 신뢰할 만하다"고 한 말이나 이어서 5절에서 "내가 팔일 만에 할례를 받았다"는 말도 이들 대적자들이 할례를 주장하는 유대주의자들이었음을 시사해 준다.[3] 그래서 흐레이다너스는 다음과 같이 말한다. "여기서 말하고 있는 사람은 믿지 않는 유대인들이 아니라, 그리스도를 고백했고 그래서 그리스도인이라 불리지만 그리스도의 십자가에 걸려 넘어진 사람들이다."[4] 오브리엔은 이 문제에 대해 자세히 논한 후에,[5] 다음과 같이 결론 내렸다. 이들은 "유대주의자들 곧 교

(*Philippians*, 375). 박윤선 박사도 이와 같이 본다. "그럼에도 불구하고 거짓스승들은 배를 위하여 자기의 인격을 팔고 남들을 해한다. 그들은 그처럼 그들의 배를 '신'과 같이 위한 것이다."(『바울서신』, 258) 이상근 박사도 마찬가지다. "배란 인간 욕망의 전부를 말한다. 욕망은 하나님 대신 저들의 우상이 되어 있고 욕망 추구를 위해 저들은 전심전력을 기울인다."(『신약성서 주해 옥중서신』, 재판, 224).

3 Floor에 의하면, 빌 3:2-3은 '믿지 않는 유대인들'에 대해 말하고, 4-14절은 '바울 자신'에 대해 말하고, 19절은 '믿지 않는 이방인들'에 대해 말한다고 본다(*Filippenzen*, 157f.). 그러나 그가 제시하는 논거들(156-58)은 매우 취약하다. 예를 들어, 바울은 유대인 대적자들에 대해서는 그렇게 심하게, 십자가의 '원수들'이라고 말한 적이 없다고 하는데, 살전 2:15에서 바울은 유대인들에 대해 "주 예수와 선지자들을 죽이고 우리를 쫓아내고 하나님을 기쁘시게 아니하고 모든 사람에게 대적이 되었다."고 말한다. 갈 5:12의 "너희를 어지럽게 하는 자들이 스스로 베어 버리기를 원하노라."는 말도 실은 매우 심한 말이다. 갈 1:8-9의 "저주를 받을지어다"는 말도, 물론 일반적으로 누구든지 다른 복음을 전하는 자들에게 해당되는 말이지만, 또한 유대인들에게도 적용되는 말이다. 따라서 유대인들에게 '십자가의 원수들'이라는 표현을 바울이 쓸 수 없다고 하는 주장은 유대인 편향적 사고라고 하지 아니할 수 없다. 사도 요한은 그리스도인들을 핍박하는 유대인들에 대해 '사단의 회'라고 말한다(계 2:9; 3:9; 물론 이 말 자체는 하늘에 계신 그리스도께서 하신 말씀이다). 그렇다면 사도 바울은 왜 복음을 왜곡하고 그리스도인들을 핍박하는 유대인들을 향해 '십자가의 원수들'이라고 말할 수 없단 말인가? 이 표현은 유대인들을 미워하는 데서 나온 것이 아니라 그리스도의 십자가 복음의 위대함에서 나온 것이다.

4 Greijdanus, *Philippensen*, 300.

5 O'Brien, *Philippians*, 26-35.

회 밖에서 들어온 기독교 선교사들로서, 이방인 그리스도인들이 실제 생활에 있어서 유대인이 되기를 원했다."[6] 필자는 위 두 사람의 견해에 기본적으로 동의하지만, 표현에 있어서 약간의 수정을 가할 필요가 있다고 생각한다. 곧, 이들은 자기 스스로 그리스도인이라고 주장하고 교회 안에 들어왔지만(또는 들어오려고 했지만), 사실은 그리스도인이 아니었다. 사도 바울에 의하면, 이들은 '십자가의 원수'이며 '저희의 마침은 멸망'이며 '땅의 일을 생각하는 자'이다. 따라서 이들은 분명히 구원받지 못한 자들이며 복음의 대적자들이며 미혹하는 자들이다. 따라서 우리는 이들에 대해 '그리스도인들도 할례를 받아야 된다고 주장하는 유대주의자들'이라고 규정지을 수 있을 것이다.[7]

2. 그들의 마침은 멸망(19상)

바울은 이들에 대해 "저희의 마침은 멸망이요"(ὧν τὸ τέλος ἀπώλεια)라고 말한다. 여기서 '마침'(τέλος)이란 단어는 끝, 제일 마지막, 마침을 의미한다. 그들의 끝, 결국은 멸망이다. 그들은 비록 그리스도를 믿는다고 하지만, 다른 사람들보다 더 잘 믿는다고 주장하지만 결국은 영생을 얻지 못한다. 구원을 얻지 못하고 멸망하고 만다. 따라서 우리는 그들의 '결국'을 주목해야 한다. 악인은 이 세상에 사는 날 동안에 한 동안 형통한 것처럼 보일지라도 결국 일순간에 멸망하고 만다(시 73편). 우리는 인생을 길게 보고 그 결국이 어떻게 되는가에 주목해야 한다. 악인이 인간적인 술수와 계략으로 일

---

6 O'Brien, *Philippians*, 33: "Judaizers, that is, Christian missionaries from outside the congregation who wanted Gentile Christians to become Jews in practice."

7 Cf. Hawthorne, *Philippians*, 163: "They are not Jewish Christians, but Jews who were ardent propagandists seeking to win converts to their religion in every part of the world(Houlden)."

시적으로 형통해 보일지라도, 우리는 그런 것에 미혹되지 말고 하나님의 말씀을 지켜야 한다.

3. 그들의 신은 배(19중)

바울은 또 "저희의 신은 배"(ὧν ὁ θεὸς ἡ κοιλία)라고 말한다. 어떤 사람들은 이 구절에 근거하여 여기의 대적자들은 방탕자들(libertinists)이라고 말한다. 예를 들면, 라이트푸트는 '다른 사람의 부드러운 양심을 해치고 자유를 방종으로 만드는 방탕(self-indulgence)'이 여기에 정죄되었다고 보았으며,[8] 헨드릭슨은 이들을 '폭식과 방종'(gluttony and licentiousness)에 굴복하는 사람들이라고 보았다.[9] F. W. 베어도 '주로 식탁의 즐거움에 관심 있는 자' 곧 '식도락가'(gourmets)로 보았다.[10]

그러나 신약 어디에서도 방탕한 삶을 가리켜 '배를 섬기는 것'이라고 말한 적이 없다.[11] 예수님은 음식물은 '배 안으로'(εἰς τὴν κοιλίαν) 들어간다고 말씀하셨다(마 15:17). 그리고 바울은 음식물은 '배를 위한다'(τῇ κοιλίᾳ)고 긍정적으로 말한다(고전 6:13). 골로새서 2장에서는 미혹자들의 금욕주의적 관행에 대해 말하는데(21절), 이런 것들은 단지 몸을 괴롭게 하는 데에만 지혜 있다고 말한다(23절).[12] 이런 것들을 보면, 신약에서는 음식을 먹

---

8 Lightfoot, *Philippians*, 155.

9 Hendriksen, *Philippians*, 182. 또한 J. Keulers는 여기의 '배'는 '감각적인 쾌락'(de zinnelijke genotzucht)의 상징이라고 보았다(*De brieven van Paulus*, II, 138). Floor도 이와 비슷하게 '배'를 '소유욕'(hebzucht) 곧 '음식과 그것과 관계된 사치품에 대한 욕구'로 보았다(*Filippenzen*, 158).

10 F. W. Beare, *A Commentary on the Epistle to the Philippians*, 136.

11 Müller, *Philippians*, 131; Hawthorne, *Philippians*, 166; Greijdanus, *Philippensen*, 301.

12 이상의 논거는 Greijdanus, *Philippensen*, 301를 보라.

는 것에 대해 부정적으로 말하고 있지 않음을 알 수 있다. 따라서 이런 단어들은 술 취함과 방탕함에 대해 말하는 것이 아니다. 만일 그러한 방탕함을 나타내고자 했다면, 아마도 '코일리아'(κοιλία) 대신에 '가스테르'(γαστήρ)가 사용되었을 것이다.[13]

한편, 오브리엔은 여기의 '배'(κοιλία)를 '육신'(σάρξ)과 같은 의미로, 곧 '땅에 속한 옛 성품'(old earthbound humanity)으로 본다. 신자는 이런 옛 성품에서 구원받아 그리스도 안에서 새 성품이 되어야 한다. 그리스도의 십자가의 원수들은 옛 생활 곧 배(κοιλία)의 죽음을 받아들이는 데 실패하였다.[14] 그러나 이러한 해석은 받아들일 수 없다. "그들의 신은 옛 성품이라"는 것은 매우 이상하다. '옛 성품' 또는 '옛 생활'은 그리스도를 믿기 전의 사람들에겐 누구에게나 있었던 것이고(cf. 롬 6:6; 갈 5:24), 또한 믿고 나서도 그 잔재가 남아 있다(롬 7:14; 고전 3:1-3). 그래서 그런 '옛사람'을 벗어버리고 '새 사람'을 입으라고 권면하고 있는 것이다(엡 4:22-24). 따라서 '옛 성품'을 가진 자를 '십자가의 원수'라고 부른다는 것은 맞지 않다. 여기의 '십자가의 원수들'은 특정한 부류의 사람들, 곧 미혹자들과 대적자들을 가리킨다.

그러면 "저희의 신은 배요"라는 말씀은 무슨 뜻일까? 고대의 교부들은 이것을 음식법에 집착하는 자들에 대한 조소로 보았다(Theodore of Mopsuestia, Ambrosiaster, Pelagius 등).[15] 유대인들은 정결한 음식과 부정한

---

13 Cf. P. Ewald, *Der Brief des Paulus an die Philipper*, 3. Aufl., besorgt von G. Wohlenberg, 206.

14 O'Brien, *Philippians*, 456.

15 J. Behm, "κοιλία," *TWNT*, III, 788 n.14. 그러나 Fee는 이러한 견해에 반대한다 (*Philippians*, 372 n.39). 그 이유는 신약에 그런 용법이 없다는 것이다. 그러면서 Hawthorne이 신약에서 아무런 용례를 제시하지 않으면서 마치 그런 용례가 있는 것처럼 '음식법' 견해를 취한다고 비판한다. 그러나 Hawthorne이 제시한 바와 같이 막 7:1-16은 유대인들이 얼마나 '음식법'에 집착했는가 하는 것을 나타내 준다. 한편, Fee 자신의 견해는 이들은 이 땅의 것들에 마음을 두는 자들이라는 것 외에는 잘 모른다는 것이다

음식을 가리는 것을 매우 중요하게 여겼다(막 7:15-19; 행 11:8; cf. 골 2:16). 이들은 "음식법을 지킴으로써 자기의 의를 찾았고, 그리하여 그리스도의 의에 손상을 가했던 유대주의자들"이다.[16] 이들은 하나님이 주신 음식법의 영적 의미를 모르고, 그리스도와 관계없이 오직 물질적인 음식만 생각하고, 그리하여 음식물 소화기관인 배만을 위하는 자들이 되었다. 그래서 그들의 배가 사실상 그들의 신이 되었다.[17] 파이네가 말한 것처럼, "먹는 것과 먹지 않는 것이 그들의 종교이다. 그들의 신은 그들의 배이다."[18]

4. 그 영광은 저희의 부끄러움에 있음(19중)

이어서 바울은 "그 영광은 저희의 부끄러움에 있다"(ἡ δόξα ἐν τῇ αἰσχύνῃ αὐτῶν)고 말한다. 여기서 '그 영광'은 그들의 영광을 의미한다. 그들은 자기의 영광을 자기의 부끄러움에 둔다는 말이다. 이것은 얼핏 보기에 방탕한 생활을 뜻하는 것처럼 보인다. 그러나 본문은 그런 뜻이 아니다. 우선, 여기서 '부끄러움'(αἰσχύνη)이란 단어는 칠십인역의 용례를 보면 신체의 '부끄러운 부분'이란 의미로 사용되었다(나 3:5; 사 47:3; 겔 16:36). 나훔 3:5에서는 "... 내가 네 대적이 되어서 네 치마를 걷어 쳐 네 얼굴에 이르게 하고 네 벌거벗은 것을 얼굴에 보이며 네 부끄러운 곳(τὴν αἰσχύνην σου)을 열방에 보일 것이요"라고 한다. 이사야 47:3에서는 "네 살이 드러나고 네 부끄러운 것(ἡ αἰσχύνη σου)이 보일 것이라 ..."고 한다. 또 에스겔 16:36에서는 "... 네가 네 누추한 것을 쏟으며 네 정든 자와 행음함으로 벗은 몸(ἡ αἰσύνη σου)을 드

---

(372). 아마도 '고삐 풀린 방탕'에 빠진 순회 전도자들을 가리키는 듯하다고 한다(375).

16 Greijdanus, *Philippensen*, 301.

17 Greijdanus, *Philippensen*, 301f.

18 P. Feine, *Die Abfassung des Philipperbriefes in Ephesus*, 32: "Das Essen und Nichtessen ist ihr Gottesdienst, ihr Gott ist ihr Bauch."

러내며 ..."라고 한다. 따라서 '부끄러움'(αἰσχύνη)이란 단어가 구체적으로 신체의 '부끄러운 부분'을 가리키는 것으로 많이 사용된 것을 알 수 있다.

둘째로, 당시에 빌립보에 들어온 이단들이 이처럼 방탕한 삶을 살았는지는 의문스럽다. 이들은 오히려 할례를 주장하고 율법을 지켜 행할 것을 주장하는 유대주의자들이었다. 셋째로, 갈라디아서 6:12-13에서도 여기의 '부끄러운 부분'과 같은 생각을 말하고 있다. 곧 '육체의 모양을 내려 하는 자들'이 갈라디아 교회 성도들로 하여금 억지로 할례를 받게 하려는 것은 그들의 '육체'로 자랑하려 함이라고 한다. 이것은 '할례'를 말하는 것이며, 신체의 '부끄러운 부분'을 두고 말하는 것이다.[19] 빌립보의 대적자들도 이와 마찬가지로 신체의 '부끄러운 부분'에 할례 받는 것을 중요하게 여기고, 그것을 그들의 영광으로 삼았던 것이다. 그래서 그들의 영광이 그들의 '부끄러움' 곧 '부끄러운 부분'에 있다고 말했던 것이다.

많은 주석가들은 여기의 αἰσχύνη에 대해 '성적으로 방탕한 생활'을 가리키는 것으로 이해했다. 예를 들면, Lightfoot는 "그들이 자랑하는 고삐 풀린, 그래서 패역한 방종은 그들의 극심한 타락이 된다."고 설명한다.[20] Matter는 고전 6:12; 12:23에서 알 수 있는 바와 같이 모든 것을 시도해 보는 것을 지지하는 (잘못 이해된) '기독교적 자유'에 대해 말하고 있다고 본다.[21] Floor도 이와

---

19 이상의 세 가지 논거는 Greijdanus, *Philippensen*, 302에 나오는 것들이다.

20 Lightfoot, *Philippians*, 155.

21 Matter, *Philippenzen en Philémon*, 93. 그러면서 Matter는 여기서 만일 '부끄러운 부분'(할례를 행하는 곳)을 의미했다면, αἰσχύνη 대신에 αἰδώς가 사용되었을 것이라고 한다. 그러나 Liddell-Scott 사전에 보면, αἰδώς뿐만 아니라 αἰσχύνη도 사람의 신체의 부끄러운 부분을 가리키는 의미로 사용된 예들이 있다. 무엇보다 중요한 것은 칠십인역에서 αἰσχύνη가 신체의 부끄러운 부분을 뜻하는 의미로 사용된 곳은 있지만(사 47:3, 나 3:5), αἰδώς는 정경 부분의 칠십인역에서는 아예 사용되지도 않았다(단지 외경인 마카비 3서에서만 두 번 나온다). Cf. E. Hatch-H. A. Redpath, *A Concordance to the Septuagint*, s.v.

마찬가지로 '부끄러운 욕구들(간음과 여러 부끄러움을 모르는 방종)'을 뜻한다고 본다.[22]

다른 한편, Gnilka는 여기의 αἰσχύνη에 대해 멸망에 들어갈 자들이 처하게 될 경멸스러운 상황에 빠지게 하는 '하나님의 심판에 대한 경험'(die Erfahrung des Gerichtes Gottes)이라고 본다.[23] O'Brien도 Gnilka의 이 견해를 따르고 있다.[24] Silva도 마찬가지로 이것은 '하나님의 심판을 받게 되는 자들에게 임하는 객관적 수치'를 말한다고 하면서 앞의 '멸망'과 사실상 동의어라고 본다.[25] 이 단어가 '성적 기관들'을 암시하며 그래서 간접적으로 '할례'를 암시한다는 해석에 대해 Silva는 '사전적 증거'(lexical evidence)가 없다고 일축한다. 그러나 그가 칠십인역에 이러한 용례들이 있다는 사실을 고려하지 않은 것은 유감스럽다 하겠다.

따라서 우리는 앞의 κοιλία에 대한 해석과 같은 맥락에서 여기의 αἰσχύνη는 구체적으로 유대주의자들이 자랑하는 할례의 장소를 뜻한다고 보아야 할 것이다. 그렇지 않으면 이 문장은 너무 일반적이고 막연하다. 바로 앞절에서 이들은 '그리스도의 십자가의 원수들'이라고 구체적으로 말했으며, 그리고 나서 "그들의 끝은 멸망이요, 그들의 신은 배요, 그 영광은 그들의 부끄러움에 있다."고 한다.[26] 그렇다면 "그들의 신은 배요"라는 것을 일반적인 의미에서 '방

그런데 O'Brien이 αἰσχύνη가 '부끄러운 신체 기관'을 뜻하는 병행 자료가 없다고 말하는데(*Philippians*, 457), 왜 분명한 칠십인역의 구절들을 보지 못하는지 이해할 수 없다.

22 Floor, *Filippenzen*, 158.
23 Gnilka, *Philipperbrief*, 205.
24 O'Brien, *Philippians*, 457.
25 Silva, *Philippians*, 210.
26 Hawthorne은 이 문장을 조금 다르게 읽는다. 곧 ὧν ὁ θεός를 주어로 보고 ἡ κοιλία καὶ ἡ δόξα ἐν τῇ αἰσχύνῃ αὐτῶν를 술어로 본다(*Philippians*, 166). 그러면 "그들의 신은 배와 그들의 부끄러움에 있는 영광이다."가 된다. Silva는 이에 대해 '인위적이고, 어쩌면 심지어 문법 위반'(artificial and possibly even solecistic)이라고 말하는데, 아무런 근거도 제

탕'을 뜻한다고 보기는 어려울 것이다(이들은 율법을 강조하는 유대주의자들이다). 그리고 "그 영광은 그들의 부끄러움에 있다"는 표현도 그들이 마지막 날에 하나님의 심판으로 부끄러움을 당할 것이라는 의미로 보기도 어렵다. 이 문장은 그들이 "부끄러움을 당할 것이다"로 되어 있지 않고, "그들의 부끄러움에 있다"고 되어 있다. 그렇다면 이것을 '미래'의 심판을 가리킨다고 보기는 어려울 것이다.[27] 뿐만 아니라 무엇보다도 '그 영광'이 주어로 오지 않는가? 이것을 미래에 그들이 당할 심판과 어떻게 연결시킬 수 있는가? 미래에 그들이 당하게 될 하나님의 심판을 어떻게 '그 영광'이라고 말할 수 있는가? 바울이 조소적으로 말했다고 할지라도 어떻게 내용상 연결이 되는가? 십자가의 원수들이 자기들이 당하게 될 미래의 심판을 자랑하고 영광스럽게 생각했단 말인가? 이것은 말이 되지 않는다. 따라서 이 모든 것을 종합해 볼 때, 그들이 할례를 너무나 중요하게 여겼기 때문에(cf. 갈 6:12-13; 5:12) 그들의 자랑 곧 영광은 그들의 부끄러운 부분 곧 할례 받은 부분에 있다고, 바울이 조소적으로 말했다고 보는 해석이 가장 타당하다고 생각된다.

시하지 않고 있다(*Philippians*, 212). 그러나 우리가 볼 때 Hawthorne의 이 제안은 문법적으로 가능하다고는 생각된다. 그러나 이렇게 될 경우에 한 가지 어려움이 발생하는데, 곧 내용상 "그들의 신은 배"라는 것은 문제가 없지만 "그들의 신은 영광"이라는 것이 잘 어울리지 않는다. "그들의 신은 그들의 부끄러움에 있는 영광"이라는 것이 무슨 의미인가? Hawthorne은 물론 여기의 '부끄러움'을 신체의 국부를 가리키는 것으로 이해하고 따라서 할례를 조소하는 것으로 보지만, 그렇다고 할지라도 "그들의 신은 그들의 부끄러운 부분에 있는 영광"이라는 것은 내용상 어색하며, "그 영광은 그들의 부끄러움에 있다"는 것보다 더 낫게 보이지 않는다.

27 이것을 먼저 지적한 사람은 R. Jewett인데("Epistolary Thanksgiving," 381), O'Brien은 '결정적이지 않다'(not decisive)고 말한다(*Philippians*, 457 n.81). 그러나 필자는 결정적이지는 않더라도, 적어도 조금은 관계된다고 생각한다.

5. 땅의 일을 생각하는 자(19하)

이들은 또한 '땅의 일들을 생각하는 자들'이다. '땅의 일들'(τὰ ἐπίγεια)이란 문자적으로는 하늘에 있는 것과 대비되는 땅에 있는 모든 것을 가리킨다 (cf. 골 3:1-2). 그러나 이것은 단지 장소적인 개념이 아니라 무엇보다도 윤리적인 개념으로서, 땅 곧 이 세상에 속한 바 감각적인 것, 육신적인 것, 방탕한 것, 인간의 명예를 추구하는 것 등을 나타낸다(cf. 요일 2:16; 갈 5:19-21). 곧, 타락한 인간이 육신적인 소욕을 따라 원하고 추구하는 것들을 말한다. '생각한다'(φρονέω)는 것은 단지 지적인 생각을 가리키는 것이 아니라 온 마음으로 생각하고 원하는 것을 말한다. 곧, 그들의 마음이 땅의 일들, 육신적인 것들을 향하는 것을 말한다.[28]

III. 우리의 시민권(20-21절)

[20]오직 우리의 시민권은 하늘에 있는지라. 거기로서 구원하는 자 곧 주 예수 그리스도를 기다리노니 [21]그가 만물을 자기에게 복종케 하실 수 있는 자의 역사로 우리의 낮은 몸을 자기 영광의 몸의 형체와 같이 변케 하시리라.

1. 우리의 시민권(20상)

"우리의 시민권은 하늘에 있다"는 문장으로 시작되는 20절은 19절의 말씀과 대비된다. 특히 19절 끝에 나오는 '땅의 일들'과 대비하여서 '하늘'을 말한다. 여기서 '시민권'으로 번역된 헬라어 '폴리튜마'(πολίτευμα)는 자세한 설명을 요하는 단어이다. 명사 '폴리튜마'는 동사 '폴리튜오'(πολιτεύω)에서

---

28 Cf. Greijdanus, *Philippensen*, 303f.

온 것인데, '폴리튜오'는 시민(πολίτης)[29]으로서 생활하는 것을 뜻한다. 따라서 '폴리튜마'는 문자적인 의미로는 시민으로서 생활(cf. 빌 1:27; 행 23:1)한 것의 산물을 가리킨다. 구체적으로는 다음 네 가지 중 하나를 뜻할 수 있다.

  1) 공동의 시민들(πολίται)에 의해 형성되거나 발생하는 국가공동체
  2) 국가공동체의 행정부
  3) 그런 국가공동체의 시민들의 권리와 의무 전체
  4) 그런 권리와 의무들의 실행 또는 그런 시민들로서 행동하는 것[30]

이 중에서 흐레이다너스는 첫 번째 의미 곧 '국가공동체'(commonwealth), '국가'(staat)로 본다. 바우어도 그의 사전에서 빌립보서 3:20에 대해 다음과 같이 번역하고 있다. "우리의 국가공동체(commonwealth, 독: Gemeinwesen), 국가(state, 독: Staatsverband)는 하늘에 있다." 그러면서 그는 "πολίτευμα는 종종 외국인들의 식민지를 의미한다."고 설명을 덧붙인다.[31] 드 즈반(J. de Zwaan)도 이런 좁은 의미(식민지)로 본다.[32] 그러나 몰턴과 밀리간은 이 단어에 대한 자세한 연구에서, 특히 파피루스 문헌들에 대한 연구를 통해 πολίτευμα가 그런 의미(식민지)로 사용된 분명한 증거가 부족하다고 한다. 그리고 그런 의미로 취할 경우에 빌립보서 3:20에서는 '원(原)도시'(mother-city)와 '식민지'(colony) 사이의 관계가 뒤바뀐다고 한다.[33] 즉, 우리의 식민지가 '하늘'에 있다는 것은 맞지 않다. 그 반대로 하늘에 있

---

29 시민(πολίτης)은 "다른 사람들과 함께 πόλις 자체 또는 정치적인 속성으로서의 πόλις에 참여하는 사람, 그래서 선거권과 피선거권을 온전히 행사하는 도시 시민 또는 국가 시민"을 뜻한다. 이들은 외국인 또는 종들과 구별된다. Cf. H. Strathmann, "πόλις κτλ.," *TWNT*, VI, 517.

30 Greijdanus, *Philippensen*, 305.

31 Bauer, *Lexicon*, s.v. πολίτευμα.

32 J. de Zwaan, "Philippenzen 3:20 en de Κοινή," *Theologische Studien* 31(1913), 298-300.

33 J. H. Moulton-G. Milligan, *The Vocabulary of the Greek Testament*, 526 (s.v. πολίτευμα).

는 것이 '원도시'이고 이 땅의 것이 그 '식민지'라고 봐야 할 것이다. 따라서 '폴리튜마'를 식민지로 보는 해석은 맞지 않음을 알 수 있다.[34]

그런데 오늘날 우리나라의 성경들과 영어 성경들은 대부분 이것을 '시민권'(citizenship)으로 번역하고 있다. '시민권'이란 어떤 나라의 시민으로서의 권리뿐만 아니라 넓은 의미로 시민됨 곧 시민으로서의 신분, 자격, 권리, 의무 등을 총괄한 것으로 볼 수 있다. 이것은 우리가 하늘나라의 시민이라는 것은 잘 나타내지만 너무 좁은 개념이다. '폴리튜마'는 이보다 넓은 개념이다. 단지 우리의 시민권만이 아니라 우리를 다스리는 나라, 국가, 정부가 하늘에 있다는 뜻이다.

우리는 이 사실을 문맥에서 분명히 알 수 있다. 바울은 이어서 "거기로서 구원하는 자 곧 주 예수 그리스도를 기다리노니"라고 말한다. 많은 사람들은 자연스럽게 여기의 '거기'는 앞에 나온 '하늘'을 가리킨다고 생각한다. 그러나 원문에는 '거기로서'(ἐξ οὗ)는 단수로 되어 있다. 반면에 '하늘'(οὐρανοῖς)은 복수로 되어 있다. 따라서 여기의 '거기'는 '하늘'을 가리킬 수 없고 그 앞에 있는 단수 명사인 '폴리튜마'를 가리킨다.[35] 그런데 '폴리

---

[34] Hawthorne은 여기서 '시민권'(citizenship)이라고 번역된 πολίτευμα에 대해, 좀 더 정확하게 번역하면 '국가공동체'(commonwealth) 또는 '국가'(state)가 된다고 했지만, 실제 주석에서는 '식민지'(colony)와 '시민권'(citizenship)으로 설명하고 있다 (*Philippians*, 170f.). 예를 들면, "각 지역 교회는 하늘의 식민지이다. 그 구성원들은 천상 도시의 완전한 시민권을 누리고 있다."는 식으로 설명한다. 그러나 성경은 "우리의 πολίτευμα는 하늘에 있다"고 말하지, 땅에 있다고 말하지 않는다. Floor도 마찬가지로 πολίτευμα에 대해, 먼저 '시민권'(burgerschap)으로 보고 설명하다가 곧 이어서 '통치 중심'(regeercentrum)으로 볼 수도 있다고 한다. 그러면서 또 '식민지'(kolonie)라는 해석도 가능하다고 한다(*Filippenzen*, 158).

[35] Lightfoot는 여기의 πολίτευμα가 국가를 뜻한다고 바로 보았지만, 이어서 나오는 ἐξ οὗ는 πολίτευμα가 아니라 οὐρανοῖς를 가리킨다고 한다(*Philippians*, 156). 그러나 이렇게 보는 것은 수(數)가 일치하지 않으므로 문법적으로 어렵다. Hawthorne은 관계 대명사 οὗ는 내용상으로 οὐρανοῖς에 일치한다고, 즉 constructio ad sensum으로 본다(*Philippians*, 171; 또한 Gnilka, *Philipperbrief*, 207 n.123; Müller, *Philippians*, 133 n.2; Hendriksen,

튜마'를 시민권으로 해석한다고 생각해 보라. 그러면 "그 시민권으로부터 구원하는 자를 … 기다린다"고 되어서 말이 안 된다. 시민권은 장소 개념이 될 수 없다. 따라서 우리는 여기의 '폴리튜마'를 '국가, 나라, 정부'로 이해해야 한다.[36] 곧, 우리(그리스도인들)를 다스리는 국가, 나라는 하늘에 있는데, 우리는 그 나라(하늘에 있는 나라)로부터 구원하는 자를 기다린다는 말이다. 따라서 여기의 '폴리튜마'는 일반적으로 이해하고 있는 것처럼 '시민권'으로 번역할 것이 아니라 '국가, 나라 또는 정부'로 번역하는 것이 옳다는 것을 알 수 있다.

결론적으로, 우리 성도들은 하늘나라를 바라보아야 한다. 우리의 참된 나라는 하늘에 있다(골 3:1; 요 18:36). 거기에 우리의 왕이신 하나님과 그리스도가 계시며, 거기에서는 하나님의 완전한 통치가 이루어지고 있다. 지금

Philippians, 183 n.166). 물론 문법적으로 이것은 가능한 것이기는 하지만(그리고 어떻게 보든 의미상 차이는 크지 않다), 앞에 문법적으로 수가 일치하는 단어(πολίτευμα)가 있으며 또 이로써 의미가 잘 통하는데 굳이 그렇게 보아야 할지는 의문스럽다. 이에 대해 Greijdanus가 잘 설명하였는데, 요약하면 다음과 같다. i) ἐξ οὗ는 단순히 부사 ὅθεν(거기서부터)과 같다고 주장한다면, 바울이 왜 여기에 ὅθεν을 사용하지 않았는지가 설명되지 않는다. ὅθεν은 일반적이고 ἐξ οὗ는 구체적이다. 여기서 οὗ가 οὐρανοῖς를 의미했다면, ἐξ ὧν이 왔을 것이다. ii) 만일 이 표현이 의미를 따라(ad sensum) 구성되었다고 주장한다면, 물론 그럴 수도 있지만 그 주장은 그렇게 강하지 않다(cf. 살전 1:10). 물론 하늘들을 하나의 전체로 생각할 수도 있지만, 바울이 ἐν τοῖς οὐρανοῖς라고 쓰지 않고 관사 없이 ἐν οὐρανοῖς라고 썼기 때문에 바울이 쓴 것은 τὸ πολίτευμα의 성격을 말하는 것이다 (좀 더 설명하자면, 바울이 말하는 바는 우리의 πολίτευμα가 땅이 아니라 하늘에 있다는 것이지, 술어인 하늘에 강조를 두어서 '그 하늘'에 있다는 것이 아니라는 의미이다. 그렇다면 초점은 주어인 τὸ πολίτευμα에 있게 되며 술어에 나오는 οὐρανοῖς가 아니다). 그렇다면 '의미를 따른 구조'라는 주장에 대해 의문이 생기게 된다. iii) 이에 반해 ἐξ οὗ의 선행사를 πολίτευμα로 보는 데에는 문법적으로 아무런 문제가 없다. 내용상으로도 아무런 문제가 없다(*Philippensen*, 306f.). 그러면서 Greijdanus는 마지막으로 한 말을 덧붙인다. 우리가 ἐξ οὗ를 어떻게 이해하든, 선행사를 어느 것으로 보든 내용상으로 큰 차이는 없다.

36 같은 견해로는 O'Brien, *Philippians*, 460; Greijdanus, *Philippensen*, 305f.; Strathmann, "πόλις κτλ.," 535: "Die βασιλεία τῶν οὐρανῶν ist das πολίτευμα der Christen."

빌립보 교회 성도들은 '로마의 식민지'인 빌립보에 살고 있으며 '로마인'이라는 사실을 자랑스럽게 여기고 있지만, 그들의 참된 국가는 하늘에 있으며 그들은 하늘나라의 백성임을 깨우쳐 주고 있다. 우리의 본향은 하늘에 있으며(히 11:16), 우리는 이 세상에 있을 때 '외국인'과 '나그네'로서 살아간다(히 11:13).

2. 우리의 기다림(20하)

20하는 "거기로서 구원하는 자 곧 주 예수 그리스도를 기다린다."고 말한다. 여기서 '거기'는 하늘이 아니라 '하늘나라(폴리튜마)'임은 앞에서 말하였다. '기다린다'(ἀπεκδεχόμεθα)는 것은 단지 시간적으로 기다리는 것만이 아니라 간절한 소망을 가지고 기다리는 것을 말한다(롬 8:23, 25; 고전 1:7 등; cf. 롬 8:19).

우리가 기다리는 것은 다름 아닌 구원자 주 예수 그리스도이다. 예수 그리스도를 '구원자'(σωτήρ)라고 부르는 것은 우리가 이 세상에 사는 동안 죄와 고통과 환난 가운데 있음을 의미한다. 이 세상은 우리의 안식처가 아니며 만족할 곳이 못 된다. 오히려 하나님을 믿는 믿음 때문에 세상 사람들로부터 핍박과 환난을 당한다. 그래서 우리는 이 세상에서 '가난한 자'가 되고 '애통하는 자'가 된다(cf. 마 5:3-12). 뿐만 아니라 이 세상에 사는 날 동안 우리는 육신의 연약함 때문에 신음하고 탄식한다. 죄와 유혹에서 완전히 벗어나지 못하고 하나님의 법을 완전히 지키지 못하고 있다. 육신적인 자신의 모습 때문에 날마다 고통하며 탄식한다(롬 7:13-25). 그래서 성령의 처음 익은 열매를 받은 우리까지도 속으로 탄식하며 '몸의 구속'을 기다린다(롬 8:23). 그런데 우리의 구원자 예수 그리스도는 지금 하늘나라에 계신다(골 3:1). 따라서 우리는 거기로부터 다시 오실 구원자 주 예수 그리스도를 기다리는 것이다.

3. 우리 몸의 변화(21절)

그러면 우리의 구원자 주 예수 그리스도는 어떤 분인가? 그는 "우리의 낮은 몸을 그의 영광의 몸의 형체와 같이 변케 하시리라."고 말한다(21절). '낮은 몸'(τὸ σῶμα τῆς ταπεινώσεως)은 직역하면 '비천함의 몸'이다. 곧, 비천한 몸을 뜻한다. 우리의 몸, 육체는 약하고 병들고 죄에 물들었으며 유혹에 잘 빠지는 몸이다. 마음은 원하지만 행함은 없는 연약한 몸이다(롬 7:18-20). 그래서 결국 죽을 수밖에 없으며, 썩을 수밖에 없는 비천한 몸이다(롬 8:10-11).

이러한 우리의 낮은 몸을 그리스도의 영광의 몸의 형체와 같이 변화시키실 것이라고 말한다. '영광의 몸'(τὸ σῶμα τῆς δόξης)은 그리스도께서 부활로 말미암아 입으신 몸인데, 우리 성도들이 부활할 때에도 이와 같은 몸을 입을 것이다(고전 15:43). 여기서 우리는 우리의 부활의 몸과 부활하신 그리스도의 영광의 몸 사이에 동질성이 있음을 알 수 있다(σύμμορφον). 우리의 변화될 그 몸은 다시는 썩지 아니할 '강한 몸'이며 '신령한 몸'이다(고전 15:44). 이 몸은 다시 죄짓지 아니하며 병들지 않고 죽지 아니한다. 마음의 선한 소원을 좇아 다 행하는 몸이며, 완전히 영화롭게 된 몸이다. 그런 몸으로 변화될 때 우리는 육신의 연약함의 문제에서 완전히 벗어나게 될 것이다.

우리를 이렇게 변화시키실 분은 바로 우리의 구원자 주 예수 그리스도시다. 그래서 우리는 우리의 몸을 그렇게 변화시켜 주실 구원자 주 예수 그리스도를 기다리고 있다. 따라서 우리에게는 장래에 소망이 있으며 기다림이 있다.

그러면 우리 주 예수 그리스도는 어떤 능력으로 우리를 그렇게 변화시키실 것인가? "만물을 자기에게 복종케 하실 수 있는 자의 역사로"(κατὰ τὴν ἐνέργειαν τοῦ δύνασθαι αὐτὸν καὶ ὑποτάξαι αὐτῷ τὰ πάντα) 그렇게 하신다고 말한다. 이 부분을 가능한 한 정확하게 직역해 보면 "그를 능하게 하시고 또 만물을 그에게 복종케 하시는 자의 역사(役事)를 따라"가 된다. 여기서 '그'는 예수 그리스도를 가리키고, '그를 능하게 하시고 ... 하시는 자'는 하나님(성부)이시다. '복종케 하다'(ὑποτάξαι)는 동사(부정사)는 아오리스트(aorist)로 되어 있는데, 이것은 복종케 하는 동작이 지속적인 동작이 아니라 단번의 동작(점동작)이기 때문이다.

그러나 이 복종케 하는 동작이 '이미' 일어났는지 아니면 '앞으로' 일어날 것인지에 대해서는 본문이 말하고 있지 않다. 문법적으로는 둘 다 가능한데 어느 것이 맞는지는 다른 본문들을 참고하여 내용적으로 판단할 수밖에 없다. 고린도전서 15:28에 보면 "만물을 저에게 복종하게 하신 때에는 아들 자신도 그 때에 만물을 자기에게 복종케 하신 이에게 복종케 되리니"라고 말한다. 여기서 '만물을 자기에게 복종케 하신 이'(τῷ ὑποτάξαντι αὐτῷ τὰ πάντα)는 하나님(성부)을 가리키며, '자기'는 성자 예수님을 가리킨다. 여기서도 마찬가지로 '복종케 하다'는 동사(분사)에는 아오리스트 시상이 사용되었다. 그런데 내용상으로 보면 그 시점은 세상 역사가 끝날 때 곧 재림 때이다. 왜냐하면 "아들 자신도 복종할 것이다"에서 '복종할 것이다'(ὑποταγήσεται)가 미래 시상으로 되어 있기 때문이다. 히브리서 2:8하도 그런 의미로 말한다. 그렇지만 성경은 또한 "만물을 저의 발아래 두셨다(ὑπέταξεν, 아오리스트)"고 말한다(고전 15:27). 히브리서 2:8상도 마찬가지로 말한다(ὑπέταξας, 아오리스트). 위 본문은 둘 다 시편 8:6의 인용이다. 그러면 우리는 어떻게 말해야 하겠는가? 하나님은 만물을 인자(그리스도; 또한 사람)의 발아래 두셨지만, 아직 현실적으로 만물이 완전히 복종한 것은 아니다. 법적으로는 이미 만물을 그리스도(그리고 성도들)의 발아래 두셨지만, 그것이 완전히 실현되지 못하고 있다. 그것은 인간의 죄 때문이다. 그래서 예수 그리스도와 우리는 세상 끝날까지 기다려야만 하는 것이다. 만왕의 왕이신 그리스도께서 재림하셔서 완전히 왕권을 행사하실 때까지 기다림의 시간이 필요한 것이다.

교훈과 적용

1. 우리가 삶으로 모범을 보여 주는 것도 중요하다. 사람들은 눈에 보이지 않는 예수님을 믿을 때에 눈에 보이는 성도들을 보고 배우게 된다. 따라서 먼저 믿은 자들이 삶으로써 모범을 보이지 못하면 새 신자들의 믿음이 자라지 않고 삶이 변화되지 않는다. 따라서 우리는 우리의 삶으로써, 행동으로써 다른 사람에게 모범이 되도록 힘써야 한다. 비록 우리는 부족하지만 다른 사람들에게 참된 그리스도인의 모습을 보여 주어야 할 책임이 있는 것이다.

2. 이 세상에는 십자가의 원수로 행하는 자들이 많다. 그리스도를 따르지 않고 진리를 왜곡하며 성도들을 미혹하고 있다. 그러나 그들의 결국은 멸망이며, 외적인 것들을 중요하게 여기며, 땅의 일들을 생각하는 자들이다. 복음의 핵심에서 벗어나서 온갖 의식적(儀式的)이고 지엽적인 것들을 붙들며, 성도들을 미혹하여 재물을 갈취하고 부도덕한 일들을 행한다. 따라서 그들의 삶과 결국을 주목해서 보면, 그들은 참된 목회자가 아니라 양의 탈을 쓴 이리임을 알 수 있을 것이다.

3. 우리의 참된 고향, 우리의 참된 나라는 하늘에 있다. 비록 우리가 이 세상

에서 살아갈지라도 이 세상은 우리의 고향이 아니다. 우리는 이 세상에 잠시 나그네로 살아갈 따름이다. 따라서 우리는 없어질 이 세상에 미련을 두지 말고 영원한 나라인 천국을 사모해야 한다. 거기에는 우리 주 예수 그리스도께서 우리를 기다리고 계시며, 앞서간 성도들이 안식하고 있으며 복된 생명을 누리고 있다. 그곳이 우리의 영원한 고향이다.

제 4 장

[1] 하나님의 평강(4:1-9)

마지막으로 바울은 몇 가지 권면의 말을 한다. 서로 같은 마음을 품을 것을 다시 한 번 더 권면한다. 이번에는 유오디아와 순두게라고 하는 두 여성 지도자의 이름을 부르면서 권면한다. 그리고 주 안에서 기뻐하고 아무 것도 염려하지 말고 기도할 것을 당부한다. 그래서 그들에게 평강이 있기를 바란다.

[1] 하나님의 평강(4:1-9)
  I. 바울의 권면(1-3절)
    1. 주 안에 서라(1절)
    2. 유오디아와 순두게에 대한 권면(2절)
    3. 멍에를 같이 한 자(3절)
  II. 기쁨과 관용(4-5절)
    1. 주 안에서 기뻐하라(4절)
    2. 너희 관용을 알게 하라(5절)
  III. 염려하지 말라(6-7절)
    1. 아무 것도 염려하지 말라(6상)
    2. 하나님께 아뢰라(6절)
    3. 하나님의 평강(7절)
  IV. 생각과 행함(8-9절)
    1. 생각하라(8절)
    2. 행하라(9상)
    3. 평강의 하나님(9하)

I. 바울의 권면(1-3절)

¹그러므로 나의 사랑하고 사모하는 형제들, 나의 기쁨이요 면류관인 사랑하는 자들아, 이와 같이 주 안에 서라. ²내가 유오디아를 권하고 순두게를 권하노니 주 안에서 같은 마음을 품으라. ³또 참으로 나와 멍에를 같이한 자 네게 구하노니 복음에 함께 힘쓰던 저 부녀들을 돕고 또한 글레멘드와 그 외에 나의 동역자들을 도우라. 그 이름들이 생명책에 있느니라.

1. 주 안에 서라(1절)

바울은 이제 마지막으로 빌립보 교회 성도들에게 몇 가지 권면을 한다(1-9절). 먼저 1절에서는 "이와 같이 주 안에 서라"고 말한다. 이 말은 앞에서 말한 대적자들에 대한 경계의 말(3:17-21)에 이은 결론이라고 말할 수 있다. 그리스도의 십자가의 원수로 행하는 자들이 있어서 성도들을 미혹하려고 하고 있으니 빌립보 교회 성도들은 이런 미혹에 흔들리지 말고 "주 안에 견고하게 서라"는 말이다.

바울은 이 말을 하기 전에 먼저 빌립보 교회 성도들에 대한 사랑의 표현을 쏟아 내고 있다. 먼저 '나의 사랑하고 사모하는 형제들'이란 표현은 바울이 빌립보 성도들을 얼마나 사랑하고 있는가 하는 것을 보여 준다. '사모한다'(ἐπιποθέω)는 단어는 빌립보서 1:8에 동사 형태로 한 번 나온 적이 있다. '나의 기쁨이요 면류관'이란 표현은 바울이 빌립보 성도들을 얼마나 기뻐하고 자랑스럽게 여기는가 하는 것을 보여준다. '면류관'(στέφανος)은 원래 나뭇잎으로 만든 화관(wreath)인데, 높은 지위에 있는 사람이 쓰거나 존경의 표시로 수여하는 것이었다.[1] 따라서 이것은 큰 영광과 기쁨과 자랑을 의미

---

1 Bauer, *Lexicon*, s.v.

한다. 이처럼 빌립보 교회 성도들이 바울의 기쁨이요 자랑이라는 뜻이다 (cf. 살전 2:19).

그러고 나서 바울은 "이와 같이 주 안에서 서라, 사랑하는 자들아"고 말한다. 끝에 "사랑하는 자들아"를 한 번 더 말한 것은 바울의 이 말은 사랑으로 권면하는 것임을 보여준다. 여기서 '서다'(στήκω)는 동사는 굳게, 견고하게 서서 흔들리지 않는 것을 말한다(cf. 1:27). 이것은 이단들의 미혹에 대해, 그리고 믿음을 요동케 하려는 무리들의 공격에 대해 흔들리지 않고 믿음에 굳게 서 있는 것을 말한다. '주 안에 서라'는 것은 주 예수 그리스도를 붙들어서 흔들리지 말라는 뜻이다. 이것은 우리가 "그[그리스도 예수] 안에서 뿌리를 박으며 세움을 입어 교훈을 받은 대로 믿음에 굳게 서라."는 말씀(골 2:7)과 같은 내용의 것이다.

2. 유오디아와 순두게에 대한 권면(2절)

바울은 구체적으로 빌립보 교회의 두 여성도의 이름을 말하면서 같은 마음을 품으라고 권면한다(2절). 유오디아(Euodia)와 순두게(Syntyche)는 둘 다 여자 이름인데, 아마도 빌립보 교회의 중심 되는 두 여성도로 생각된다.[2] 이들은 신앙도 좋고 열심도 많았으나 단 한 가지, 서로 마음이 같지 않다는 것이 문제였다. 그래서 바울은 이들에게 "주 안에서 같은 마음을 품으라."고 권면하고 있다. 여기서 '같은 마음을 품는다'(τὸ αὐτὸ φρονεῖν)는 것은 원어에 의하면 '같은 것을 생각하는 것'을 의미한다. 곧, 생각이 같은 것을 의미한

---

2 F. C. Baur는 여기의 '유오디아'와 '순두게'에 대해, 별다른 이유 없이 단지 하나 되라고 권면했다는 이유로, 두 여인이라기보다 '두 당파'(zwei Parteien)로 여길 수 있다고 하였다 (*Paulus*, 475). 그리고 Tübingen 학파는 빌립보 교회 안에 '유대 기독교 당파'와 '이방 기독교 당파'가 있었다고 보았다. 그러나 이 두 이름 중 누가 어느 당파를 대변하는지에 대해서는 의견이 갈렸다. Cf. Greijdanus, *Philippensen*, 312.

다. 물론 여기서 '생각'은 단지 지적인 것만이 아니라 마음의 원하는 것까지 포함한 포괄적인 것이다. 이처럼 넓은 의미에서 생각이 같은 것이 곧 같은 마음을 품는 것이다.

사도 바울이 빌립보 교회에 꼭 당부하고 싶었던 말은 바로 이것이었다. 앞의 1:27과 2:2에서 이미 말한 바 있지만 다시 한 번 더 구체적으로 이름을 들어서 말하고 있다. 그것은 그만큼 한 마음을 가지는 것이 중요함을 뜻한다. 그리고 이름을 들어서 권면한다는 것은 그만큼 그들을 사랑하고 신뢰한다는 것을 의미한다. 서로 신뢰할 수 있는 관계가 아니라면 이렇게 실명으로 권면하는 것은 위험하고 심각한 부작용을 초래할 수 있다.

3. 멍에를 같이 한 자(3절)

이어서 바울은 '멍에를 같이 한 자'에 대해 간구하고 있다. "또 참으로 나와 멍에를 같이한 자 네게 구하노니"(3상). 그러면 여기서 '멍에를 같이한 자'(σύζυγος)는 누구일까? 이에 대해서는 몇 가지 견해가 있다. 첫째로, 이것을 고유명사로 보는 견해가 있다. 곧 '쉬쥐고스'(Syzygus)라는 이름의 사람이 있었다고 본다.[3] 그렇다면 이 사람은 바울과 친밀한 사이요 바울이 신뢰하는 진실한 사람이었다. 그러나 한 가지 문제점은 아직 이런 이름이 발견되지 않았다는 것이다.[4] 그래서 둘째로, '쉬쥐고스'를 일반명사로 보는 견해가 있다. 그렇다면 그는 바울과 '멍에를 같이 한 사람'으로서 복음 사역에

---

3 Meyer, *Philippians etc.*, 162; Müller, *Philippians*, 138; Gnilka, *Philipperbrief*, 166f.; Hendriksen, *Philippians*, 191 등.

4 물론 Müller와 Gnilka는 이런 사실이 여기의 이 이름이 실제로 존재했을 가능성을 배제하지 않는다고 본다. Meyer는 바울이 그의 동료들을 지칭할 때에 신약의 다른 어디에서도 σύζυγος로 부른 적이 없다는 사실을 지적한다(*Philippians etc.*, 162).

동역한 일꾼이었다고 볼 수 있다.[5] 이 사람이 누구였는지 우리는 알 수 없다.[6] 우리는 고유명사로서의 '쉬쥐고스'와 보통명사로서의 '멍에를 같이 한 자'라는 두 가지 가능성을 다 열어 놓는 것이 좋을 듯하다. 어쨌든 그는 남자이며,[7] 바울과 가까웠던 사람임에는 틀림없다.

바울은 이 '쉬쥐고스'에게 "복음에 함께 힘쓰던 저 부녀들을 돕고 또한 글레멘드와 그 외에 나의 동역자들을 도우라."고 말한다. 여기서 '도우다'로 번역된 원어($\sigma u \lambda \lambda \alpha \mu \beta \acute{\alpha} \nu \omega$)는 '사로잡다'는 뜻(마 26:55; 행 1:16)과 '수태하다'는 뜻(눅 1:24)으로 사용된 경우도 있으나, 여기서는 (중간태로) '돕다, 지원하다'는 뜻으로 사용되었다.[8] 그리고 '부녀들'이라고 번역된 단어는 원래 '그녀들'($\alpha \dot{u} \tau \alpha \hat{\iota} \varsigma$)이라는 인칭 대명사로 되어 있는데, 이들은 앞에서 말한 두 여자 곧 '유오디아'와 '순두게'를 말한다. 이들은 "복음에 나와 함께 힘썼다"($\alpha \ddot{\iota} \tau \iota \nu \epsilon \varsigma \ \dot{\epsilon} \nu \ \tau \hat{\omega} \ \epsilon \dot{u} \alpha \gamma \gamma \epsilon \lambda \acute{\iota} \omega \ \sigma u \nu \acute{\eta} \theta \lambda \eta \sigma \alpha \nu \ \mu o \iota$)고 말한다. '함께 힘쓰다'($\sigma u \nu \alpha \theta \lambda \acute{\epsilon} \omega$)는 단어는 원래 '(육상 경기에 있어서) 함께 달리다, 경주하다'는 뜻을 가지고 있다. 이들은 복음에 있어서, 곧 복음 전파 사역에 있어

---

5 Lightfoot, *Philippians*, 158; Fee, *Philippians*, 392f.; Greijdanus, *Philippensen*, 314f.(그러나 그는 고유 명사일 가능성을 열어 두고 있다.) 등.

6 이 '멍에를 같이 한 자'가 누구인가에 대해 예로부터 여러 추측이 있어 왔다. 바울의 아내(Clement of Alexandria, Erasmus), 유오디아나 순두게의 남편(Chrysostom), 에바브로디도(Lightfoot), 디모데(Collange, Friedrich), 실라(Delling, Jeremias), 누가(Manson), 빌립보의 감독(Ellicott), 그리스도(Wiesler), 빌립보 교회 전체(Hawthorne) 등. Cf. Hawthorne, *Philippians*, 179f.; Gnilka, *Philipperbrief*, 167; Müller, *Philippians*, 138 n.5.

7 Calvin은 이 사람이 남자였는지 여자였는지 성(gender)에 대해서는 논하지 않겠다고 하면서 미결로 남겨 둔다(cf. *The Epistles of Paul the Apostle to the Galatians, Ephesians, Philippians and Colossians*, tr. by T. H. L. Parker, 285f.). 그러나 우리는 이 사람이 남자였음이 분명하다고 본다. 왜냐하면 문법적으로 볼 때 $\gamma \nu \acute{\eta} \sigma \iota \epsilon \ \sigma \acute{u} \zeta u \gamma \epsilon$(또는 $\Sigma \acute{u} \zeta u \gamma \epsilon$)는 호격으로서 남성형이기 때문이다(여성형이 되려면 $\gamma \nu \acute{\eta} \sigma \iota \alpha \ \sigma \acute{u} \zeta u \gamma \alpha$가 되어야 한다).

8 Bauer, *Lexicon*, s.v.

서 바울과 함께 수고하였다.

"또한 글레멘드와 그 외에 나의 동역자들과 함께"(μετὰ Κλήμεντος καὶ τῶν λοιπῶν συνεργῶν μου)는 문장은 우선 문법적으로 어디에 연결시켜야 할지가 문제이다. 하나는 개역한글판과 개역개정판과 같이 앞의 '도우라'에 연결시키는 것이다.[9] 그러나 이렇게 보면 문장 구조가 약간 어색하게 되며, 글레멘드와 그 외 바울의 동역자들을 다 도우라고 부탁했다는 것은 그럴듯하지 않아 보인다.[10] 그래서 좀 더 간단하고 자연스러운 것은 '함께 힘썼다'에 연결시키는 것이다. 곧, "복음에 나와 함께 그리고 글레멘드와 그 외 나의 동역자들과 함께 수고했던 이 여자들을 도우라."는 의미로 보는 것이다.[11] 이렇게 보면 글레멘드와 그 외 바울의 동역자들은 이 부녀들(유오디아와 순두게)과 더불어 복음을 위해 바울과 함께 수고했다는 의미가 된다.

클레멘트(헬라어 Κλήμης)는 '부드러운, 온유한'이란 뜻의 라틴어 Clemens에서 온 이름인데, 이 사람이 누구냐에 대해서는 예로부터 많은 견해가 있어 왔다. Origen, Eusebius, Epiphanius에게로 거슬러 올라가는 전승에 의하면, 여기의 클레멘트를 로마의 감독 클레멘트와 동일시하였다. 그러나 이 전승은 역사적으로 신뢰할 수 없는데, 왜냐하면 로마의 클레멘트에 대해서는 이미 전설적으로 되어 버렸기 때문이다.[12]

그렇지만 Tübingen의 F. C. Baur는 빌립소서의 '클레멘트'를 로마의 클레멘트(Clement of Rome)와 동일시하였다. 그리고 이 클레멘트를 베드로의 제자라고 보면서, 후대에 빌립보서를 기록한 어떤 바울파의 사람이 교회 안의 베

---

9 Lightfoot, Ewald 등.

10 Greijdanus, *Philippenzen(KV)*, 84; Floor, *Philippenzen*, 166.

11 Greijdanus, O'Brien, Hawthorne, Silva, Gnilka 등.

12 Cf. Gnilka, *Philipperbrief*, 168.

드로파를 바울파와 화해시키기 위해 이 '클레멘트'를 바울의 동역자로 내세우고 있다고 보았다.[13] 그러나 Baur는 여기의 클레멘트는 '로마'가 아니라 '빌립보'에 살고 있다는 사실을 놓치고 말았다.[14] 후에 Schwegler는 Baur의 이 주장에 힌트를 얻어서 Euodia와 Syntyche는 두 여인이 아니라 교회 안의 두 당파이며, '참으로 멍에를 같이 한 자'는 베드로 자신이라고 보았다. 그러나 그는 왜 이 두 당파를 Euodia와 Syntyche라 부르는지는 설명하지 못했다. 후에 Volkmar는 '바른 길을 가다'(taking the right path)는 뜻을 가진 Euodia는 정통(orthodoxy)과 동의어이며 따라서 유대 교회를 뜻하고, 반면에 Syntyche는 '협력자'(the partner)라는 뜻을 가지고 있는데 후에 들어온 이방 교회를 뜻한다고 보았다.[15] 마지막으로 Hitzig는 구약의 언어와 정신을 존중해야 한다고 하면서 Eudodia와 Syntyche는 구약 시대의 족장 앗셀과 갓이라고 주장하였다(남성이 여성으로 바뀐 것은 한 언어에서 다른 언어로 넘어가면서 생긴 것이라고 한다).[16] 결국 이들은 모두 다 Baur의 정(正)-반(反)-합(合) 구도에 따라 초대교회의 역사를 베드로파와 바울파의 대립 갈등으로 보고, 그 둘 사이의 화합은 2세기 중반 이후에 일어난 것으로 본다. 따라서 이 두 파 사이의 화해와 타협을 말하는 빌립보서는 2세기 중반 이후에 어떤 사람이 쓴 위작(僞作)으로 보고 만다.[17]

마지막으로 바울은 "그들의 이름들이 생명책에 있다"고 한다. 이것은 그들은 구원받은 하나님의 자녀에 속한다는 것을 확정해 주는 말이다. 우리의

---

13 Cf. Lightfoot, *Philippians*, 168-71("Clement my fellow-labourer").
14 Lightfoot, *Philippians*, 170.
15 Cf. Lightfoot, *Philippians*, 170f.
16 Cf. S. Neill, *The Interpretation of the New Testament 1861-1961*, 25f.
17 F. C. Baur의 신학에 대한 간단한 설명과 평가로는 Neill, *Interpretation*, 19-28을 보라.

이름이 하늘의 생명책에 있는 것보다 더 중요한 것은 없다(눅 10:20; 계 3:5; 20:12-15 등).

II. 기쁨과 관용(4-5절)

⁴주 안에서 항상 기뻐하라. 내가 다시 말하노니 기뻐하라. ⁵너희 관용을 모든 사람에게 알게 하라. 주께서 가까우시니라.

1. 주 안에서 기뻐하라(4절)

바울은 주제를 바꾸어서 빌립보 교회 성도들에게 다시금 '기뻐하라'고 말한다. 이것은 벌써 세 번째이다(2:18; 3:1; cf. 1:18, 25; 2:17; 4:10). 이처럼 바울이 기뻐할 것을 강조하는 이유는 자기 자신이 빌립보 교회의 사랑과 신실함에 대해 기쁨이 충만했기 때문이며, 또한 그 기쁨을 그들과 함께 나누기를 원했기 때문이다. 부모가 사랑하는 자녀에게 기쁨을 함께 나누기 원하는 것과 같은 심정이라고 할 수 있다.

여기서 '기뻐하라'(χαίρετε)는 말은 현재 시상으로서 지속적인 기쁨을 의미한다. 곧, 한 번만 기뻐하라는 뜻이 아니라 지속적으로 계속 기뻐하라는 뜻이다. 이것을 바울은 '항상'(πάντοτε)이라는 부사를 덧붙여서 강조하고 있다. 그리스도인의 삶은 특별한 때에만 기뻐하는 것이 아니라 항상, 지속적으로, 일상적으로 기뻐하는 삶이 되어야 한다. 즉, 그리스도인의 삶의 일상적인 모습은 기쁨으로 특징지어져야 한다.

그러면 우리가 어떻게 항상 기뻐할 수 있는가? 이 세상에는 기쁜 일도 있고 슬픈 일도 있고, 일이 잘 될 때도 있고 잘 안 될 때도 있는데 어떻게 기뻐할 수 있단 말인가? 그래서 서양 사람들은 감정에 대해 대개 수동적인 것으로 이해했다. 사람이 기뻐하거나 슬퍼하는 감정은 어떤 외적 원인에 의해 만들어지는 결과로 이해한 것이다. 예를 들면, 영어의 "I am pleased."라든가 "I am satisfied.", "I am surprised." 등의 표현에서 알 수 있다. 독일어에서는 비인칭 주어(es)를 써서 "Es macht mich froh."(그것이 나를 기쁘게 만든다)는 식으로 표현한다. 그러나 성경은 우리에게 '기뻐하라'고 명령한다. 감정도 능동적으로 우리가 취해야 할 의무로 표현하고 있는 것이다. 이것이 어떻게 가능할까?

그것은 우리에게 기뻐할 이유가 있기 때문이다. 우리에게는 언제든지, 항상 기뻐할 이유가 있다. 그것은 하나님께서 우리를 사랑하시고 예수 그리스도를 통해 우리를 구원해 주셨기 때문이다. 그래서 바울은 우리에게 "주안에서 항상 기뻐하라"고 말하는 것이다. '주 안에서'(ejn kurivw/)라는 것은 두 가지로 이해할 수 있다. 첫째는, '주님이 인정하시는 범위 안에서'로 보는 것이다(범위, 영역). 곧 죄와 세상 안에서 기뻐하시는 것이 아니라 주님 안에서, 주님과 더불어 기뻐하는 것을 말한다. 둘째는, '주님이 주시는 힘으로, 주님이 인정하시는 방법으로' 기뻐하라는 의미로 보는 것이다(방법, 능력). 구체적으로는 성령 안에서(성령으로) 기뻐하는 것(눅 10:21; 롬 14:17; 갈 5:22), 하나님의 말씀으로 기뻐하는 것(시 1:2; 19:8; 119:47, 92, 111, 143, 173), 찬양으로 즐거워하는 것(약 5:13; 골 3:16; 엡 3:19; 눅 1:46-47), 성도와 함께 음식을 나누며 교제함으로 기뻐하는 것(행 2:46) 등이 있다.

따라서 우리는 세상 쾌락으로 말미암아 기뻐할 것이 아니라 주 안에서, 주님으로 말미암아 기뻐하여야 한다. 성령이 우리 안에 충만하여서 성령의 기쁨으로 기뻐하도록 해야 한다(롬 14:17). 그러기 위해 우리는 늘 하나님의 말씀을 가까이하고 듣고 배우기를 힘쓰며, 성령 안에서 깨어 기도하기를 힘써야 한다.

2. 너희 관용을 알게 하라(5절)

바울은 이어서 "너희 관용을 모든 사람에게 알게 하라"(τὸ ἐπιεικὲς ὑμῶν γνωσθήτω πᾶσιν ἀνθρώποις)고 말한다. 여기서 '관용'이라고 번역된 헬라어는 '에피에이케스'(ἐπιεικής)인데, 원래는 '너그러운, 용납하는' 등의 뜻을 가진 형용사인데 여기서는 명사적으로 사용되었다. 한편 명사형 단어인 '에피에이케이아'(ἐπιείκεια)는 '관용'으로 번역되었다(행 24:4; 고후 10:1). 고대 철학자 아리스토텔레스(Aristoteles)에 의하면, '에피에이케스'(ἐπιείκεια)에 반대되는 단어는 '아크리보디카이오스'(ἀκριβοδίκαιος)인데 '권리(규정)의 요구에 지나칠 정도로 엄격한 것'이라고 풀이한다.[18] 따라서 '에피에이케스'는 자기의 권리를 지나치게 주장하지 않는 것, 지나치게 엄격하지 않은 것을 말한다. 바울은 여기서 빌립보 교회 성도들이 다른 사람에 대해 너무 엄격하게 되지 말고 마음을 넓히고 관용을 베풀 것을 말하고 있다.

우리 주위에는 자기 훈련이 철저하여 엄격한 생활을 하는 성도들이 있다. 예를 들어 새벽 기도회에 한 번도 안 빠지고 참석하는 사람이 있다. 이것은 물론 귀한 일이고 칭찬받아야 마땅하지만, 다른 한편으로 이런 사람은 남을 정죄하고 비난하기 쉽다. 그래서 마음이 좁고 사랑이 없는 율법적인 사람이 되기 쉽다. 그러면 교회 분위기가 냉랭하게 되고 은혜가 없어진다. 그런 사람이 교회의 뒷좌석에 앉아 있으면, 자꾸만 사람을 감시하는 것 같이 느껴진다. 그래서 사람들은 실수하지 않으려고 애쓰고 매사에 조심하고 몸을 사리게 된다. 그러면 교회는 율법적이고 바리새적인 분위기가 되고 만다. 이런 교회는 은혜가 없고 분위기가 냉랭하게 된다.

따라서 교회에서는 사소한 허물을 덮어 주고 용납하는 것이 중요하다. 자기

---

18 Greijdanus, *Philippensen*, 317.

와 다른 사람, 자기 마음에 들지 않는 사람을 포용해야 한다. 너무 자기의 기준을 내세우지 말고, 진리 문제와 윤리 문제가 아닌 다른 것에 대해서는 양보하고 넓은 마음으로 포용하는 것이 필요하다. 그래야만 교회에 은혜가 있고 사랑이 있게 되는 것이다.

사도 바울은 "너희 관용을 모든 사람에게 알게 하라."고 말한다. '알게 하라'(γνωσθήτω)는 것은 직역하면 '알게 되게 하라'(make known)이다. 나 혼자만 알고 있을 것이 아니라 다른 사람이 알도록, 모든 사람이 알도록 하라는 것이다. "사실, 나는 마음이 넓은 사람인데 …", "알고 보면 나도 사실은 따뜻한 사람인데 …" 이렇게 자기 혼자서 생각만 하고 있어서는 안 된다. 다른 사람이 알도록 구체적인 행동으로 나타내어야 한다. 만나면 반가워하고 악수도 하고 이야기도 하고 대접도 하고 등등, 이런 것을 통해 다른 사람이 알도록 해야 한다.

그리고 나서 바울은 "주께서 가까우시니라"(ὁ κύριος ἐγγύς)는 말을 덧붙인다. 이 말은 초대교회가 많이 사용하던 표현으로서 아람어로는 '마라나타'라고 한다(고전 16:22).[19] 여기서 '가깝다'(ἐγγύς)는 단어는 두 가지 의미로 이해할 수 있다. 첫째는, 시간적 의미이다. 곧, 예수님의 재림이 가까웠다는 의미로 이해할 수 있다(cf. 요 2:13 등). 둘째는, 공간적 의미로 예수님은 멀리 떠나 계시지 않고 장소적으로도 가까이 계신다는 의미로 볼 수 있다(cf. 요 3:23 등). 예수님은 성령으로 말미암아 우리 안에 계신다(요일 3:24). 이두 가지 의미가 다 가능하나 신약에서는 대개 예수님의 재림과 관련하여 시간적 의미로 많이 사용되었다. 여기서도 시간적인 의미가 우세한 것처럼 보인다.[20] 그렇다면 바울이 이 말을 여기에 덧붙인 것은, 우리가 이 세상에

---

19 Cf. Lightfoot, *Philippians*, 160.

20 Greijdanus, *Philippensen*, 318. 여기서 Greijdanus는 다음과 같은 말을 덧붙인다. "그렇

살 때 너무 자기의 권리를 주장하면서 좁은 마음으로 살아서는 안 된다는 것을 말하기 위함이다. 우리는 다시 오실 예수님을 바라보면서 마음을 넓히고, 다른 사람을 관용하고 사랑으로 포용하여야 하는 것이다.

III. 염려하지 말라(6-7절)

⁶아무 것도 염려하지 말고 오직 모든 일에 기도와 간구로 너희 구할 것을 감사함으로 하나님께 아뢰라. ⁷그리하면 모든 지각에 뛰어난 하나님의 평강이 그리스도 예수 안에서 너희 마음과 생각을 지키시리라.

1. 아무 것도 염려하지 말라(6상)

바울은 이어서 빌립보 교회 성도들에게 "아무 것도 염려하지 말라."고 한다. 그 이유는 그들에게 염려거리가 많이 있었기 때문이다. 옥에 갇힌 바울에 대한 염려와 바울을 위문 왔다가 병에 걸려 위태해진 에바브로디도에 대한 염려, 그리고 복음 전파에 대한 염려와 교회에 대한 염려, 그 외에도 일상생활에 대한 염려 등 여러 가지 염려거리가 있었다. 그래서 바울은 그들에게 우선 "염려하지 말라"고 말한다.

"염려하지 말라"(μηδὲν μεριμνᾶτε)는 것은 금지를 나타내는 현재 명령법이다. 여기서 현재 시상의 의미는 '염려하는 유(類)의 동작'을 하지 말라는 의미로 볼 수 있다.[21] 즉, 일반적인 행동 원리로서 '염려하는 일'을 하지 말라는

다고 해서 사도 바울이 매우 짧은 시간 안에 주님의 재림을 기대했다는 것은 아니다. 왜냐하면 그는 수년 전에 이미 다르게 말했기 때문이다(살후 2:3, 5). 하지만 우리는 주님의 오심을 간절히 기대하며 그것을 바라보며 살아야 한다. 그리고 신자 각자에게는 그의 죽음과 함께 주님의 오심이 말하자면 사실상 임하게 된다."

21 Cf. Zerwick, *Biblical Greek*, §241.

의미이다(cf. 마 6:25). 세상적인 염려는 무익하며 하나님 없는 이방인들이 하는 것이다(마 6:27-32). 물론 우리는 하나님의 교회를 위해 염려하고 근심할 수 있으나(고후 11:28), 그것도 지나치면 안 된다. 그런 고통과 염려 가운데서도 우리는 하나님을 신뢰하고 기도해야 한다.

2. 하나님께 아뢰라(6절)

바울은 염려하는 대신에 "하나님께 아뢰라"고 말한다. 즉, 기도가 염려의 대안이다. 여기서 '아뢰라'($\gamma\nu\omega\rho\iota\zeta\acute{\epsilon}\sigma\theta\omega$)는 것은 '알려지게 하라, 알려 드리라'는 뜻이다. 곧, 마음속에 있는 생각들, 기도 제목을 하나님께 알려 드리라는 뜻이다. 우리에게 어떤 염려거리가 있을 때 우리는 그것을 속에 묻어 두면 안 된다. 그러면 염려가 마음속을 파고들어 뼈를 녹이는 고통이 된다. 우리는 염려거리가 있을 때 즉각 하나님께 알려 드려야 한다. 염려거리는 묵혀 두지 말고 즉시 기도로 내뱉어야 한다.

이런 점에서 '침묵 기도'란 말은 맞지 않다고 생각된다. 기도란 하나님께 아뢰는 것이다. 물론 작은 소리로 기도할 수도 있고 마음속으로 기도할 수도 있지만, 그냥 가만히 있는 것은 기도가 아니다. 침묵은 침묵이며 묵상은 묵상이다. 우리의 마음속의 생각과 묵상도 그것이 선하면 하나님이 기뻐 받으시지만(시 19:14), 그렇다고 기도는 아니다. 우리의 삶과 행동이 하나님 앞에서 바르면 하나님이 기뻐 받으시지만, 그것이 기도는 아닌 것과 마찬가지다. 우리는 모든 것을 기도하는 마음으로 기도에 합당하게 행해야 하지만, 그것들과 기도 자체는 구별된다. 이와 마찬가지로 묵상과 기도는 구별되며, 침묵과 기도도 구별된다. 기도란 하나님 앞에 나아가 아뢰고 하나님의 은혜와 도우심을 구하는 것이다. 이처럼 우리의 생각과 소원을 하나님께 아뢸 때에 기도가 되고 하나님께 상달되게 된다(cf. 시 32:3, 5).

사실 모든 염려거리는 다 기도 제목이다. 예를 들어 "아들이 오늘 소풍을 갔는데 사고 없이 무사히 돌아와야 할 텐데 …"라고 하는 염려는 곧 "내 아들이 무사히 돌아왔으면 좋겠다", "무사히 돌아오기를 바란다"는 바람이요 기도 제목이다. 따라서 우리 속에 걱정거리, 염려거리가 생기면 머뭇거리지 말고 즉시 입을 열어 기도하는 것이 지혜이다. 모아 두었다가 다음에 기도하겠다고 하는 것은 지혜롭지 못하다. 그러면 계속해서 염려와 근심이 마음을 떠나지 않고 괴롭히게 된다. 따라서 그런 염려거리가 생기면 미루지 말고 즉시 입을 열어 기도하는 것이 좋다. 길을 가고 있거나 차를 타고 있더라도 조용히 입을 열어, 아니면 마음속으로라도 하나님께 아뢰는 것이 좋다.

그러면 우리는 어떻게 아뢰어야 하는가? 우선 '모든 기도와 간구로'(ἐν παντὶ τῇ προσευχῇ καὶ τῇ δεήσει) 아뢰라고 하였다. '기도'(προσευχή)는 가장 넓은 의미에서의 기도인데, 감사와 자백과 간구 등의 요소를 다 포함하고 있다. '간구'(δέησις)는 우리의 원하는 바를 하나님께 구하는 것이다. 그리고 '감사함으로'(μετὰ εὐχαριστίας) 아뢰라고 말한다. 하나님을 신뢰함으로, 하나님께 감사하는 마음으로 기도하라는 것이다. 기도할 때 불안한 마음으로 하면 안 된다. 조급하게 하면 안 된다(전 5:2). 그런 것은 믿음 없는 태도이다. 우리는 모든 것을 다 하나님 앞에 내려놓고 감사하는 마음으로 아뢰어야 한다. 그리하면 하나님의 평강이 우리 마음에 임하게 된다.

3. 하나님의 평강(7절)

그리하면 "모든 지각에 뛰어난 하나님의 평강이 그리스도 예수 안에서 너희 마음과 생각을 지키시리라."고 말한다. 이것은 기도의 결과이다. 하나님께 아뢴 결과는 하나님의 평강이 우리를 지키는 것이다. 여기서 '지각'(νοῦς)은 생각을 말한다. 따지고 염려하고 걱정하는 이성적인 생각을 말한다. '뛰어난'(ὑπερέχουσα)은 '뛰어넘는, 초월하는'(surpassing)이란 뜻이다. 곧 우리의 복잡한 걱정과 근심과 생각을 뛰어넘는 하나님의 평강이 지킨다는 뜻이다. '하나님의 평강'(ἡ εἰρήνη τοῦ θεοῦ)은 하나님이 주시는 평안, 평화, 화평을 말한다.

"너희 마음과 생각을 지키시리라"는 것은 우리의 마음과 생각이 자꾸만 근심과 걱정에 빠지지 않도록 지켜 주시는 것을 의미한다. '지키시리라'(φρουρήσει)가 미래로 된 것은 앞의 명령(염려하지 말고 ... 아뢰라)을 이행할 때 주어지는 '약속'이기 때문이다. 곧, 우리가 우리의 염려거리를 하나님께 아뢰면, 하나님의 평강이 우리를 지켜 주실 것이라는 의미이다. 우리의 마음과 생각은 우리 자신의 힘으로 지키지 못하고 하나님의 도우심을 받아야 지킬 수 있다는 것을 알 수 있다. 곧, 기도를 통해서 그 응답으로 우리의 마음과 생각을 지킬 수 있다.

IV. 생각과 행함(8-9절)

⁸종말로 형제들아, 무엇에든지 참되며 무엇에든지 경건하며 무엇에든지 옳으며 무엇에든지 정결하며 무엇에든지 사랑할 만하며 무엇에든지 칭찬할 만하며, 무슨 덕이 있든지 무슨 기림이 있든지, 이것들을 생각하라. ⁹너희는 내게 배우고 받고 듣고 본 바를 행하라. 그리하면 평강의 하나님이 너희와 함께 계시리라.

1. 생각하라(8절)

우리는 또한 생각을 바로 해야 한다. 기도하고 나서 자꾸만 불길한 생각을 하면 안 된다. 자꾸만 불행한 일이나 나쁜 것, 못된 것을 생각하면 안 된다. 그러면 또 다시 불안해지고 근심에 사로잡히게 된다. 따라서 우리는 항상 선한 것을 생각하고 긍정적인 것을 생각하도록 해야 한다.

그러면 우리가 생각해야 할 것들은 구체적으로 무엇인가? 그것은 무엇이든지 '참된 것들'(ἀληθῆ), '경건한 것들'(σεμνά), '옳은 것들'(δίκαια), '정결한 것들'(ἁγνά), '사랑할 만한 것들'(προσφιλῆ), '칭찬할 만한 것들'(εὔφημα)이다. 여기서 '경건하다'로 번역된 '셈노스'(σεμνός)는 '경배하다, 존경하다'는 뜻을 가진 동사 '세보마이'(σέβομαι)에서 온 단어로서 '존경할 만한'(worthy of respect), '영예로운'(honourable)이라는 뜻을 가지고 있다.[22] 그리고 '칭찬할 만한 것들'로 번역된 '유페마'(εὔφημα)는 '좋은 말이 들릴 수 있는 것들, 칭찬이나 명예가 될 수 있는 것들'을 가리킨다.[23]

"무슨 덕이 있든지 무슨 기림이 있든지"(εἴ τις ἀρετὴ καὶ εἴ τις ἔπαινος)는 앞에서 열거된 목록에 덧붙은 것인데, 그 외에 어떠한 것이든 간에 '덕이 되고 기림이 될 만한 것들'을 생각하라는 의미이다. '덕'(ἀρετή)이란 단어는 바울에 의해서는 여기에서만 사용되었는데, 베드로에 의해서는 몇 차례 사용되었다(벧전 2:9; 벧후 1:3,5). 이 단어는 영적으로, 도덕적으로 뛰어난 것을 의미한다.[24] '기림'(ἔπαινος)은 '찬양, 칭찬'을 말한다.

22　Bauer, *Lexicon*, s.v.

23　Greijdanus, *Philippensen*, 324.

24　Greijdanus, *Philippensen*, 324.

2. 행하라(9상)

다음으로 바울은 우리가 어떤 것들을 행해야 하는지를 말해 준다. 우리의 기도와 생각 다음에는 행함이 뒤따라야 한다. 아무리 기도를 열심히 해도 나쁜 짓을 하면 불안하고 두려움이 엄습해 온다. 따라서 기도 못지않게 올바른 삶을 사는 것이 중요하다. 우리가 하나님 앞에서 의롭게 살면 두려울 것이 없다. 어떤 일이 있어도 당당하고 떳떳할 수 있다. "악인은 쫓아오는 자가 없어도 도망하나 의인은 사자 같이 담대하니라."고 하였다(잠 28:1).

그러면 우리는 무엇을 행해야 하는가? "너희는 내게 배우고 받고 듣고 본 바를 행하라."고 말한다. 바울에게서 배우고 받고 듣고 본 바는 곧 그에게서 받은 바 규례를 말한다(cf. 갈 1:8-9; 6:16; 살후 3:6). 바울은 그들이 어떻게 행해야 할 것인가를 말로써, 행동과 삶으로써 보여 주었다(행 20:18-21; 고전 11:1; 빌 3:17; 1:30; 살전 2:7-9; 살후 3:7-9 등). 오늘날 우리가 어떻게 행해야 할 것은 성경에 기록되어 있다. 따라서 우리는 성경에 기록되어 있는 말씀대로 행해야 한다.

3. 평강의 하나님(9하)

"그리하면 평강의 하나님이 너희와 함께 계시리라."고 말한다. '평강의 하나님'(ὁ θεὸς τῆς εἰρήνης)은 평강을 가지신 하나님, 평강을 주시는 하나님, 평강이 그 속성이신 하나님이란 뜻이다. '평강의 하나님'이 우리와 함께 계신다는 것은 '하나님의 평강'이 지키신다(7절)는 것보다 더 강화된 표현이다. 이 세상의 어떤 것보다 크신 하나님, 천지만물보다 더 크신 하나님이 직접 우리와 함께 계실 것이라는 약속이다. 이처럼 우리가 하나님의 말씀을 좇아 바로 행하는 것은 중요하다. 다윗은 "내가 사망의 음침한 골짜기로 다닐지라도 해를 두려워하지 않을 것은 주께서 나와 함께 하심이라."고 고백하였다(시 23:4). 이처럼 하나님이 함께 하시면 우리는 어떤 것도 두렵지 않고 겁날 것이 없다. 그래서 시편 118:6에서는 "여호와는 내 편이시라. 내게 두려움이 없나니 사람이 내게 어찌 할꼬?"라고 하였다. 이처럼 하나님은 의로운 자와 함께 하시고 순종하는 자에게 복을 주신다.

교훈과 적용

1. 우리는 항상 기뻐하도록 하자. 비록 현실은 어렵고 힘들지라도 우리는 기뻐해야 한다. 왜냐하면 우리에게는 우리를 사랑하시는 하나님이 계시고 우리를 위하시고 돌보시기 때문이다. 예수님이 우리를 위해 죽으셨다는 사실이 바로 하나님이 우리를 사랑하신다는 증거이다(롬 5:8). 따라서 우리는 사랑받은 자로서 날마다 기뻐해야 할 이유가 있다. 비록 맛있는 것을 먹지는 못했을지라도, 좋은 일이 없을지라도 기뻐하고 즐거워할 이유가 있는 것이다. 우리는 항상 싱글벙글 웃고 따스한 미소를 건네야 할 이유가 있는 것이다.

2. 우리는 염려거리들을 자기 안에 가지고 있지 말고 하나님께 다 아뢰어야 한다. 그런 염려, 걱정거리가 내게 있음을 솔직하게 하나님께 알려 드려야 한다. 이때 우리는 불안함으로 아뢰지 말고 감사함으로 아뢰어야 한다. 모든 것을 하나님께 맡기고 감사함으로 아뢰어야 한다. 또는 다음에 기도하겠다고 미루지 말아야 한다. 따라서 우리에게 불안한 생각이 들고 염려가 되면 즉시 하나님께 아뢰어 드리도록 하자. 어디에서 무엇을 하고 있든지 잠깐 입을 열어 하나님께 아뢰어 드리도록 하자. 걱정거리나 기도제목이 생각나면 즉시 하나님께 아뢰도록 하자. 그러면 근심 걱정이 물러가고 하

나님의 평강이 우리를 지켜 주실 것이다.

3. 우리는 항상 좋은 생각을 하도록 해야 한다. 아무리 기도해도 나쁜 생각, 불길한 생각을 하면 마음이 불안하고 불편해진다. 그러나 우리가 참된 것, 경건한 것, 옳은 것, 정결한 것 등 이런 것들을 생각하면 하나님께서 기뻐하시고 우리와 함께 하신다. 따라서 우리는 항상 좋은 것들을 생각하고 또한 감사하는 말을 하며 좋은 말을 하도록 하자. 그러면 평강의 하나님이 우리와 함께 하시고 우리를 지켜 주실 것이다.

[2] 풍성한 하나님(4:10-20)

바울은 빌립보 교회가 바울에게 선물을 보내주고 도와준 것에 대해 다시 한 번 감사를 표시한다. 단순히 물질을 받아서 감사한 것이 아니라 빌립보 교회가 복음을 위해 선한 일에 동참한 것에 대해 감사하고 있다. 그러면서 바울은 자기는 어떠한 형편에서든지 자족하는 법을 배웠다고 말한다. 그러면서 빌립보 교회가 복음을 위해 참여한 것을 기억하며 칭찬한다. 그리고 나서 문안과 축원으로 이 편지를 마친다.

[2] 풍성한 하나님(4:10-20)
  I. 주 안에서 크게 기뻐함(10절)
  II. 자족하기를 배움(11-13절)
    1. 이렇게 말하는 이유(11상)
    2. 자족하기를 배움(11하)
    3. 일체의 비결을 배움(12절)
    4. 모든 것을 할 수 있음(13절)
  III. 빌립보 교회에 대한 칭찬(14-17절)
    1. 바울의 칭찬(14절)
    2. 빌립보 사람들의 선행(15-16절)
    3. 바울의 의도(17절)
  IV. 풍족한 바울(18-20절)
    1. 향기로운 제물(18절)
    2. 풍성한 하나님(19절)
    3. 하나님께 영광(20절)

I. 주 안에서 크게 기뻐함(10절)

¹⁰내가 주 안에서 크게 기뻐함은 너희가 나를 생각하던 것이 이제 다시 싹이 남이니 너희가 또한 이를 위하여 생각은 하였으나 기회가 없었느니라.

사도 바울은 이제 주제를 바꾸어 "내가 주 안에서 크게 기뻐하였다."고 말한다. 여기서 '기뻐하였다'(ἐχάρην)는 단어는 아오리스트 시상으로 되어 있는데, 이것은 히브리적 영향으로 볼 수도 있지만(cf. 눅 1:47; 마 3:17; 17:5 등),¹ 에바브로디도가 선물을 가지고 왔을 때의 시점(과거)을 두고 말하기 때문으로 볼 수도 있다. 어쨌든 바울의 기쁨은 세상적인 기쁨이 아니라 '주 안에서의' 기쁨이었다.

바울이 크게 기뻐한 이유는 "너희가 나를 생각하던 것이 이제 다시 싹이 나기 때문"(ὅτι ἤδη ποτὲ ἀνεθάλετε τὸ ὑπὲρ ἐμοῦ φρονεῖν)이라고 말한다. 이 부분을 직역하면 "너희가 나에 대해 생각하는 것이 이미 전에 다시 싹이 났기 때문"이 된다. "나에 대해 생각하는 것"이란 옥에 갇힌 바울을 생각하고 그들 도울 마음을 가진 것을 말한다. '다시 싹이 나다'(ἀναθάλλω)는 것은 말 그대로

---

1 히브리어에서 상태를 나타내는 완료 동사는 현재적 의미를 지닌다. Cf. 안영복, 『히브리어 연구의 정도』, 131: "상태, 성질, 감정 등을 표현하는 동사에서 완료형은 그 본래의 상태적 의미를 지니며, 현재로 번역함이 좋다."(§46b.1) 한편 M. Zerwick은 그의 책 *Biblical Greek*, 4판(tr. by J. Smith, 1963), §260에서 눅 1:47의 아오리스트 ἠγαλλίασεν에 대해, 히브리어의 미완료 와우 계속법(*wayyiktol*)을 가지고 설명했다(곧, 현재 의미를 가진 분사 뒤에 사용될 경우에 이것은 현재적 의미를 가질 수 있다). 그러나 같은 책의 라틴어 제5판 (*Graecitas Biblica*, Romae, 1966)에서는 다른 설명을 추가하고 있다. 곧, 히브리어 완료형 지속상(permansivum) 또는 상태상(stativum) 동사(특히 영혼의 상태를 나타내는 동사)는 현재적 의미를 가질 수 있다는 사실을 가지고 설명한다. 우리는 이 두 번째 설명이 더 낫다고 본다. 그러나 여기서 우리가 히브리적 영향을 강하게 주장할 수 없는 것은 χαίρω 동사의 경우, 복음서에서 아오리스트형뿐만 아니라 현재형(요 11:15)도 사용되고 있기 때문이다. 뿐만 아니라 바울 서신에서는 현재의 기쁨을 나타낼 때 현재형을 사용하는 많은 예가 있다(롬 16:19; 고전 16:17; 고후 7:9, 16; 13:9; 빌 1:18; 2:17; 골 1:24; 살전 3:9).

'다시 싹이 나다'(bloom afresh), '되살아나다'(revive)의 의미를 가지고 있다. 이것은 그 이전에 빌립보 교회 성도들이 바울을 생각하고 도왔었는데, 이번 기회에 다시금 바울을 도왔다는 것을 말한다. 다시 싹이 난 시점은 에바브로디도가 바울에게 오기 이전이었다. 에바브로디도가 빌립보에 있을 때, 바울이 복음을 전하다가 갇힌 몸이 되었다는 소식을 들었을 때, 그 때(이미 전에) 그들은 바울을 돕고자 하는 마음을 가졌었다. 그런데 그것을 이제 에바브로디도를 통해 실행에 옮긴 것이다.

"너희가 또한 이를 위하여 생각은 하였으나 기회가 없었느니라"(ἐφ᾽ ᾧ καὶ ἐφρονεῖτε, ἠκαιρεῖθε δέ)²는 말은 그들이 전에도 바울을 돕고자 하는 생각을 늘 하고 있었다는 것을 말해 준다. 그러나 바울을 도울 기회를 찾지 못하였다. 따라서 다른 사람을 도울 때에도 기회를 잘 찾는 것이 중요하다. 우리는 남을 도울 수 있는 기회를 기다리고 있다가, 찾으면 적시(適時)에 도와주는 것이 중요하다.

II. 자족하기를 배움(11-13절)

¹¹내가 궁핍하므로 말하는 것이 아니라. 어떠한 형편에든지 내가 자족하기를 배웠노니 ¹²내가 비천에 처할 줄도 알고 풍부에 처할 줄도 알아 모든 일에 배부르며 배고픔과 풍부와 궁핍에도 일체의 비결을 배웠노라. ¹³내게 능력 주시는 자 안에서 내가 모든 것을 할 수 있느니라.

---

2 여기의 ἐφ᾽ ᾧ에 대해 다음 두 가지 이해가 가능하다. 첫째는 '... 하므로, 하기 때문에'(as much as, since)로 보는 것이다. 그러나 이것은 여기서 뜻이 잘 통하지 않는다. 둘째는 '...그것에 대해'(upon which)로 보는 것이다. 이 두 번째 것이 여기서는 잘 맞다. Cf. Zerwick-Grosvenor: "for(to) which end"; 또한 Greijdanus, *Philippensen*, 328: "waarop, waaraan, in betrekking tot hetwelk."

1. 이렇게 말하는 이유(11상)

바울이 이렇게 말하는 이유는 그가 궁핍해서가 아니라고 말한다. 바울이 마치 선물을 바라고 있었던 것처럼 말하는 것은 아니라는 의미다. 물론 선물에 대해서는 고맙고 기쁘지만, 그렇다고 해서 바울이 그것을 기다리고 있었던 것은 아니라는 말이다. 우리가 선물을 받았을 때 너무 "고맙다, 고맙다"고 하면, 마치 그것을 기다리고 있었던 것처럼 들릴 수도 있다. "왜 진작 주지 않고 이제야 주느냐?"는 듯이 들릴 수도 있다. 그러면 상대방이 도리어 미안해진다. 그래서 바울은 지금 자기가 궁핍하기 때문에 이렇게 말하는 것이 아니라고 말한다.

2. 자족하기를 배움(11하)

바울은 "어떠한 형편에든지 내가 자족하기를 배웠다"고 말한다(11절). 여기서 '자족하다'(αὐτάρκης)는 것은 '스스로 충족하다, 만족하다'(self-sufficient, content)는 것을 뜻한다(cf. 딤전 6:6; 고후 9:8).[3] "어떠한 형편에든지"(ἐν οἷς εἰμι)란 것을 직역하면 "내가 지금 처한 상황에서"(in which [situations] I am)가 된다. 곧 바울은 지금 그가 처해 있는 상황에서 만족하기를 배웠다는 뜻이다. 바울은 "나중에, 다음에 상황이 좋아지면 만족하겠다"고 말하지 않는다. 바울은 지금 옥에 갇혀 있으며 사슬에 매여 있다. 그는 그가 나중에 출옥하면 만족하겠다는 것이 아니라, 지금 갇혀 있는 그 상황에서 만족한다는 것이다.

오늘날 우리는 어떤 상황에서 만족하고 있는가? 다음에 돈 벌어서 부자가

---

3 Bauer, *Lexicon*, s.v.; Greijdanus, *Philippensen*, 329.

되면, 그때 가서 만족하고 감사하며 하나님을 잘 섬기겠다고 생각하는가? 그래서 현재는 만족하지 못하고 불평하고 있지는 않은가? 학생들의 경우라면, 나중에 공부를 다 마치고 졸업하면 만족하고 감사하겠다고 미루고 있지는 않은가? 그런 사람은 나중에 상황이 나아져도 만족하지 못하게 될 것이다. 그때가 되면 더 많은 욕구가 생기게 되고 또 다른 문제들이 생겨서 만족함이 없으며 계속 불평하게 될 것이다.

따라서 우리는 현재 지금의 상태에서 만족하기를 배워야 한다. 비록 어려움이 많고 힘든 상황 가운데 있지만, 현재 이 상태에서 만족할 수 있어야 한다. 그러면 나중에 형편이 좋아지면, 그때는 더욱 감사할 수 있는 것이다. 따라서 부족하고 힘들고 힘든 현재 상황에서 하나님을 바라보고 만족할 줄 아는 것이 참된 신앙이며 지혜이다.

3. 일체의 비결을 배움(12절)

바울은 이런 자족(自足)을 저절로 얻은 것이 아니라 많은 경험을 통해 배웠다고 말한다. "내가 비천에 처할 줄도 알고 풍부에 처할 줄도 알아 모든 일에 배부르며 배고픔과 풍부와 궁핍에도 일체의 비결을 배웠노라." 이처럼 자족은 많은 고생을 통해 체득하게 되는 것이다. '비천에 처하다'(ταπεινοῦσθαι)는 말은 원래 '낮은 처지에 처하게 되다, 겸비하게 되다'는 의미이다(눅 3:5; 빌 2:8; 눅 14:11). 여기서는 특히 먹는 것과 생활용품에 있어서 '어려운 외적 환경에 처하다'는 의미로 사용되었다.[4] '풍부에 처하다'(περισσεύειν)는 것은 말 그대로 풍족한 환경에 처하는 것을 말한다.

바울은 "모든 일에 일체의 비결을 배웠다"(ἐν παντὶ καὶ ἐν πᾶσιν μεμύημαι)고 한다. 여기서 '배우다'(μυέω)는 말은 원래 어떤 밀의(密儀) 종교에 '가

---

4 Greijdanus, *Philippensen*, 330.

입하다, 헌신하다'는 뜻으로 많이 사용되었는데,[5] 여기서는 완료 수동태 (μεμύημαι)로서 '비밀을 배웠다'(I have learnt the secret)는 의미로 사용되었다.[6] 곧, 어떠한 상황에서도 자족할 줄 아는 것은 보통 사람들이 알 수 없는 '비밀', '특별한 능력'에 해당된다는 뜻이다.

그러면서 바울은 다시금 '모든 일에'(ἐν παντὶ καὶ ἐν πᾶσιν) 곧 '어떠한 형편에서든지'가 무엇인지를 구체적으로 설명한다. 그것은 곧 '배부르게 됨'(χορτάζεσθαι)과 '배고픔'(πεινᾶν)과 '풍부하게 됨'(περισσεύειν)과 '궁핍하게 됨'(ὑστερεῖσθαι)이라고 말한다. 바울이 이처럼 양쪽 상황을 다 말하지만, 여기서 특별히 의미 있는 것은 '배고픔'과 '궁핍함'의 상황에서 그가 견디고 만족할 줄 아는 법을 배운 것이다. 이것은 그가 많은 고생을 통해 하나님의 은혜를 깊이 체험하게 된 때문이다(cf. 고후 12:9-10). 그래서 시편 기자는 이렇게 고백하였다. "고난당한 것이 내게 유익이라. 이로 인하여 내가 주의 율례를 배우게 되었나이다."(시 119:71)

4. 모든 것을 할 수 있음(13절)

이어서 바울은 "내게 능력 주시는 자 안에서 내가 모든 것을 할 수 있느니라."(πάντα ἰσχύω ἐν τῷ ἐνδυναμοῦντί με)고 말한다. 이 말은 아무 것이나 다 할 수 있다는 뜻이 아니다. 마치 '수퍼맨'이 되었다거나 '전능자'가 되었다는 의미가 아니다. 또는 "나는 할 수 있다"는 적극적 사고방식을 말하는 것도 아니다. 마치 이 구절을 외우면 자동적으로 힘이 생기고 일이 잘되는 것처럼 생각하면 안 된다.

그러면 이 구절은 무슨 뜻인가? 12절과 관련하여 생각해 보면 "모든 것을

---

5 Bauer, *Lexicon*, s.v.

6 Zerwick-Grosvenor, *Grammatical Analysis*, ad Phil. 4:12.

감당할 수 있다" 곧 "어떠한 형편에도 대처할 수 있다, 적응할 수 있다, 자족할 수 있다"는 뜻이다.[7] 꼭 고난을 이기고 성공해야만 능력이 있는 것이 아니라 고난을 감당하고 견디는 것도 능력이다. '내게 능력 주시는 자'란 번역은 오해를 초래할 수 있는 표현이다. 곧, 내가 하나님께로부터 능력을 받아서 무슨 능력을 행하는 것처럼 생각하게 만드는 표현이다. 그러나 이 부분을 정확하게 직역하면 '나를 능하게 하시는 자'가 된다. 즉, 내가 능력을 받아서 무슨 이적을 행하는 것이 아니라 내 자신이 하나님의 능력으로 변화된다는 의미이다. 곧, 비천에 처할 줄도 알고 풍부에 처할 줄도 알고, 어떠한 상황에서든지 감당할 수 있는 사람으로 변화된다는 말이다. 이것이 바울이 체득한 비결이요 능력이다.

어떤 일에 대처할 수 있는 것도 능력이다. 우리가 성공하고 무엇을 성취하는 것만이 능력이 아니다. 어려운 일이나 환난이 닥쳤을 때 그것을 잘 감당하고 인내하는 것도 큰 능력이다. 사람들은 흔히 주위 환경을 바꿈으로써 문제를 해결하려고 하지만, 오히려 우리는 내 자신을 바꿈으로써 문제를 근원적으로 해결할 수 있다. 우리는 이 세상을 내 뜻대로 다 바꿀 수는 없다. 그러나 전능하신 하나님의 뜻에 내 자신을 굴복시킬 수는 있다. 그리할 때 우리는 어떠한 환경에서도 하나님을 바라보며 기뻐할 수 있다. 형통할 때에나 고난이 닥칠 때에나 어떠한 환경에서도 자족할 수 있는 '전천후 인간'이 될 수 있다. 그래서 하박국 선지자는 이렇게 말했다. "비록 무화과나무가 무성치 못하며 포도나무에 열매가 없으며 감람나무에 소출이 없으며 밭에 식물이 없으며 우리에 양이 없으며 외양간에 소가 없을지라도 나는 여호와를 인하여 즐거워하며 나의 구원의 하나님을 인하여 기뻐하리로다."(합 3:17-18)

---

7 Cf. O'Brien, *Philippians*, 526.

III. 빌립보 교회에 대한 칭찬(14-17절)

¹⁴그러나 너희가 내 괴로움에 함께 참여하였으니 잘하였도다. ¹⁵빌립보 사람들아, 너희도 알거니와 복음의 시초에 내가 마게도냐를 떠날 때에 주고받는 내 일에 참여한 교회가 너희 외에 아무도 없었느니라. ¹⁶데살로니가에 있을 때에도 너희가 한 번 두 번 나의 쓸 것을 보내었도다. ¹⁷내가 선물을 구함이 아니요 오직 너희에게 유익하도록 과실이 번성하기를 구함이라.

1. 바울의 칭찬(14절)

그리고 나서 바울은 빌립보 교회 성도들에 대해 "잘 하였다"고 칭찬한다. 바울이 왜 이런 말을 했을까? 여기에는 이유가 있다. 바울은 "나는 자족할 수 있다", "나는 궁핍에도 처할 수 있다"고 하였다. 그러면 빌립보 교회가 바울에게 쓸 것을 보낸 것이 좀 머쓱해질 수 있다. 바울의 말은 마치 "뭐하려고 보냈나? 안 보내도 되는데 …", "나는 빈궁에도 잘 처할 수 있는데 …" 이렇게 들릴 수도 있다. 그러면 빌립보 교회 성도들이 섭섭해 할 수 있다. "괜히 보냈구나", "좋은 일 하고 싫은 소리 듣는구나", 이렇게 생각할 수도 있다. 그래서 바울은 "너희가 내 괴로움에 함께 참여한 것은 잘한 일"이라고 칭찬한 것이다.

여기서 '괴로움'(θλῖψις)으로 번역된 말은 '환난'(trouble, distress)이란 뜻이다.⁸ '함께 참여하였다'(συγκοινωνέω)는 것은 바울이 당하고 있는 환난을 못 본 체하지 않고 동참하였다는 뜻이다. 구체적으로는 바울을 위해 기도할 뿐만 아니라 에바브로디도를 보내어 위로하고 또 필요한 물품을 함께 보내

---

8 θλῖψις는 원래 θλίβω(누르다, 압박하다)에서 온 단어로서 '짓누름, 환난'이란 뜻을 가지고 있다.

었다. 이처럼 복음 전하는 사람을 위해, 특히 복음을 인하여 환난 당하는 자를 위해 선(善)을 행하고 돕는 것은 칭찬받을 귀한 일이다.

2. 빌립보 사람들의 선행(15-16절)

나아가서 바울은 빌립보 사람들이 전에 행한 선행을 말하면서 그들을 칭찬하고 있다. "빌립보 사람들아, 너희도 알거니와 복음의 시초에 내가 마게도냐를 떠날 때에 주고받는 내 일에 참여한 교회가 너희 외에 아무도 없었느니라." 여기서 '복음의 시초에'(ἐν ἀρχῇ τοῦ εὐαγγελίου)란 복음 전파의 시초 곧 바울의 선교 활동의 시초를 뜻한다. 언제부터 계산해서 시초인지는 문맥에 의해 결정된다. 여기서는 빌립보에서의 복음 전파와 그 후 마게도냐와 아가야에서의 복음 전파 사역의 초기를 말한다.[9] 빌립보 교회는 바울이 빌립보를 떠나서 마게도냐로 건너갈 때에 선교 활동에 필요한 재정 지원에 동참하였다. 다른 교회에서는 아무도 도와주지 않았으나 빌립보 교회만 이 일에 동참하였다. 이것을 보면 빌립보 교회는 진정으로 바울을 생각하고 복음 전파 사역에 동참하는 교회였음을 알 수 있다. 바울이 개척한 교회들이 많이 있었지만, 그들은 복음 전파 사역에 물질로 동참하지 않았다. 그렇지만 빌립보 교회는 가난한 가운데서도 바울을 돕고 선교 사역에 동참할 줄 아는 교회였다.

뿐만 아니라 빌립보 교회는 바울이 데살로니가에 있을 때에도 한 번, 두 번 바울의 쓸 것을 보내왔다고 한다(16절). 이것을 보면 빌립보 교회는 의리 있는 교회였음을 알 수 있다. 대개는 교역자가 떠나면 잊어버리는데, 빌립보 교회는 그러지 않았다. 한번 신뢰한 교역자를 끝까지 신뢰하였으며, 무엇보다도 복음을 위한 일에 동참하고자 하는 마음을 가졌다(빌 1:5).

---

9 Greijdanus, *Philippensen*, 333.

3. 바울의 의도(17절)

바울이 이렇게 말한 것(14-16절)은 "내가 선물을 구함이 아니라."고 말한다. 왜냐하면 자칫하면 빌립보 교회가 오해할 수 있기 때문이다. 바울은 마치 선물을 좋아하고 받는 것을 좋아하는 사람인 것처럼 들릴 수도 있다. "바울은 경건하여 물질을 초월한 사람인 줄로 알았는데, 물질 보내 준 것에 대해 이렇게도 기뻐하고 칭찬하는 것을 보니 내심 물질을 좋아하는 사람이었구나!" 하는 생각을 할 수도 있다. "그렇다면 더 자주, 더 많이 보내었어야 하는 건데 …" 하는 생각을 할 수도 있다. 그래서 바울은 "내가 선물을 구함이 아니라."고 말하는 것이다. 이것을 보면 교역자는 물질의 문제에 조심해야 함을 알 수 있다. 조금의 의혹도 없도록, 공연한 오해가 없도록 조심해야 함을 알 수 있다.

바울이 이렇게 말한 의도는 "오직 너희에게 유익하도록 과실이 번성하기를 구함이라."고 말한다(17하). 여기서 '과실'(καρπός)은 선행의 과실, 의의 열매, 빛의 열매를 말한다(빌 1:11; 엡 5:9). 빌립보 교회 성도들이 하나님 앞에서 선행을 하면, 그것은 하나님이 기뻐 받으시는 열매, 과실이 된다. 그러면 그것은 또한 그들에게 유익이 된다. 그들에게 하나님의 칭찬이 있고, 또한 그들이 하나님 앞에서 온전한 사람으로 자라게 된다(엡 4:12-15; 딛 2:14).

IV. 풍족한 바울(18-20절)

[18]내게는 모든 것이 있고 또 풍부한지라. 에바브로디도 편에 너희의 준 것을 받으므로 내가 풍족하니 이는 받으실 만한 향기로운 제물이요 하나님을 기쁘시게 한 것이라. [19]나의 하나님이 그리스도 예수 안에서 영광 가운데 그 풍성한 대로 너희 모든 쓸 것을 채우시리라. [20]하나님 곧 우리 아버지께 세세무궁토록

영광을 돌릴지어다. 아멘.

1. 향기로운 제물(18절)

바울은 자기에게 모든 것이 있고 또 풍부하다고 말한다(18절). 에바브로디도 편에 그들의 준 것을 받으므로 풍부하다고 말한다. 그런데 바울은 이것이 '받으실 만한 향기로운 제물이요 하나님을 기쁘시게 한 것'(ὀσμὴν εὐωδίας, θυσίαν δεκτήν, εὐάρεστον τῷ θεῷ)이라고 한다(18절). 이 부분의 개역한글판과 개역개정판 번역은 의역이 심하다. 직역을 하면 "향기로운 향(냄새)이요, 받으실 만한 제물이요, 하나님이 기뻐 받으시는 것"이 된다. 이 표현은 구약의 제물을 염두에 두고 말한 것이다(레 1:9, 13, 17 등). 구약 시대에는 소나 양이나 염소와 같은 제물을 하나님께 드렸지만, 신약 시대에는 예수님께서 자기 자신을 제물로 하나님께 드렸다. 우리 성도들은 영적인 의미에서 자신을 하나님이 기뻐하시는 거룩한 산 제물로 드려야 한다(롬 12:1). 우리가 행하는 선행(善行)이 하나님이 기뻐하시는 향기로운 제물이 된다. 따라서 우리는 먼저 자기 자신을 주께 드리고, 또한 선한 일에도 힘쓰도록 해야 한다(히 13:16).

2. 풍성한 하나님(19절)

바울은 이어서 "나의 하나님이 그리스도 예수 안에서 영광 가운데 그 풍성한 대로 너희 모든 쓸 것을 채우시리라."고 말한다. 이것은 믿음의 고백이다. 장차 모든 필요를 하나님이 채워 주실 것에 대한 믿음의 표현이다. 그런데 그 하나님께서 '그 풍성한 대로'(κατὰ τὸ πλοῦτος αὐτοῦ) 채워 주실 것이라고 말한다. 직역하면 '그의 풍성함을 따라'이다. 우리 하나님은 풍성한 하나님이

신데, 그의 풍성함을 따라 우리에게 채워 주실 것이라는 말이다.

우리 하나님은 풍성한 하나님이다. 결핍의 하나님이 아니다. 말하자면 하나님은 재물의 반대가 아니다. 사람들은 자꾸만 재물의 반대, 부귀영화의 반대, 권력의 반대가 하나님인 줄로 생각한다. 그래서 재물이 없어 가난하고, 권세가 없어 찌들리고, 명예도 없이 천하게 살면 신앙이 좋은 줄로 생각한다. 그러나 하나님은 재물이 없는 상태, 빈곤 또는 무소유가 아니다. 하나님은 이 세상의 모든 재물을 다 소유하신 분이다(시 24:1). 산과 들, 논과 밭, 강과 바다 등 엄청난 부동산과 동산을 소유하신 부자이다. 그리고 하나님은 인색하신 분이 아니다. 아까워서 주기 싫어하시는 분이 아니다(약 1:5). 하나님은 우리에게 그 나라를 주시기 기뻐하신다(눅 12:32). 우리의 모든 쓸 것을 후히 주시고 누리게 하시는 분이다(딤전 6:17).

예수님은 이것을 오병이어의 이적을 통해 우리에게 보여 주셨다. 떡 다섯 개와 물고기 두 마리를 가지고 오천 명을 배불리 먹이시고 열두 바구니 가득 차게 거두게 하신 것(마 14:13-21; 막 6:32-44; 눅 9:10-17; 요 6:1-13)은 우리 하나님이 풍성한 하나님이심을 보여 준다. 곧, 배불리 먹고 남게 하시는 하나님이심을 보여 준다. 칠병이어의 사건도 마찬가지다(마 15:32-39; 막 8:1-10). 구약 성경에서는 그리스도의 예표인 보아스를 통해 이것을 보여 준다(룻 2:14).

그런데도 불구하고 오늘날 많은 사람들이 찌들리고 결핍한 가운데 살아가는 것은 인간의 죄 때문이다. 우상을 숭배하고 헛된 일에 재물을 낭비하며, 부정과 부패가 만연하고, 게으름과 부조리가 판을 치기 때문이다. 이것은 우리의 죄 때문이지 하나님이 가난해서가 아니다. 따라서 우리는 먼저 자신의 죄를 회개하고 하나님을 믿도록 해야 한다. 그리고 하나님의 말씀을 따라 자신의 삶을 바로 하고 성실하게 살도록 해야 한다. 불필요한 지출을 없애고 합리적인 생활을 해야 한다. 그리고 항상 정직하게, 부지런하게 살아야 한다. 그러면 하나님께서 그의 풍성함을 따라 우리에게 풍성하게 채워 주실 것이다.

물론 하나님은 이렇게 풍성하게 채워 주시되 '그리스도 예수 안에서' 주신다. 이것은 하나님이 물질을 주실 때의 '범위' 또는 '방법'을 말한다. 곧, 그리스도의 뜻에 맞는 범위 내에서, 그리스도 때문에, 그리스도의 이름을 위하여, 그리스도의 능력으로 채워 주신다. 이것은 우리가 하나님의 나라를 위해, 복음 전파를 위해, 선한 일을 위해 물질을 필요로 할 때에는 하나님께서 채워 주신다는 의미이다. 자기 자신의 이익이나 쾌락을 위해, 세상적인 목적으로 사용하려고 할 때는 하나님의 이 약속은 상관이 없다.

'영광 가운데'(ἐν δόξῃ)는 이처럼 풍성하게 채워 주시는 것이 하나님의 영광 가운데 일어난다는 것을 말한다. 곧, 이것이 하나님께 영광이 되며 하나님의 영광을 드러내는 것이 된다는 의미이다. 시편 50:15에서는 "환난 날에 나를 부르라. 내가 너를 건지리니 네가 나를 영화롭게 하리로다."고 말한다. 우리가 기도함으로 하나님이 기도를 들어 주시면, 그것이 하나님을 영화롭게 하는 것이 된다. 이와 마찬가지로 하나님께서 그리스도 안에서 우리의 쓸 것을 풍성히 채워 주시는 것이 하나님께 영광이 되며 하나님을 영화롭게 하는 것이 된다.

3. 하나님께 영광(20절)

그래서 바울은 하나님 아버지께 영광을 돌리고 있다. "하나님 곧 우리 아버지께 세세무궁토록 영광을 돌릴지어다. 아멘"(τῷ δὲ θεῷ καὶ πατρὶ ἡμῶν ἡ δόξα εἰς τοὺς αἰῶνας τῶν αἰώνων, ἀμήν). 먼저 하나님은 '우리 아버지'가 되심을 말한다. '아버지'는 자녀된 우리를 사랑하시고 돌보시는 분이다. 우리의 모든 필요를 채워 주시고 공급해 주시는 분이다(cf. 마 6:26, 32; 7:11). '영광'(δόξα)은 원래 '빛남, 비췸, 찬란함, 광휘'를 뜻하는데, 이것이 하나님께 사용되면 하나님의 위대함, 찬란함, 높음, 거룩함을 의미한다. 하나님은 가까이 가지 못할 빛에 거하시고(딤전 6:16), 영광으로 충만하시다.

'세세무궁토록'(εἰς τοὺς αἰῶνας τῶν αἰώνων)이란 말의 원어는 '세대들의 세대들에 이르기까지'이다. '세대'(αἰών)란 말은 '시대'(age) 또는 '세상'(world)으로도 번역될 수 있다.[10] 유대인들은 현세와 내세를 '이 세상'과 '오는 세상'으로 불렀다(마 12:32; 엡 1:21; cf. 막 10:30; 눅 18:30). 따라서 '세대들의 세대들에 이르기까지'는 '영원토록, 무한히'라는 뜻이다.

우리말 번역에는 '영광을 돌릴지어다'라고 되어 있지만, 원문에 의하면 '영광이'란 말 다음에 동사가 없다. 우리는 여기에 생략된 동사로 εἴη 또는 ἔστιν을 생각할 수 있다.[11] εἴη는 희구법(希求法) 동사로서 주로 기원문(祈願文)에 사용되는데 '있기를 원하노라, 있을지어다'라는 의미이다.[12] ἔστιν은 직설법 동사로서 '있다'는 의미이다.[13] 이 문장은 송영(頌榮)이기 때문에 기원문으로 보는 것이 합당할 것이다.

교훈과 적용

1. 우리는 어떠한 형편에서든지 자족(自足)할 수 있어야 한다. 현재 처해 있는

---

10 Bauer, *Lexicon*, s.v.

11 Greijdanus, *Philippensen*, 338f.

12 인사말에서 '희구법'이 사용된 경우로는 벧전 1:2; 벧후 1:2; 유 2절이 있다(πληθυνθείη, 많을지어다).

13 인사말에서 '직설법'이 사용된 경우로는 요이 1:3이 있다(ἔσται, 있을 것이다). 명령법이 사용된 경우로는 고전 16:24 끝에 γενηθήτω, γενηθήτω를 덧붙이고 있는 G 사본이 있다.

처지와 형편에서 만족하고 감사할 수 있어야 한다. 그러나 사람들은 대개 나중에 형편이 풀리면 감사하고 열심히 봉사하겠다고 한다. 그러다 보니 늘 불만족하고 감사가 없다. 그러나 우리는 현재의 이 어려운 상황에서 하나님을 바라보고 감사하며 만족할 줄 알아야 한다. 이런 사람이라야 나중에 형편이 좋아지면 더욱 감사할 수 있는 것이다. 지금 이 상황에서 만족하고 감사하는 것이 참된 신앙이다.

2. 사람들은 자꾸만 주위 환경을 바꿈으로써 상황을 개선하려고 한다. 내 자신이 강해지고 능력 있는 자가 되어서 환경을 극복하고 나은 삶을 영위하려고 한다. 하지만 내 자신이 환경에 적응하고 감당할 줄 아는 것도 능력이다. 사도 바울은 초인(超人)이 되어 감옥을 탈출함으로써 문제를 해결하지 않았다. 오히려 감옥 안에서 자신을 적응시킴으로써 문제를 해결하였다. 주어진 상황에 만족하고 하나님께 감사하였다. 이처럼 환경을 변화시키는 것보다 자기 자신을 변화시키는 것이 참된 능력이고 더 큰 능력이다. 우리는 세상을 바꾸려 하기보다 먼저 자기 자신을 바꾸도록 해야 한다.

3. 우리 하나님은 풍성한 하나님이시다. 세상 만물을 지으시고 소유하신 최고 갑부이시다. 그 하나님은 또한 우리에게 풍성하게 주시기를 원하신다. 그런데도 사람들이 찌들리고 빈곤한 것은 죄 때문이다. 우상을 숭배하고 게으르고 방탕하며, 헛된 것들에 재물을 소비하기 때문이다. 그런데 그리스도인들 중에도 하나님에 대해 인색한 하나님으로 생각하고 억지로 받아내려는 사람들이 많다. 기도를 세게 해서 하나님에게서 강제로 빼앗아 오려고 한다. 그러나 우리 하나님은 풍성한 하나님이시며, 우리에게 주시기를 기뻐하신다. 자기 아들을 아끼지 않고 우리를 위해 내어주신 하나님께서 어찌 우리에게 모든 좋은 것을 주시지 않겠는가?(롬 8:32) 따라서 우리는 늘 풍성한 하나님을 믿고 감사함으로 아뢰도록 해야 한다.

[3] 결어(4:21-23)

마지막으로 바울은 빌립보에 있는 성도들에게 문안하고 또 그와 함께 있는 형제들과 모든 성도들이 그들에게 문안한다고 한다. 특히 가이사 집의 형제들 몇몇이 문안한다고 한다. 마지막으로 그들에게 예수 그리스도의 은혜가 함께 있기를 기원하고서 그의 편지를 마친다.

[3] 결어(4:21-23)
 I. 문안(21-22절)
 II. 축원(23절)

I. 문안(21-22절)

[21] 그리스도 예수 안에 있는 성도에게 각각 문안하라. 나와 함께 있는 형제들이 너희에게 문안하고 [22] 모든 성도들이 너희에게 문안하되 특별히 가이사 집 사람 중 몇이니라.

바울은 이제 마지막으로 성도들에 대한 문안을 부탁하고 또 문안을 전달한다. 먼저 문안을 부탁한다. "그리스도 예수 안에 있는 성도에게 각각 문안하라."(21상) 여기서 '문안하다'($\dot{\alpha}\sigma\pi\dot{\alpha}\zeta o\mu\alpha\iota$)는 말은 '인사하다'(greet)는 뜻이다. 빌립보 교회의 모든 성도들에게 인사를 전해 달라는 부탁이다. 그리고 같이 있는 형제들의 문안을 전달한다(21하). '나와 함께 있는 형제들'은 바울과 함께 사역하고 있는 형제들을 의미한다.

22절의 '모든 성도들'은 로마에 있는 모든 성도들을 의미한다. 특히 "가이사 집 사람 몇이 너희에게 문안한다."고 말하는데, 여기의 '가이사 집에 속한 사람들'(οἱ ἐκ τῆς Καίσαρος)은 가이사의 친척들을 말하는 것이 아니라 가이사 집에서 일하는 사람들, 곧 가이사의 종들이거나 또는 전에는 가이사의 종이었으나 자유인이 된 자들을 가리킨다. 즉, 가이사의 집에서 일하는 사람들을 가리킨다.[1] 라이트푸트는, 이들은 '궁전에 부속된 종들과 해방민들'(slaves and freedmen attached to the palace)이라고 본다.[2] 이들이 구체적으로 누구였는지 오늘날 우리는 알 수 없다. 이들을 꼭 노예들이나 해방민들로 제한할 필요는 없다고 생각된다. 어쨌든 이들은 로마의 가이사 집에 속한 사람들로서 복음을 듣고 예수를 믿은 사람들이었다.

II. 축원(23절)

[23]주 예수 그리스도의 은혜가 너희 심령에 있을지어다.

마지막으로 바울은 빌립보 교회 성도들에 대한 축원(祝願)으로 그의 편지를 끝맺고 있다. 바울은 '주 예수 그리스도의 은혜'가 그들의 심령에 있기를 기원한다. 성도들에게는 무엇보다도 '은혜'(χάρις)가 있어야 한다. 다른 은혜가 아니라 예수 그리스도의 은혜가 있어야 한다. 은혜가 '너희 심령에'(μετὰ τοῦ πνεύματος ὑμῶν) 있기를 기원하는데, '심령'으로 번역된 단어는 원래 '영'(πνεῦμα)이다. 성도의 영, 영혼이 그리스도의 은혜로 충만한 것이 무엇보다 중요하다. 성도의 육신은 이 세상에서 환난을 당하더라도 영혼은 늘 그리스도의 은혜로 충만해야 한다. 여기서도 원문에는 동사가 생

---

1 Greijdanus, *Philippensen*, 341.

2 Lightfoot, *Philippians*, 167. 이들은 비천한 노예들뿐만 아니라 높은 지위의 궁전 관리들도 포함했을 것이라고 본다(같은 곳; 그리고 171-78).

략되어 있는데, 생략되어 있는 동사는 희구법의 εἴη 또는 직설법의 ἔστιν으로 볼 수 있다. 여기서는 기원문이므로 εἴη가 생략되었다고 보는 것이 옳을 것이다. 따라서 이 문장은 "주 예수 그리스도의 은혜가 너희 영혼과 함께 있기를 원하노라."는 의미가 된다.

제일 마지막에 '아멘'이 덧붙어 있는 사본들이 많이 있다. 소수의 사본들(B F G 등)을 제외하고는 대부분의 사본들(𝔓46 ℵ A D Ψ K L P *Byz Lect* 등)이 '아멘'을 가지고 있다. 후기 사본들뿐만 아니라 초기 사본들도 대부분 '아멘'을 가지고 있다. 그러나 '아멘'이 있든 없든 전체 문장의 뜻에는 별다른 차이가 없다.

교훈과 적용

1. 바울은 빌립보 교회의 성도들 생각하고 각각 문안을 부탁한다. 바울은 그들 각자를 위하여 날마다 기도하였다. 그래서 바울은 그들을 잊지 않고 늘 생각하였던 것이다. 이처럼 우리는 성도들을 위해 중보기도를 힘써야 한다. 한 사람 한 사람 이름을 부르며 기도하도록 해야 한다. 그러면 우리가 그들을 잊지 않고 늘 마음에 간직하게 될 것이다. 이처럼 다른 사람을 위해 기도할 때 참된 사랑이 있고 참된 교제가 가능하다.

2. 바울 주위에는 그를 돕는 사람들이 많이 있었다. 바울은 로마의 어느 셋집에 갇혀 있었지만, 비교적 자유로운 몸으로 복음을 전하고 가르칠 수 있었다. 날마다 성경을 가르쳤는데 많은 사람들이 와서 배웠다. 말하자면 바울은 로마의 어느 집에서 신학교 사역을 했다고 볼 수 있다. 또 바울의 사역을 돕는 사람들이 많이 있었는데, 이들도 또한 빌립보 교회에 문안하고 있다. 이처럼 성도의 교제는 거리와 신분을 초월하여 그리스도 안에서 이루어지

고 있음을 볼 수 있다. 참된 교제는 그리스도 안에서 성령을 통하여 진리 안에서 이루어진다.

3. 바울이 마지막으로 기원한 것은 '그리스도의 은혜'가 있기를 바란 것이었다. 오늘날 우리에게는 무엇보다도 '그리스도의 은혜'가 있어야 한다. 아무리 좋은 집이 있고 차가 있고 물질이 많이 있어도 '은혜'가 없으면 안 된다. 아무리 좋은 학교와 비싼 학원에 다니고 세상 지식이 많아도 은혜가 없으면 그 영혼은 메마르고 방황하게 된다. 따라서 우리는 무엇보다도 '그리스도의 은혜'가 우리의 영혼에 풍성하도록 기도하자. 날마다 이 은혜를 사모하며 은혜의 자리에 나오도록 힘쓰자. 영혼의 양식인 하나님의 말씀을 가까이 하고 사모하도록 하자.

참고 문헌

I. 성경

NA: *Novum Testamentum Graece*, 27. Aufl., ed. by B. et K. Aland, J. Karavidopoulos, C. M. Martini, B. M. Metzger, Stuttgart: Deutsche Bibelgesellschaft, 1993.

UBS: *The Greek New Testament*; 4th ed., ed. by B. Aland, K. Aland, J. Karavidopoulos, C. M. Martini, B. M. Metzger, Stuttgart: Deutsche Bibelgesellschaft/United Bible Societies, 1993.

Vulg: *Biblica Sacra*. iuxta Vulgatam versionem, 2. Aufl., Stuttgart: Würtembergische Bibelanstalt, 1975.

개역한글판:『성경전서』, 서울: 대한성서공회, 1999(초판 79쇄).

개역개정판:『성경전서』, 서울: 대한성서공회, 2005(4판).

바른성경:『하나님의 말씀 바른성경』, 서울: 한국성경공회, 2009.

표준새번역:『성경전서』, 서울: 대한성서공회, 1993(2쇄).

KJV: *Holy Bible*. Authorized King James Version, Grand Rapids: Zondervan, 1994.

NKJV: *The Holy Bible*. New King James Version, New York: American Bible Society, 1990.

RSV: *The Bible*. Revised Standard Version, New York: American Bible Society, 1973.

NRSV: *Harper Study Bible*. New Revised Standard Version, Grand Rapids: Zondervan, 1991.

NASB: *The New Inductive Study Bible*. New American Standard Bible, updated ed., Eugene: Harvest House, 2000.

NEB: *The New English Bible with the Apocrypha*. Oxford Study Edition, New York: Oxford

University Press, 1976

NIV: *The Holy Bible*. New International Version, Grand Rapids: Zondervan, 1978.

ESV: *The Holy Bible*. English Standard Version, Wheaton: Crossway Bibles, 2001.

Luth: *Die Bibel oder die ganze Heilige Schrift des Alten und Neuen Testaments nach der deutschen Übersetzung Martin Luthers*, National Publishing Company, 1967.

SV: *Bijbel*. Statenvertaling, Houten: Den Hertog, 1980(first publ. 1637).

NBG: *Bijbel*. Vertaling in opdracht van het Nederlands Bijbelgenootschap, Haarlem: Nederlands Bijbelgenootschap, 1951.

II. 사전

Baljon, J. M. S., *Grieks-Theologisch Woordenboek*, II, Utrecht: Kemink & Zoon, 1899.

Bauer, W., *A Greek-English Lexicon of the New Testament and other early Christian Literature*, 3rd ed., by F. W. Danker, Chicago: University of Chicago Press, 2000.

Gesenius, W., *Hebrew and Chaldee Lexicon to the Old Testament Scriptures*, tr. by S. P. Tregelles, Grand Rapids: Eerdmans, 1949.

Grimm, C. L. W., *Lexicon Graeco-Latinum in Libros Novi Testamenti*, ed. secunda, Lipsia: Libraria Arnoldiana, 1879.

Hatch, E.-Redpath, H. A., *A Concordance to the Septuagint and the other Greek Versions of the Old Testament (including the Apocryphal Books)*, in three volumes, Grand Rapids: Baker, 1987(reprod. of 1897 ed. by Clarendon Press).

Institute for New Testament Textual Research(ed.), *Concordance to the Novum Testamentum Graece*, 3rd ed., Berlin/New York: W. de Gruyter, 1987.

Kittel, G.(hrsg.), *Theologishes Wörterbuch zum Neuen Testament*, Stuttgart: W. Kohlhammer, 1933-1978.

Liddell, H. G.-Scott, R., *A Greek-English Lexicon*, rev. and aug. by H. S. Jones and R. McKenzie, Oxford: Clarendon Press, 1968.

Moule, C. F. D., *An Idiom-Book of New Testament Greek*, Cambridge: Cambridge University Press, 1953.

Moulton, J. H.-Milligan, G., *The Vocabulary of the Greek Testament illustrated from the papyri and other non-literary sources*, Grand Rapids: Eerdmans, 1982.

Muller, F.-Renkema, E. H., *Beknopt Latijns-Nederlands Woordenboek*, 12e dr., Groningen: Wolters-Noordhoff, 1982.

Passow, F., *Handwörterbuch der Griechischen Sprache*, II/1, 5. Aufl., Leipzig: Vogel, 1852.

Schmidt, J. H. H., *Synonymik der Griechischen Sprache*, III, Leipzig: Teubner, 1879(repr. 1969).

III. 문법 책

안영복,『히브리어 연구의 정도』, 서울: 성광문화사, 1979.

Blass, F.-Debrunner, A.-Rehkopf, F., *Griechische Grammatik*, 16. Aufl., Göttingen: Vandenhoeck & Ruprecht, 1984.

Moulton, J. H.-Turner, N., *A Grammar of New Testament Greek, III*(Syntax), Edinburgh: T. & T. Clark, 1963.

Zerwick, M., *Biblical Greek*, English edition adapted from the fourth Latin edition by Joseph Smith, Rome: Pontificio Istituto Biblico, 1963(3rd repr. 1987).

Zerwick, M., *Graecitas Biblica*, editio quinta, Romae: Pontificio Instituto Biblico, 1966.

Zerwick, M.-Grosvenor, M., *A Grammatical Analysis of the Greek New Testament*, 5th ed., Roma: Pontificio Istituto Biblico, 1996.

IV. 주석

목회와 신학 편집부 엮음, 『빌립보서 빌레몬서 어떻게 설교할 것인가?』, 서울: 두란노 아카 데미, 2007.

박윤선, 『성경주석 바울서신』, 3판, 서울: 영음사, 1989.

이상근, 『신약성서 주해 옥중서신』, 재판, 서울: 대한예수교장로회 총회교육부, 1964.

Alexander, J. A., *The Acts of the Apostles(Geneva Series Commentary)*, II, Edinburgh: Banner of Truth Trust, 1963.

Beare, F. W., *A Commentary on the Epistle to the Philippians(Harper's New Testament Commentaries)*, New York: Harper & Row, 1959.

Bengel, J. A., *Gnomon Novi Testamenti*, editio octava, Stuttgart: J. F. Steinkopf, 1891.

Bouwman, G., *De brief van Paulus aan de Filippiërs,* Roermond/Maaseik: Romen & Zonen, 1965.

Calvin, J., *The Epistles of Paul the Apostle to the Galatians, Ephesians, Philippians and Colossians,* tr. by T. H. L. Parker, Grand Rapids: Eerdmans, 1965(repr. 1974).

Collange, J.-F., *L'épître de Saint Paul aux Philippiens(Commentaire du Nouveau Testament)*, Neuchâtel: Delachaux & Niestlé, 1973.

Dibelius, M., *An die Thessalonicher I, II; An die Philipper(Handbuch zum Neuen Testament)*, 3. Aufl., Tübingen: J. C. B. Mohr, 1937.

Ewald, P., *Der Brief des Paulus an die Philipper(Kommentar zum Neuen Testament)*, 3. Aufl., besorgt von G. Wohlenberg, Leipzig: A. Deichert, 1917.

Fee, G. D., *Paul's Letter to the Philippians(New International Commentary on the New Testament),* Grand Rapids: Eerdmans, 1995.

Fitzmyer, J. A., *The Acts of the Apostles(Anchor Bible),* New York etc.: Doubleday, 1998.

Floor, L., *Filippenzen. Een gevangene over het navolgen van Christus(Commentaar op het Nieuwe Testament. Derde Serie)*, 2e dr., Kampen: J. H. Kok, 2005.

Gnilka, J., *Der Philipperbrief(Herders Theologischer Kommentar zum Neuen Testament)*, 4. Aufl., Freiburg/Basel/Wien: Herder, 1987.

Grosheide, F. W., *De eerste brief van den apostel Paulus aan de kerk te Korinte(Kommentaar op het Nieuwe Testament)*, Amsterdam: H. A. van den Bottenburg, 1932.

Grosheide, F. W., *De handelingen der apostelen(Kommentaar op het Nieuwe Testament)*, II, Amsterdam: H. A. van Bottenburg, 1948.

Greijdanus, S., *De brief van den apostel Paulus aan de gemeente te Philippi(Kommentaar op het Nieuwe Testament)*, Amsterdam: H. A. van Bottenburg, 1937. [약어: *Philippensen*]

Greijdanus, S., *De brief van den apostel Paulus aan de Philippenzen(Korte Verklaring)*, Kampen: J. H. Kok, 1926. [약어: *Philippenzen*]

Grosheide, F. W., *De brief aan de Hebreeën en de brief van Jakobus(Commentaar op het Nieuwe Testament)*, 2e dr., Kampen: J. H. Kok, 1955.

Haupt, E., *Der Brief an die Philipper, in: Die Gefangenschaftsbriefe(Kritisch-exegetischer Kommentar über das Neue Testament: Abt. 9)*, 7. bezw. 6. Aufl., Göttingen: Vandenhoeck und Ruprecht, 1897.

Hawthorne, G. F., *Philippians(Word Biblical Commentary)*, Waco: Word Books, 1983.

Hendriksen, W., *Philippians(New Testament Commentary)*, Edinburgh: Banner of Truth Trust, 1962.

Jager, H. J., *Filippenzen en Filemon*. College-diktaat, Kampen: Van den Berg, z.j. Kennedy, H. A. A., *The Epistle to the Philippians(Expositor's Greek Testament)*, London: Hodder and Stoughton, 1897-1910.

Keulers, J., *De brieven van Paulus(De boeken van het Nieuwe Testament)*, II, Roermond en

Maaseik: J. J. Romen & Zonen, 1954.

Klijn, A. F. J., *De brief van Paulus aan de Filippenzen*, Nijkerk: G. F. Callenbach, 1969.

Lightfoot, J. B., *Saint Paul's Epistle to the Philippians*, Grand Rapids: Zondervan, 1953(Macmillan, 1913년판의 repr.).

Matter, H. M., *De brief aan de Philippenzen en de brief aan Philémon(Commentaar op het Nieuwe Testament)*, Kampen: J. H. Kok, 1965.

Meyer, H. A. W., *Critical and Exegetical Hand-book to the Epistles to the Philippians and Colossians, and to Philemon*, tr. from the 4th German ed. by J. C. Moore, New York: Funk & Wagnalls, 1885.

Müller, J. J., *The Epistle of Paul to the Philippians(New International Commentary on the New Testament)*, Grand Rapids: Eerdmans, 1984.

O'Brien, P. T., *The Epistle to the Philippians(New International Greek Testament Commentary)*, Grand Rapids: Eerdmans, 1991.

Schenk, W., *Die Philipperbriefe des Paulus*, Stuttgart etc.: W. Kohlhammer, 1984.

Silva, M., *Philippians(Baker Exegetical Commentary on the New Testament)*, Grand Rapids: Baker, 1992.

Strack, H. L.-Billerbeck, P., *Kommentar zum Neuen Testament aus Talmud und Midrasch*, II, München: C. H. Beck, 1924); III, 2. Aufl. (München: C. H. Beck, 1954.

Vincent, M. R., *Commentary on the Epistle to the Philippians and to Philemon(International Critical Commentary)*, Edinburgh: T. & T. Clark, 1950.

Wuest, K. S., *Philippians in the Greek New Testament*, Grand Rapids: Eerdmans, 1953.

V. 기타 책

Baur, F. C., *Paulus, der Apostel Jesu Christi: sein Leben und Wirken, seine Briefe und seine*

Lehre. Ein Beitrag zu einer kritischen Geschichte des Urchristentums, Stuttgart: Becher & Müller, 1845.

Bavinck, H., *Gereformeerde Dogmatiek*, 4e dr., IV, Kampen: J. H. Kok, 1930.

Byun, J. G., *Het leven is Christus. Exegese van Filippenzen 1:12-26 met bijzondere aandacht voor de opvatting van ds. B. Telder over Filippenzen 1:23*(doctoraalscriptie Theologische Universiteit Kampen, 1987).

Earle, R., *Word Meanings in the New Testament*, V, Grand Rapids: Baker, 1977.

Feine, P., *Die Abfassung des Philipperbriefes in Ephesus(Beiträge zur Förderung christlicher Theologie 20.4)*, Gütersloh: Gütersloher Verlagshaus, 1916.

Kramer, W., *Christos, Kyrios, Gottessohn*, Zürich/Stuttgart: Zwingli Verlag, 1963.

Kümmel, W. G., *Einleitung in das Neue Testament*, 20. Aufl., Heidelberg: Quelle und Meyer, 1980.

Neill, S., *The Interpretation of the New Testament 1861-1961*, London: Oxford University Press, 1964.

Ridderbos, H., *Paulus. Ontwerp van zijn theologie*, 5e dr., Kampen: J. H. Kok, 1978.

Schürer, E., *Geschichte des jüdischen Volkes im Zeitalter Jesu Christi*, II, Leipzig: J. C. Hinrich, 1907.

Van Bruggen, J., *Geschichtliche Einordnung der Pastoralbriefe*, Wuppertal: R. Brockhaus, 1981.

Van Bruggen, J., *"Na veertien jaren". De datering van het in Galaten 2 genoemde overleg te Jeruzalem*, Kampen: J. H. Kok, 1973.

Van Ginkel, A., *De ouderling. Oorsprong en ontwikkeling van het ambt van ouderling en de functie daarvan in De Gereformeerde Kerk der Nederlanden in de 16e en 17e eeuw*, Amsterdam: Ton Bolland, 1975.

Zahn, Th., *Einleitung in das Neue Testament*, I, 3. Aufl., Leipzig: A. Deichert, 1906.

VI. 아티클

고려신학대학원 교수회, "중보 기도에 대한 연구보고서" (대한예수교장로회(고신) 제55회 (2005년) 총회에 제출된 연구보고서).

변종길, "복음의 눈으로 본 장로직", 『목회와 신학』 149(2001. 11), 82-95.

변종길, "장로직 제도에 대한 성경적 조명", 『개혁신학과 교회』 21(2008), 156-58.

변종길. "천국에 상급이 있는가?", 『선지동산』 64호(천안: 고려신학대학원, 2013), 신약 난제 해설(6), 8f.

정훈택, "죽음과 삶을 뛰어넘은 믿음. 빌립보서 1장 19-3절의 주해와 적용", 『그말씀』 150(2001. 12), 46-52.

한철하, "칼빈과 칼 바르트에 있어서의 기도론의 비교", 『신학정론』 1/2(1983년 9월), 260-72.

Behm, J., "κοιλία," *TWNT*, III, 786-89.

Bertram, G., "ἀποκαραδοκία," *Zeitschrift für die neutestamentliche Wissenschaft* 49(Heft 3-4, 1958), 264-70.

Bertram, G., "κατεργάζομαι," *TWNT*, III, 635-37.

Beyer, H. W., "διάκονος," *TWNT*, II, 88-93.

De Zwaan, J., "Philippenzen 3:20 en de Koinhv," *Theologische Studien* 31(1913), 298-300.

Foerster, G., "ἁρπάζω, ἁρπαγμός," *TWNT*, I, 471-74.

Greijdanus, S., "Het leven van den apostel Paulus," *Bijbelsch Handboek*, II (Kampen: J. H. Kok, 1935), 237-79.

Köster, H., "σπλάχνον κτλ.," *TWNT*, VII, 548-53.

Stählin, G., "προκοπή, προκόπτω," *TWNT*, VI, 703-19.

Strathmann, H., "πόλις κτλ.," *TWNT*, VI, 516-35.